THOMAS BRASCH
DREI WÜNSCHE, SAGTE DER GOLEM

BELLETRISTIK

Thomas Brasch

DREI WÜNSCHE, SAGTE DER GOLEM

Gedichte · Stücke · Prosa

1990

Verlag Philipp Reclam jun. Leipzig

Herausgegeben und mit einer Nachbemerkung von Gerhard Wolf sowie mit einer Rede von Christa Wolf

ISBN 3-379-00539-8

Lizenzausgabe des Verlages Philipp Reclam jun. Leipzig für die DDR mit freundlicher Genehmigung des Suhrkamp Verlages, Frankfurt am Main, und des Aufbau-Verlages, Berlin und Weimar

Reclams Universal-Bibliothek Band 1333
1. Auflage
Reihengestaltung: Lothar Reher
Lizenz Nr. 363. 340/23/90 · LSV 7300 · Vbg. 14,7
Printed in the German Democratic Republic
Grafischer Großbetrieb Völkerfreundschaft Dresden
Gesetzt aus Garamond-Antiqua
Bestellnummer: 6614964
00200

CHRISTA WOLF

Laudatio auf Thomas Brasch

Aus Anlaß der Verleihung des Kleist-Preises
im Oktober 1987 in Frankfurt am Main

Das „Kleistische" war es, was ich zu suchen begann, nachdem mir das schwierige Amt zugefallen war, dieses Jahr einen Träger des Kleist-Preises zu finden. Das Kleistische in und an einem heutigen Autor. Und: Ich wollte versuchen, der Tradition gerecht zu werden, in der dieser Preis seit den zwanziger Jahren steht. Sie ist anspruchsvoll, drückt einen aber auch in eine bestimmte Richtung. Als mir Thomas Brasch einfiel, war ich erleichtert, er schien mir beide Bedingungen zu erfüllen. Jetzt, da ich alles von ihm wieder oder neu gelesen habe, bin ich dessen sicher. Inzwischen stiegen noch Nebenmotive für die Wahl gerade dieses Namens in mein Bewußtsein, sie haben zu tun mit der spannungsreichen Entwicklung der Literatur in der DDR, mit den Widersprüchen, der Fremdheit, der Neugier, dem Neid zwischen den Generationen, der Neigung zu Schuldgefühlen Älterer gegenüber Jüngeren, den diffusen Anziehungs- und Abstoßungsvorgängen zwischen Frau und Mann. Ich will das alles nicht ausführen, will nicht zu ergründen suchen, wie viele von diesen mir damals dunklen Antrieben meine Entscheidung beeinflußt haben. Ganz sicher war mir eine Szene gegenwärtig, die vor elf Jahren in unserer Berliner Wohnung stattfand. Thomas Brasch sagte, er wolle weggehen. Er war nicht der erste, der da saß, aber er war der erste, dem ich nicht mehr abraten konnte. Insofern war sein Weggehen, das weiß er nicht, auch für mich ein Einschnitt, plötzlich gab es eine neue Frage, die hieß: Warum bleiben?, und die mußte nicht nur verbal, sie mußte hauptsächlich arbeitend beantwortet werden, denn nur die Produktion kann jene innere Freiheit hervorbringen, die den Zweifel über die Wahl des Lebens- und Arbeitsortes aufhebt. Wenn ich es richtig sehe, gehört Brasch zu denjenigen, die nicht aufhören können, sich mit ihren Erfahrungen auseinanderzusetzen, nachdem sie das Land verlassen haben, und die fähig geblieben sind, Entwicklungen zu erkennen, neue Schlüsse zu ziehen.

Was fällt mir zuerst ein, wenn ich „Kleist" denke? Der Riß der Zeit, der durch den Mann geht. Die Abwehr Braschs gegen insistierende Deutungsversuche spürte ich deutlich, je länger ich in seinen Texten las, eine Scheu vor Entblößung, eine Warnung vor Zudringlichkeit. Ich will diesen Appell respektieren. Es ist das gleiche Gefühl, das ich bei Kleist habe: daß er seine Arbeiten gegensätzlichen, beinahe gleich starken Bedürfnissen abpreßt: sich unsichtbar zu machen, aber auch, sich vollkommen zu enthüllen. Der Riß? In ichnahen Texten ist er auffindbar an der Spur, die er ihnen hinterlassen hat.

> Wie viele sind wir eigentlich noch.
> Der dort an der Kreuzung stand,
> war das nicht von uns einer.
> Jetzt trägt er eine Brille ohne Rand.
> Wir hätten ihn fast nicht erkannt.
>
> Wie viele sind wir eigentlich noch.
> War das nicht der mit der Jimi-Hendrix-Schallplatte.
> Jetzt soll er Ingenieur sein.
> Jetzt trägt er einen Anzug und Krawatte.
> Wir sind die Aufgeregten. Er ist der Satte.
>
> Wer sind wir eigentlich noch.
> Wollen wir gehen. Was wollen wir finden.
> Welchen Namen hat dieses Loch,
> in dem wir, einer nach dem anderen,
> verschwinden.

Ein Zitat aus dem Zyklus „Papiertiger", Mitte der siebziger Jahre, das jeder seiner Generationsgenossen, auf die dieses „Wir" sich bezog, verstand. Brasch war ihr Sprecher. Ich möchte dieses Gedicht auch dem hiesigen Publikum nicht „erklären", vielleicht ist das nicht nötig. Aber es gibt eine, auch gutwillige, Erwartungshaltung an Literatur aus dem anderen deutschen Staat, die Texte nicht nur falsch interpretieren, sondern bestimmte Texte auflösen kann – so, als mache der andere Hintergrund ihre scharfen Konturen unsichtbar. Thomas Brasch hat diese Erwartung niemals bedient, sehr bald hat er, hier angekommen, den Kampf gegen das Verschlucktwerden aufgenommen. Um den Preis, möglicherweise, des Übersehenwerdens in seiner Eigenart. Dichter vom Kleistschen Typus wollen gebraucht werden und sehen sich in der deutschen Literaturgeschichte der letzten zweihundert Jahre, gegen ihren Willen, auf die exzentrische Bahn geschleudert.

> Was ich habe, will ich nicht verlieren, aber
> wo ich bin, will ich nicht bleiben, aber
> die ich liebe, will ich nicht verlassen, aber
> die ich kenne, will ich nicht mehr sehen, aber
> wo ich lebe, da will ich nicht sterben, aber
> wo ich sterbe, da will ich nicht hin:
> Bleiben will ich, wo ich nie gewesen bin.

Der Utopie-Rest, nie ganz aufgezehrt, die Sehnsucht nach dem Land, das die Deutschen sich nicht zu schaffen wußten, in dem menschengemäß zu leben, *mit* dem menschengemäß auszukommen wäre. Wenn aber nicht, da aber nicht: der Riß, der nun durch das Land geht, die Wunde offengelegt, die unverstanden bleibt, wenn man sie leugnet oder nur bejammert, unheilbar, wenn man nicht ihre Entstehung bis zu den frühen, feinsten Gründen hin verfolgt: Braschs Eulenspiegel-Vision. Braschs zornig-traurige Bauernkriegs-Beschreibung in „Hahnenkopf", das Heer der Bauern vor der Stadt Weinsberg.

Am Morgen stürmten sie / Die Tore der Stadt. / Trieben die Fürsten / Durch eine Straße aus Spießen. / Am Abend stritten sie sich. / Nachts gingen sie / In drei Richtungen auseinander: / Gegen das Heer der Fürsten im Süden. / Über die Grenze. / In ihre Dörfer. / Aus drei Richtungen kommend / Zerschlug die Fürstenarmee / Zwei Wochen später / Was vom Bauernheer übriggeblieben war / Und fing: / Was geflohen war / Und köpfte / Was sich / In den Scheunen / Versteckt hatte ...

Und die Fürsten machten Ordnung und schärfere Gesetze, Gehorsam und Unterordnung, und der Prinz von Homburg bricht diese Gesetze und soll sterben: Staatsräson. Aber Natalie, die ihn liebt, tritt dem Kurfürsten entgegen, indem sie miteinander Unvereinbares in zwei Zeilen zwingt:

> Das Kriegsgesetz, das weiß ich wohl, soll herrschen,
> Jedoch die lieblichen Gefühle auch.

Wiederum Utopie, nur noch aus Weibermund einklagbar: Ein Vaterland, „das braucht nicht diese Bindung, kalt und öd". Das die geheiligte, wenn auch unnatürliche Ordnung zugunsten einer menschenfreundlichen Unordnung aufgibt. „Ein Traum, was sonst?"
„Dazu" Brasch, hundertsiebzig Jahre später:

> Hamlet gegen Shakespeare
>
> Das andere Wort hinter dem Wort.
> Der andere Tod hinter dem Mord.
> Das Unvereinbare in ein Gedicht:
> Die Ordnung. Und der Riß, der sie zerbricht.

Die Figur macht ihrem Erfinder eine Rechnung auf, die allzu lange offen geblieben ist. Die zitierten Texte, bis auf den letzten, sind aus dem Band „Kargo. 32. Versuch auf einem untergehenden Schiff aus der eigenen Haut zu kommen". Kargo sei ein Kult, der besage, Männer mit weißer Haut seien Geister von Toten, die ihr Ende nicht finden, leben nicht mehr und sind noch nicht tot. Das „untergehende Schiff" ist der Erdteil Europa. An Eurozentrismus leidet Brasch nicht.
Er ist in England geboren, seine Eltern, Kommunisten, Juden, lebten dort im Exil, der Sohn wächst in der DDR auf, von seinem zehnten Lebensjahr an eine Zeitlang in der später aufgelösten Kadettenanstalt. Wie Kleist. Merkwürdiger Zufall. „Eine herrschende Klasse, an Erhaltung und Zementierung des von ihr geführten Staates arbeitend, entledigt sich ihrer Kinder und überantwortet deren Erziehung der von ihr bestellten und bezahlten Bürokratie": Brasch über „Die Verwirrung des Zöglings Törleß" von Robert Musil. Der eigene Sohn, fährt er fort, im Internat zum blutig gerädeten Ödipus heruntergekommen und aufgestiegen, werde im nächsten Krieg als Offizierswerkzeug ... zerbrechen, oder er werde den väterlichen Staat – beschreiben. – Unbillige, allzu billige Schlüsse scheuend, kann ich doch diese harsche und genaue Äußerung über gerade diesen Gegenstand nicht zufällig nennen. – Wie der junge Kleist widmet sich der junge Brasch einer Philosophie, wie

jener erleidet dieser den Erkenntnis- und Ernüchterungsschock, mit einem freilich entscheidenden Unterschied: Kleist verzweifelt, in das unendliche Spiegel-Spiel des subjektiven Idealismus geraten, an Erkenntnismöglichkeit überhaupt. Brasch will die Veränderung der Verhältnisse nach den Vorschlägen der marxistischen Philosophie konsequenter, kompromißloser, auch anarchischer. „Daß einer auf dem Messer gehen muß, um ein Stück vorwärts zu kommen, ist für Sie wahrscheinlich sentimental." Ein unerträgliches Reizwort übrigens für einen Autor seiner Art, gerade weil seine Unverfrorenheit doppelt, dreifach mit Gefühl gefüttert ist. Ich würde hier nicht von Sentiment sprechen wollen, sondern von einer bestimmten Art von Radikalität, die seit Hölderlin, bei Lenz, Kleist, natürlich bei Büchner, und dann wieder in unserem Jahrhundert, jungen deutschen Dichtern aufgezwungen wird. Brasch, der den sozialistischen Staat von links kritisiert, „sowohl kindliche wie plebejische Formen von Widerstand" ausprobiert – Formen, die der Staat, jedenfalls damals, nicht toleriert – Brasch wird zu Gefängnis verurteilt, eine Erfahrung, über die er sich nur karg äußert. Das folgende Gedicht scheint es zu erklären:

> Die Stille ist die Schwester des Wahnsinns.
> Zwischen Hocker und Tür fünf Schritte und
> der Herzschlag zwischen den Schläfen.
> Die Posen:
> Widerstand / Härtetest / Selbstmitleid / Jammer /
> Gelächter
> sind verbraucht: Leitartikel im eigenen Zentralorgan.

Danach: Arbeit in einem Betrieb – eine deutliche, bedeutsame Spur in den Texten jener Zeit. „Vor den Vätern sterben die Söhne." Ein Schmerz, der in schnoddrige oder höhnische oder zynische Sätze versteckt wird. Der mythologische Held vom Herakles-Typus hat sich erledigt, auf komplizierten ästhetischen Wegen muß ein Dichter wie Brasch zu anderen, höchst fragwürdigen Figuren kommen, mit denen eine immer gefährdete Identifikation, Teilidentifikation möglich wird. Er zeigt keine Berührungsfurcht vor „kaputten Typen" – im Gegenteil, die ziehen ihn gerade an.

Lovely Rita. Sindbad. Rotter. Lackner. Im Westen dann: der Raubmörder Gladow. Die Schauspielerin Lisa. Die arbeitslosen Sakko und Oi – ein merkwürdiges Ensemble, ungewöhnlich für beide deutsche Literaturen. Nicht eine „Gestalt" im herkömmlichen Sinn, die sich dadurch legitimierte, daß sie aus einem unantastbaren „inneren Kern" heraus lebte. Schwer durchschaubare Dramaturgien. Der Film „Domino" sei, zum Beispiel, „ein Spiel mit Bildern über die Spaltung der Phantasie". So hätte aber Kleist, bloß daß er keine Filme machte, ein jedes seiner Stücke auch beschreiben können. Sentenz der Lisa, die in Zeitlupe aus ihrem Schauspieler-Beruf herausfällt: Das Alte geht nicht und das Neue auch nicht. Und jetzt sitzt ihr da.
Dichter, denen Brasch sich nahe fühlt, wurden genannt, Kafka gehört noch in diese Reihe, eigenartig nimmt Tschechow sich in ihr aus, den er übersetzt. (Überhaupt: die russische, die frühe sowjetische Literatur – Majakowski – ein Pfund aus seinen DDR-Jahren, das er nicht verkommen läßt.) Hinzuzufügen wäre Georg Heym, „Lieber Georg". „Da dieses Stück um eine Vorkriegssituation geht und die Hauptfigur ein Dichter, also Georg Heym ist, den diese Vorkriegssituation extrem angeht, das heißt der Riß, der durch die Gesellschaft geht, läuft auch durch ihn, und die Figur des Georg Heym auch für mich eine Möglichkeit war, äußerst autobiographisch zu sein, und ein Stück nach 'ner neuen, für mich neuen Dramaturgie zu schreiben ..." Vorletzte Szene, Überschrift: „Außerhalb des Spiels 1979", den Nachrüstungsbeschluß reflektierend:

> Meine Hand mit der Kreide bewegt sich schnell über die Steine und ich weiß jetzt daß ich ein Theaterstück schreibe das von einem Dichter handelt mitten in einem betäubend stillen Vorkrieg zwischen den unsichtbaren Gesetzen der Ökonomie unter dem Gewicht einer alten Ästhetik ... Ich muß den Dichter von dem das Theaterstück handelt und der an einem Theater auftreten soll das es nicht gibt oder noch nicht auf die schnellste Weise zu Fall bringen Denke ich und meine Hand schreibt den Titel für die letzte Szene.

Dieser Titel heißt: „Endlich im Eis". – „Ein früher Tod. Das ist auch was. Da brauchen wir den Beruf nicht zu lernen." „Grell und geschmacklos" hat man Braschs Tonart genannt. Mit Recht. Kreativität, ein Grundwert bei Brasch, findet er nur noch bei Künstlern und Kriminellen.
Auch Kleist hat Goethen, wie er sich auch um dessen Gunst verzehren mochte, die gutartigen klassischen Widersprüche nicht servieren können, nicht die säuberliche Trennung der Konflikte in gut und böse, gesund und krank, anständig und kriminell. Widerspruch wäre ein zu behäbiges Wort für die Dauer-Reibung, in die neuere Autoren sich hineinbegeben müssen. Banal, auf die Verletztheit der Verletzbarkeit zu verweisen, die hinter aggressiven Gebärden meistens steht. Weil in der deutschen Geschichte nichts human zu Ende geführt wurde, müssen immer die Jüngeren sich gegen ihre Väter, Mütter erheben. „Vor den Vätern sterben die Töchter" – auch das gilt. Lovely Rita sagt es, und gleich danach sagt sie: Pathos. Einen Horror vor Pathos teilt Brasch mit seinen Figuren. „Sie müssen keine Girlande um jedes Wort hängen. Gefühlsgymnastik will ich hier nicht sehen." Braschs Ekel vor erhabenen Gedanken und Gefühlen und den dazu passenden literarischen Wendungen.
Von den Rändern her – aber dies ist ja der Ort seiner Protagonisten: „Meine Figuren sind sicher die, die am Rand aus Unfähigkeit oder weil's ihnen in der Mitte zu eng ist, sich aufhalten. Da sind sie natürlich immer gefährdeter, ... gefressen zu werden; auf der anderen Seite gehören sie zu etwas, und gleichzeitig haben sie das Offene neben sich ..." – von den Rändern her nähere ich mich jenem zentralen Punkt, den ich vor allen anderen bei Brasch „kleistisch" nennen will: Zwischen zwei Wertsystemen stehen, die ihn beide vor falsche Alternativen stellen. Das muß bei unbedingten Naturen zu paradoxen Lebensentscheidungen führen: Kleist, der sich von Paris aus zur französischen Küste begibt, willens, im Dienst seines Erzfeinds Napoleon gegen England kämpfend zu sterben. Brasch, der sehenden Auges, aber damals bleibt ihm nichts anderes übrig, den Boden verläßt, der ihn – sei es durch Engagement, Übereinstimmung, Mitarbeit, Anstrengung, Reibung, Widerspruch, Widerstand – kreativ gemacht hat. Geht, als sein Bedürfnis, „eine Sache öffentlich zu machen", nicht befriedigt werden kann;

als seine Stücke, „Gebrauchsgegenstände", in der Schublade liegenbleiben, wo sie ihrem Autor „nichts lehren"; als er schließlich anfangen muß, sich selber zu fragen: „Baue ich in die Dinge kleine Spitzen ein, um weiter die Dornenkrone des Verbots tragen zu dürfen?" Brasch, geprägt durch Wertvorstellungen dieses anderen Staates; dessen zentraler Begriff „Arbeit" war und bleibt, Arbeit als soziale Kategorie; als Mittel, den einzelnen mit der Gesellschaft zu verbinden; kollektive Arbeit, die die Beziehungen der Menschen und Gruppen zueinander verändern sollte und imstande wäre, neue Bedürfnisse hervorzubringen: Brasch trifft im Westen auf die Macht des Geldes, auf Konsumzwang, und er trifft auf den Markt. Auf den „Verfall der Ordnung, die Staat heißt und ihren wütenden Überlebenskampf, zwischen dem Alten, das tot ist, aber mächtig, und dem Neuen, das lebensnotwendig ist, aber nicht in Aussicht ..." Schnell ist er der Fremde mit dem bösen Blick. Der Exote. Der Mann, der die für seinen Fall maßgeschneiderten Kategorien unhöflich, undankbar ablehnt; nicht „Dissident", nicht „Exilschriftsteller", auch nicht „im Westen lebender DDR-Schriftsteller" genannt sein will; der gleich wieder anfängt, sich zu wehren: „Für mich sind alle diese Kategorien nicht mehr als hilflose Versuche, einen Schreiber leichter konsumierbar zu machen, indem man ihn auf einen Punkt reduziert." Erstaunt registriert er „die fast vollständige Abwesenheit eines sozialen Erlebnishintergrundes bei den meisten Kunstproduzenten meiner Generation in diesem Land". Das habe sicher mit der Art des Reichtums zu tun, die es hier gebe ... Die Frage, ob er künstlerische Erkenntnis produzieren oder den Markt bedienen will, hat er entschieden. Das Instrumentarium für die Kritik der Gesellschaft von ihren Wurzeln her, in der DDR erworben, legt er nicht weg. Erfährt, daß seine Arbeit wiederum, „auf eine andere Weise, nicht gebraucht, benutzt oder zu einer Debatte verwendet wird".

„Kleistisch"? Ich will mich hüten, Brasch meinerseits auf einen Punkt zu reduzieren. Ein Satz, der viel über das Spannungsfeld in seiner Arbeit aussagt: „Der Stoff von gestern, und die Form von morgen." Noch in der DDR schreibt er ein Stück, „Rotter", das er „ein Märchen aus Deutschland" nennt. Ein Stück über einen für jede Gesellschaft gebrauchsfertigen Menschen – ein „verhinderter Woyzeck". Auch Kleist schreibt Märchen, oder wie soll man das „Käthchen von Heilbronn" sonst nennen, das zu „Rotter" steht wie das Positiv zum Negativ böser Alpträume. „Der Prinz von Homburg" („Ein Traumspiel"), „Penthesilea" – alles Märchen, schöne und schlimme Märchen für Erwachsene, in denen ein Kern von Utopie glüht. Bei Brasch steckt der „Entwurf von einer Welt, die lebenswert und erstrebenswert wäre", weniger in den Aktionen der Figuren (sie können ja nicht handeln), schon gar nicht im Finale, er steckt in der Struktur der Texte. Experimente mit neuen Formen und Dramaturgien, die er weit revolutionärer findet als die Inhalte, die sie vermitteln könnten. Er setzt mit ihnen dem Bedürfnis der bürgerlichen Kunstkonsumenten nach Genuß einen Widerstand entgegen. Ein Publikum sieht sich unbedient, das sich die Kompromisse, die es nach steckengebliebenen Revolutionen eingeht, die Restaurationen, in die es sich nach unverstandenen Katastrophen rettet, mit seinen heroischen oder banalen Illusionen verdrängen oder erklären muß. Brasch versucht, den Filz der von angestauten verqueren Wünschen gesättigten, verkommenen nachbürgerlichen Beziehungen und Pseudo-Werte durch die Schärfe seiner Form, sie wie ein Skalpell benutzend, anzuritzen.

Zweimal nennt Brasch den Namen Kleist direkt, beide Male hat diese Erwähnung etwas mit Tod zu tun. In „Lieber Georg" erzählt eine Figur von einem Doppelmörder namens Brunke, der zwei Schwestern erschossen und es dann nicht fertiggebracht habe, sich, wie vereinbart, selbst umzubringen. Er habe, sagt er vor Gericht, an den Dichter Kleist gedacht. Darauf Heym: Kleist? Daß ich nicht lache. Kopien überall.

Die zweite Erwähnung Kleists geschieht in einem Interview über Braschs Stück „Lovely Rita". Die Kraft des Gedankens sei bei Penthesilea, sagt Brasch – und das sei ja eines der Vorbilder von Rita –, so ungeheuer scharf, daß sie sich selbst zu Tode denke. Rita dagegen „scheitert tödlich, indem sie überlebt".

Eine weibliche Identifikationsfigur für einen männlichen Autor – ähnlich wie Penthesilea für Kleist. Rita, die einer „geschichtslosen Generation" angehöre, sich nicht „mit dem

identifizieren" könne, „was war, ... und nicht mit dem, was zu werden scheint", und die sich aus der Diskrepanz zwischen ihrem hohen Anspruch und der trivialen Realität eine „Zeit herauskriminalisiert, die der eigenen Vorstellung von Glück oder von Lebenswerten am ehesten entgegenkommt".
Folgt eine eigenartige Betrachtung über das Weibliche in der Kunst. Kunst sei nicht aus Zufall weiblich. „Das Undenkbare denken zu können, hat etwas sehr Weibliches. Etwas Ungeheuerliches denken, das tun viel eher Frauen. ... Kunstarbeit von Männern ist die Arbeit von Männern, die sich das Privileg nehmen, weiblich zu reagieren, das heißt etwas durchspielen."
Dies nun hätte Kleist nicht sagen können, sosehr es auf ihn zutraf: zu stark fühlte er sich durch „das Weibliche" in sich bedroht. Seine tiefste Verletzung als Mann mußte er in einer militanten weiblichen Figur ausdrücken: Penthesilea. Seine tiefste, „weibliche" Sehnsucht nach einer Vernunftordnung, in der Gefühle Geltung haben sollten, legte er in die Figur eines preußischen Offiziers. Er riß sich, wenn das denkbar wäre, über Kreuz auseinander. Brasch muß sich nicht zerreißen, um den Schmerz, den die Normalität ihm antut, durch Übersteigerung zu betäuben. Vor die Wahl zwischen zwei Übeln gestellt, wählt er eines der Übel, hört nicht auf, es als Übel zu sehen, begründet seine Wahl, schonungslos auch gegen sich selbst, und preßt seiner Lage die Möglichkeit zu arbeiten ab. Sich nicht ins Aus treiben lassen – vielleicht ist dies eine neue Moral, die Schule machen könnte. Den Prozeß der Arbeit – bei Brasch möglichst ein kollektiver Prozeß – wichtiger nehmen als das Ergebnis. Die Verfertigung der Gedanken beim Reden vorführen. Radikale Existenzformen, die nicht in A-Sozialität, Tod oder Selbsttötung, in Isolierung oder Gewaltaktionen münden, in Haß, Ekel und Selbstekel, in totale Unwirksamkeit, hat die deutsche Geschichte für ihre männliche Avantgarde nicht entwickelt. Von der weiblichen schweige ich; sie ist nicht vorgesehen. Wenn „etwas Ungeheuerliches denken", „weiblich reagieren", „etwas durchspielen" heute hieße, alle Möglichkeiten, auch die geringste Chance des Gebrauchtwerdens wahrzunehmen – in des Wortes Doppelbedeutung ... Hier könnte Brasch mich fragen, ob ich nicht sehe, daß

die „Leistungsgesellschaft schon auf die ehemals jungfräulichen Erdteile übergeschwappt" ist. Ob ich die Meldung nicht gehört habe, daß in naher Zukunft sechs Multi-Konzerne sich die Medien- und Unterhaltungsbranchen der westlichen Welt untereinander aufgeteilt haben werden. – Ja, ich habe diese Meldung gehört.
Doch ich kann nicht umhin, wie ein Signal, das mir bekannt vorkommt, und mit einem Anflug von Freude zu lesen, was Brasch kürzlich einem Interviewer in der DDR sagte: „Möglich, ja, vielleicht wird meine Arbeit jetzt in der DDR gebraucht. Das wäre für mich mehr als eine Hoffnung, es wäre produktiv, das heißt: ich könnte etwas lernen; und wer nicht mehr lernen kann, kann sterben."

Oktober 1987

I

Der Papiertiger

Der PAPIERTIGER besteht aus 10 Personen. Er kann sich 3 Meter nach vorn, 3 Meter nach hinten und 4,50 Meter nach jeder Seite bewegen, in einer Landschaft aus Maschinenteilen, Plakaten, Fernsehapparaten, Büchern, Gipsbüsten, Mikrofonen und Tonbandgeräten.

1

Ich kann nicht aus meiner Haut.
Ich kann auch nicht aus meiner Haut.
Ich kann nicht in deine Haut.
Ich kann auch nicht aus meiner Haut.
Gebt mir eine neue Haut.
Ich kann auch nicht aus meiner Haut.
Jeder Mann merkt seine Haut, wenn man auf sie
                                        draufhaut.
Jede Frau spürt ihre Haut, wenn ihr Herz auftaut.
Kein Volk kann aus seiner Haut, wenn ihm vor der
                                        Macht graut.
Ich kann auch nicht aus meiner Haut.

2

Er sagte Ich liebe dich, als ich auf den Flur ging
und meinen Mantel nahm. Geh nicht, sagte er,
was soll ich machen, wenn du nicht mehr da bist.
Auf den U-Bahntreppen blieb ich stehen.

Was du willst, will ich machen, sagte er.
Von dir will ich nichts mehr,
sagte ich als der Zug aus dem Bahnhof fuhr.

Keiner kann allein sein, sagte er,
als wir zurückgingen und neben uns hielt
ein riesiges silbernes amerikanisches Auto.

Ich will diese Straße nicht mehr sehen,
sagte ich, deine Wohnung will ich
nicht mehr sehen. Dich will ich nicht mehr sehen.

Der Sprecher im Radio schrie:
Drei Goldmedaillen für die DDR, als ich
meinen Rock über den Stuhl hängte,

klingelte es an der Tür. Niemand war da,
als er die Tür öffnete. Als er neben mir einschlief,
stand ich auf und sah aus dem Fenster.

Aus dem Haus gegenüber
sah ein Mann aus dem Fenster.
Meine Frau ist vor einer Woche gestorben,

rief er, ich bin doch kein Brett.
Seine Brille zersplitterte auf dem Pflaster.
Ich hörte zwei singen, als ich wieder

im Bett lag und
mir die Augen mit beiden Händen zuhielt,
nachdem ich die Augen geschlossen hatte.

3

Der kann fünf Stunden im Sessel sitzen.
Auch wenn keiner ein Radio vor ihn hinstellt.
Der kann seine Haut mit dem Messer aufritzen
und zusehn, wie sein Blut auf den Boden fällt.

Der kann lachen, wenn eine Frau vor ihm weint.
Der kann eine Axt in den Fernsehapparat schmeißen.
Der kann sagen, was er meint.
Der kann sich auch seine Meinung verbeißen.

Wenn der zwei Stunden vor dem Spiegel steht,
sieht er zwei Stunden in das Gesicht eines Mannes,
dem er sein Ende auf den 1. Blick ansieht,
aber: Der kann es.

4

Den glatten Leib hat sie ihm hingeschoben
und müde hat sie Nein gesagt in seinem Arm.
Sie hat sich unterworfen ihm in kalten Laken,
daß sie ein Ausbeuter geworden ist
und eine Stadt der Ausbeutung das Bett.

Mit scharfer Stimme hat er Mehr geschrien
und ihre Nägel in sein Fleisch gestoßen.
Er hat sie unterworfen sich zwischen den Kissen,
daß er ein Ausbeuter geworden ist
und eine Stadt der Ausbeutung das Bett.

Und müde lagen drin zwei arme Lügner
mit der falschen Wahrheit,
geschlagne Sieger nach dem Kampf
um eine Niederlage.

5

Da ist einer, der weiß Bescheid.
Der hat seine Hand am richtigen Hebel.
Der ist eingeweiht.
Der hat einen sicheren Gang: Auch im Nebel.

Jetzt sagt er was.
Ich habe ihn nicht verstanden.
Den macht kein Regen naß.
Ein Glück für uns, daß wir ihn fanden.

Es war alles nur ein Trick.
Wie er jetzt an seiner Lippe kaut.
Seht seinen undeutlichen Blick.
Es wird Zeit, daß einer ihm in die Fresse haut.

Wir lassen ihn stehen.
Wir sagen nicht: Auf Wiedersehen.
Wir gehen,
ohne uns noch einmal nach ihm umzudrehen.

6

Was ich habe, will ich nicht verlieren, aber
wo ich bin, will ich nicht bleiben, aber
die ich liebe, will ich nicht verlassen, aber
die ich kenne, will ich nicht mehr sehen, aber
wo ich lebe, da will ich nicht sterben, aber
wo ich sterbe, da will ich nicht hin:
Bleiben will ich, wo ich nie gewesen bin.

7

Zuerst hat er sein Maul aufgerissen.
Damals haben wir ihm noch zugehört.
Dann hat er sich in sein Kissen verbissen.
Das hat uns noch nicht gestört.
Später begann er zu stottern.
Wir dachten: Das gehört dazu.
Beim Gehen sahen wir seine Beine schlottern:
Der erste Pfiff und das erste Buh.

Aber wir sagten: Seine Zerstreutheit
gehört zu seinem Talent.
Wenn er so durch die Straßen rennt,
seht ihr das Feuer, das in ihm brennt.

Jetzt können wir nur noch abwinken.
Jetzt sehen wir seine lächerliche Fratze.
Mit dreißig Jahren sabbert er beim Trinken.
Mit dreißig Jahren hat er eine Glatze.
Er hat nichts geschafft.
Er lebt von fremdem Geld.
Er ist bei den Frauen abgeschlafft.
Jetzt soll er sehen, wohin er fällt.

Wir sagen: Von dem haben wir uns getrennt.
Das ist einer, der ins Kissen flennt.
Das ist einer, der sich selbst ausbrennt.

8

Da liegt sie zwischen den Büchern und schreit.
Ihre Hand krallt sich ins Tischtuch aus Seide.
Die Tür ist zugeschlagen hinter dem Mann und
die Ehe ist aus. Jetzt ist sie allein
zwischen den antiquarischen Möbeln,
unter dem silbernen Leuchter,
neben den aufgestapelten Manuskripten zum Thema
„Klassenkampf und Soziologie".
Jetzt flüstert die Studentin der Filosofie
(zwei Jahre vor ihrer Doktorprüfung,
zwei Jahre nach ihrer Hochzeit)
wie Galilei auf der Folter:
Was nutzen mir die Grundzüge der Dialektik,
wenn es kalt wird in meinem biegsamen Körper.
Was hilft mir, daß ich weiß, was ich weiß,
wenn ich nicht weiß, was ich machen soll.
Da liegt sie und haßt ihren Kopf,
aus dem die Tränen auf den Teppich fallen,
in dem durcheinanderfallen
die Quellen und Bestandteile der marxistischen
                                  Weltanschauung.
Aber die Tür öffnet sich und
die Ehe ist nicht aus. Es beginnt ein Gespräch
über die objektive Notwendigkeit
der Auseinandersetzung.
(Leben die Bücher bald?)

9

Ich habe schlecht über dich gesprochen.
Du hast auf das falsche Pferd gesetzt.
Ich habe dein Vertrauen gebrochen.
Ich habe die anderen gegen dich aufgehetzt.
Du bist nicht gegangen.
Setz dich wieder. Alles hat aufgehört,
jetzt können wir anfangen.
Ich habe mich als ein Verräter benommen.
Ich habe auf dich gespuckt.
Sie haben kein gutes Wort über dich zu hören
                                  bekommen.

Ich habe nicht mit der Wimper gezuckt.
Du bist nicht gegangen.
Du stehst noch, wo du gestanden hast.
Jetzt können wir anfangen.
Ich habe ihnen gesagt, daß ich nur zu feige bin
                                  wegzugehn,
obwohl mir nichts anderes bleibt.
Es hilft jetzt nicht mehr wegzusehn.
Es ist immer der eine, der den anderen wundreibt.
Es ist immer der andere,
der dem einen die Tränen ins Auge treibt.
Du bist nicht gegangen.
Du hast dich neben mich gesetzt.
Jetzt können wir anfangen.

10

Ich spiele mit,
ich mach euch jetzt den Clown
und kratze mit Begeisterung am Kitt.
Warum soll ich euch auch noch traun.

Ich fühl mich in die Rolle
des ERWACHSENEN MENSCHEN ein.
Gib mir die Flasche. (Nein, die volle)
Vielleicht ist mein Gesicht doch nicht aus Stein.

Bin schon kein Mädchen mehr, bin eine Frau
und kann nicht mehr aus meiner Haut.
Mein kaltes Lachen höre ich genau,
mich habe ich zuerst durchschaut.

Ich will mich nicht mehr sehen. Ach, ich sehe fern
und lüge, daß sich alle Balken biegen.
Ich weiß: Das ist ein kalter Stern,
auf dem wir um die Sonne fliegen.

11

Die Anziehungskraft der Erde, sagte der blonde
                                    Physiker,
bewirkt, daß wir auf den Beinen stehn.
Die Liebe und die Politik, sagte der junge Dichter,
macht, daß sich meine Worte verdrehn.

Gegen die Fensterscheiben fällt Schnee.
Auf dem Tisch liegt das Literatur-ND.
Wenn wir die Welt ändern, ändern wir uns.
Wenn wir uns ändern, ändern wir die Welt.

An den Kleiderständern hängen Hüte mit breiten
                                    Rändern.
Von den Radiosendern kommen Hymnen aus
                                    südlichen Ländern.
Aus den Frauengewändern starren Augen mit
                                    dunklen Rändern:
Alles ändern, alles ändern, alles

12

Jetzt ist Picasso tot,
sagt die Dramaturgin Barbara H,
und Chaplin ist schon 84 Jahre alt.
Hendrix Joplin Morrison Cybulski Dean schon
                                    verfault.
Sie lehnt sich im Sessel zurück und greift
nach dem Brieföffner:
Noch ein paar Jahre und
wir werden ganz allein sein
in diesem Jahrhundert.

13

Annas Tante ist tot.
Sie ist vor drei Tagen gestorben.
Jetzt liegt eine Leiche im Krankenhaus,
die nichts aussagt.
Anna liegt auf dem Sofa
und versteht für eine Woche
das Leben.

14

Das sagt dir eine Frau:
Dich hätten wir als ersten ausstoßen sollen. Du
hast uns schon verraten, als du zum ersten Mal
auf Fulvia gesprungen bist, als du zum ersten Mal
vom großen Geld gesprochen hast, um ihr ein
                                  zweites Mal
die Schenkel aufzumachen.

Das sagt dir eine Frau:
Dich hätte ich totschlagen sollen, als du noch
matt in Fulvias Bett gelegen hast und ihr
von Catilinas großem Plan und deinem Mut
                                  gesprochen hast,
um deine Schwäche hinter großen Worten zu
                                  verstecken.
Geh weg vom Fenster, Curius. In jeder Landschaft
siehst du deine eigene Fratze.

Das sagt euch eine Frau:
Ich habe Kinder auf mir reiten sehen, die
auf der Straße Männer hießen. Ich habe
Männer Dienstgeheimnisse verraten hören, wenn
ihre Hoden leer warn.
Geh weg vom Fenster, Curius.
Jetzt sind wir aus.
Jetzt hat uns Cicero umstellt.
Was gibt es noch zu sehen hinterm Fenster, Curius.

Schlagt ihn doch endlich tot.

15

Das hätten wir uns denken können:
Die hält nicht durch. Die packt ihren Koffer und
                                  haut einfach ab.
Das stürzt sich mit entschlossenem Gesicht
ins Messer, bis die Klinge bricht.
(Hat sie wenigstens einen Brief zurückgelassen.)

Das war doch vorauszusehen:
Wenn es nicht gleich nach ihrem Willen geht,
macht sie Schluß.
Das geht in der Reihe zuletzt
und ist als erstes abgehetzt.
(Sind Schallplatten in ihrer Wohnung gefunden
                                       worden.)

Da ist nichts mehr zu sagen:
Die hat sich für was Besseres gehalten. Warum
ist sie sonst nicht mit dir ins Bett gegangen.
Was wir verloren haben ist nicht viel.
Das taugt höchstens zu einem Beispiel.
(Teilt die Karten aus.)

16

Wieviele sind wir eigentlich noch.
Der dort an der Kreuzung stand,
war das nicht von uns einer.
Jetzt trägt er eine Brille ohne Rand.
Wir hätten ihn fast nicht erkannt.

Wieviele sind wir eigentlich noch.
War das nicht der mit der Jimi-Hendrix-Schallplatte.
Jetzt soll er Ingenieur sein.
Jetzt trägt er einen Anzug und Krawatte.
Wir sind die Aufgeregten. Er ist der Satte.

Wer sind wir eigentlich noch.
Wollen wir gehen. Was wollen wir finden.
Welchen Namen hat dieses Loch,
in dem wir, einer nach dem andern, verschwinden.

17

Wenn alle Milchstraßensysteme
nach einem Halt seufzen im Raum –
denkt ihr denn, es wird ein Rest sein
von Schönheit an dem Menschenbaum.
Denkt ihr denn, es wird eine Spur sein

oder ein Jammern oder ein kosmisches Tränenpaar.
Denkt ihr wirklich, ein größeres denkendes Ding
wird sich erinnern, daß der Mensch hier war.

18

Geträumt: Wir stehen alle
vorm Fallbeil und jede Hand zuckt zurück,
wenn sie die Hand des Nachbarn berührt.
Hinter dem Fenster fallen
blutige Flocken.

Geträumt: Wir liegen alle
in einer Zelle und jeder schlägt
dem anderen seinen Hocker zwischen die
                                                      Schulterblätter.
Mit enttäuschtem Gesicht
schließt der Schließer die Tür.

Geträumt: Wir stehen alle
auf einer glatten Straße und jeder versteckt
vor dem anderen sein Entlassungspapier.
Jeder hält einen Fahrplan in seiner Hand
und jeder beugt sich darüber.

Geträumt: Wir gehen alle
endgültig auseinander und über der Stadt
schließt sich
ein Himmel aus Stahl.

30 Jahre nach Hitler / Halbdunkel / Von Masken umstellt //

Sexuelle Ökonomie / nackt in   Das kalte Herz / Preisungschor /
die Nationalflagge gehüllt //   pathetisch //

Lied / Stille //   Straßenszenen / Ziegelmasken / Geigen //   Marschmusik

Chor in Trenchcoats //

3. Etage – Lamento / Sprung in der Schallplatte /
Panzerketten rasseln von fern //

Pokerface-Melodrama / Stühle Stühle Stühle / Text vom Tonband //

Dunkel / Roter Mond /   Ophelia auf dem Fahrrad / Wimpern
Toilettenspülung //   Klimpern / Chor ratlos //

Wiegenlied //   Sonniger Sonntag //

Historische Parallelverschiebung / Hollywood //

„She's leavin' home, bye, bye" / Vogelmasken //

Schritt / Zeitlupe /   Langspielplatte „Chicago"   Fahne auf Halbmast /
Kokett resigniert /
Masken verrutscht //

Flugzeuge / Wind / Fetzen //

Hahnenkopf

Als im April 1525 feststand DOPPELPUNKT
Die Antwort
auf die Forderung der Bauern heißt DOPPELPUNKT
die Vernichtung der Bauern KOMMA
Verhandlungen werden vergessen KOMMA aber
ein Messer im Hals wird nicht vergessen KOMMA
ein Vertrag ist ein Stück Papier und
Tinte bleicht schneller als Blut GEDANKENSTRICH
schrien die Bauern vom Neckartal DOPPELPUNKT
ANFÜHRUNG Warten heißt
auf den Tod warten ABFÜHRUNG KOMMA
nahmen die Heugabeln und gingen
in Richtung der Stadt Weinsberg KOMMA
in der sich eine Fürstenarmee bereit machte
zum Marsch auf die Dörfer PUNKT
Die Bauern gingen eine Nacht und
kamen am Morgen auf die Wiesen
Über der Stadt PUNKT

"sWichtigste is, daß was passiert.
Wenn was passiert, is schon gut."
"Erstma angekomm. Das is was wert."
"Ankomm is niks, wenn niks passiert."
"Wo ich nich bleibn konnte, bin ich weg,
als mirs Wasser bis übern Hals stand."
"Weggehn is niks, wenn niks passiert.
Wennse dich ham wolln, hamse dich überall."
"A, die Stadt da unten.
Aber zu Hause:
Der Acker leer."
"Wasn hier los. Is was passiert."

Gestern Traum unter den Füßen Blut
Aus nasser Erde überm Kopf der Himmel Stahl
ein Schritt der Tag ein Schritt der Mond
Ich steh im leeren Zimmer
meine Frau ein nacktes Fleisch unter dem Mann
                                        voll Wunden

ohne Kopf Was will ich tun Was habe ich getan
ein Schritt der Schlaf ein Schritt der Tod
Der Mann voll Wunden ohne Kopf schreit auf
Der Krieg fängt an Wann schlaf ich ein
Wann wach ich endlich auf Der Strick
Kein Schritt nach vorn kein Schritt zurück

„Die Stadt soll
ein Dreckhaufen sein, wenn
sie morgen hinter mir liegt.
Ich will sie nicht haben, denn:
wer drin ist, kommt nicht mehr heraus
oder mit den Füßen zuerst.
Morgen will ich
sie unter die Erde pflügen. Daß
Beine rauswachsen, daß eine Saat aufgeht,
die bis an den Himmel stinkt. Wenn ich
mich morgen umdrehe nach ihr, will ich
mich nach einer Rattengrube umdrehen."

Mittag PUNKT Sie schicken
zwei Gesandte vor die Tore der Stadt PUNKT
ANFÜHRUNG Werft eure Waffen weg KOMMA
gebt uns die Stadt in Frieden PUNKT
Sonst stoßen wir sie in den Dreck PUNKT ABFÜHRUNG
Unter den Schüssen der Reiter KOMMA
vor den Augen der Bauern
fallen die Unterhändler tot
auf den Boden PUNKT

    zwischen Berg tiefem Tal
    Hasen
    bis Rasen
    satt gefressen
    legten sie sich nieder
    Jäger
    schoß sie nieder
    aufgerappelt
    besannen
    leben noch
    von dannen.

„Nachher kann schlimmer sein
als vorher, wennde was machst."
„Hab niks zu verliern."
„Kannst tot sein oder
nur ein Bein habn. Wasn dann."
„Niks. Hab niks zu verliern.
n Pferd springt durchde Wand,
wenns ausm Stall will."
„Aber Angst is keine Wand und
n Mann is kein Pferd."
„Hast Angst niks zu machen."
„Hast Angst was zu machn."
„Nachher wissn, daß es zu spät is."
„Vorher wissn, daß es zu spät is."
„Wasn hier los. Schlafn jetz."

Als sie ihn weggehen sahen über die Wiese,
der mit ihnen gekommen war gestern,
lachten sie über ihn:
Feigheit, dein Name ist Weib.
Als er sich umdrehte, der
nicht nach Hause wollte
aber ins Ungewisse drohten sie mit
den Fäusten nach ihm.
Als im Wald verschwunden war,
der vorher keiner war und jetzt nichts mehr
standen sie mit grauen Gesichtern
im Dunkeln unter dem kalkweißen Mond.

Hahnenkopf Hahnenkopf
wie rollst du über Deutschland
dem Engel der Geschichte
zwischen seine dürren Beine

Hahnenkopf Hahnenkopf
ich steck dich in die deutsche Erde
nimm meinen Samen
der brennt zwischen den Schenkeln

Hahnenschwanz
es geht nicht auf
die Mutter war die Schwester
ihrer Tochter

Hahnenschwanz nur diese Hochzeit
noch dann
sterben deine Söhne

In der Nacht kommen drei Bürger aus Weinsberg
auf die Hügel über der Stadt DOPPELPUNKT
ANFÜHRUNG Die Stadt ist leichter zu nehmen
als eine Hure. Sie ist offen PUNKT ABFÜHRUNG
Sie sprechen von der Schwäche des Fürstenheeres
und versichern mit leisen Stimmen DOPPELPUNKT
ANFÜHRUNG Die werden keine Hilfe haben
gegen euch PUNKT
Denn wir bleiben in unseren Häusern bis eure Fahne
über dem Schloß steht PUNKT ABFÜHRUNG
Die Bauern sehen von den Feuern und sehen
in die Stadt PUNKT

In der ersten Stunde
wurde Jesus Christus
als ein Mörder hingestellt
dem Pontius Pilatus

Der fand ihn unschuldig
fand keinen Grund für seinen Tod
so ist Christ gekommen
vorn König Herod.

Seht, dort wird er gebrochen
vom Folterknecht.
Hat nichts getan nur groß gesprochen
geschieht ihm recht.

Um zwei, als die Sonne den Stall
mit rotem Licht beschien
tat er seinen ersten Fall
sechs waren, die stießen ihn.

Um drei wird der berühmte Sohn
in den Dreck geschmissen
die Dornenkrone hat ihm schon
die Haut vom Kopf gerissen.

    Seht, dort kommt er gekrochen
    neben dem Folterknecht.
    Hat nichts getan nur groß gesprochen
    geschieht ihm recht.

Um vier Uhr hat ihm eine Frau
ihr Brusttuch angeboten
Darauf hat sie heute noch
das Schweißgesicht vom Toten

Durch eine Straße mit Geschrei
haben sie ihn geschlagen
Sie haben Tränen gelacht dabei
Sein Kreuz mußte er selber tragen.

    Dort wird ihm der Star gestochen
    hinter dem Folterknecht.
    Hat nichts getan nur groß gesprochen
    geschieht ihm recht.

Um sechs Uhr wird er nackt
in die Sonne gehängt
um sieben Uhr schreit er Wasser
und wird mit Essig getränkt

Die Frauen mit großen Brüsten
die um den Hals gestern ihm hingen,
die vorgestern ihm die Füße küßten
stehn heute da und singen

    Seht, nur Haut und Knochen
    und ein starker Folterknecht.
    Hat nichts getan nur groß gesprochen
    geschieht ihm recht.

Um neun schrie Jesus mit Galle im Mund
warum habt ihr mich verlassen
Sie steckten einen Spieß hinein
Da spritzte Blut und Wasser.

    Seht, jetzt ist er gebrochen
    seht, jetzt sagt er nichts mehr.
    Mit Spießen haben sie gesprochen.
    Da war sein Mund leer.

„Alle wern gleich sein morgen und
niks wird mehr richtig genannt."
„Ich werd hingehn, wo ich hergekomm
bin, wenn morgen vorbei is."
„Keiner n guter Mensch, sondern alle
gleich und die Akten wern Asche sein
morgen und der See ne Fischsuppe."
„nSieg macht aus keim n andern und
jeder is wo er is."
„Jeder kann gehn, wohin er will
und das Blut wird denen ausn Adern springen,
wasse uns ausgesaugt habn."
„Wasn hier los. Aufstehn jetz."

Am Morgen stürmten sie
die Tore der Stadt PUNKT
Trieben die Fürsten
Durch eine Straße aus Spießen PUNKT
Am Abend stritten sie sich PUNKT
Nachts gingen sie
In drei Richtungen auseinander DOPPELPUNKT
Gegen das Heer der Fürsten im Süden PUNKT
Über die Grenze PUNKT
In ihre Dörfer PUNKT
Aus drei Richtungen kommend PUNKT
Zerschlug die Fürstenarmee
Zwei Wochen später PUNKT
Was vom Bauernheer übriggeblieben war
Und fing DOPPELPUNKT
Was geflohn war

Und köpfte PUNKT
Was sich PUNKT
In den Scheunen PUNKT
Versteckt hatte PUNKT PUNKT PUNKT

> Im Frühjahr als der Regenbogen
> über den Städten stand
> sind sie aus den Dörfern gezogen
> mit Spießen in der Hand
>
> Das Hemd ist schon zerrissen
> die Haut ist längst zerfetzt
> wenn wir doch sterben müssen
> dann jetzt

Kassandra

1

Rot. Gelb Grün.
Auf ihre blutigen Füße starrend, wankt sie über die
                                            Schönhauser Allee,
lehnt sich gegen den U-Bahnbogen, spuckt aufs Pflaster:
                                            Ich seh, ich seh,
ich seh alles. Was hat mich hierher verschlagen.
Fällt gegen den Bockwurststand und reißt sich am Kragen
Geht doch alle vorbei. Hört doch alle nicht zu. Sie setzt
sich auf den Papierkorb aus Drahtgeflecht. Der Hut
                       fällt vom Kopf, der Mantel zerfetzt

Sie hebt die Wodkaflasche an die trockenen Lippen,
weint, schlägt dem Mann im Trenchcoat die Fäuste
                                    gegen die Rippen:
Was gibts da zu glotzen,
   gleich werde ich meinen Mantel vollkotzen.
Hände weg. Wie Steine werdet ihr auf den Grund sinken,
mit euren Aktentaschen werdet ihr alle ertrinken.
Sie schwankt zum Lottostand: O. O das große Glück.
Sie reißt die Lose aus dem Kasten, fällt und kriecht
                                    zum U-Bahnhof zurück.

2

Nicht weiter kratzen an der Mauer der Wahrheit,
den Schädel nicht weiter schlagen gegen den Stein ohne
                                            Bedeutung
mit großer Behauptung im Maul
Worte die aufgehen wie Gleichungen mit zwei
                                            Unbekannten
Ich + du = in einer Grube aus Laken und Kissen
                              zerwühlt und verraten
ja + nein = die Totenmessen im Fernsehapparat
zwischen den Leuten umhergehen den Abstand messen
                              zwischen du und wir
wer soll mir noch zuhören, wenn ich mir nicht zuhöre.

3

An die Stelle von Lenins Bild hängte er
1930 Stalins Bild. Stalins Bild
legte er 1933 in den Koffer und hängte es
über sein Bett in der Pariser Jugendherberge.
Als er aus der Emigration zurückkam,
hängte er neben Stalins Bild
das Bild Wilhelm Piecks.
1956 nahm er Stalins Bild von der Wand und
stellte es in den Keller hinter die Einweckgläser.
1960 wechselte er das Bild Wilhelm Piecks
mit dem Bild Walter Ulbrichts aus.
1971 nahm er das Bild Walter Ulbrichts von der Wand
und hängte das Bild seiner Frau an den Nagel.
1973 ging er in die Rente. An die Stelle
des Bildes seiner Frau hängte er einen Spiegel
und sah hinein.
„Wer ist das", schrie er,
„kann man denn nie allein sein."

4

Weil ich nicht wiederkehr in deine Mauern
weil ich nie wieder hinter deinen Türen hocken werde
weil ich nicht wiedersehen werde, die noch heute auf
                                                    den Hockern kauern
weil ich nie wieder bellen hör die Hundeherde
weil ich in keiner Kneipe treffe deine Wächter
weil ich in jedem Zimmer höre meine Schritte
weil ich nach jeder Nacht erwache zwischen Heulen
                                                    und Gelächter
weil ich vor jedem Zimmer höre schwere Schritte
weil ich in deine Mauern wiederkehren will
hinter dem Panzerglas aufs Wasser warten
die Karos auf den Kissen zählen: Juni, Mai, April
die Kerben zählen in der Wand, die Zigaretten, Todesarten
weil meine Worte sich in meinem Mund umdrehn
weil meine Faust sich schiebt in meinen Mund
weil meine Füße gegen einen Abgrund gehn
weil: unterm Abgrund ist der Grund.

5

Was kann das bedeuten,
fragt Lucie den Meister und stellt
die Milchflasche auf die Drehbank.
Ich habe geträumt mein Herz
wird ein Zahnrad, Zeiger
werden meine Arme und mein Atem
ein Ticken. Ich habe geträumt:
Lucie wird eine Uhr.

6

Lucie vorm Foto:
James Marshall Hendrix genannt Jimi Hendrix, der seine
                                                                Gitarre
verbrannte beim Monterey-Festival 67
(drei Jahre bevor er erstickte an seinem zweimal
                                                         Verdauten)
und 400 000 Hippies erzitterten im Gras von Woodstock
                und Lucie erzitterte noch beim Frühstück

als Flori ihr die Platte mitbrachte
(unterm Hemd, S-Bahnhof Friedrichstraße)
erzitterte noch überm Kaffee unter der verstärkten
                                        amerikanischen Zunge
(„Purple Haze" und „Star Spangled Banner")
zündete eine Kerze an am gleichen Abend,
als sie von der Spätschicht kam und legte sich vor den
                                               Plattenspieler
und schrie und schlug gegen die Wände und lachte und
                                                  schrie nach
James Marshall Hendrix, genannt Jimi Hendrix, der
        zwei Minuten lang nur mit der Griffhand spielte
(1983 und The wind cries Mary), Jesus Christ mit
                                                  100 000 Dollar
für ein Gebet, sagt Flori/Zorn und Gewalt einer
                                             Generation schreibt
das Jugendmagazin „Neues Leben" und Lucie starrt auf
                                                      den Cover

der Nachlaß-LP „War Heros" und an jedem
18. September geht sie mit schwarzen Strümpfen an ihre
Drehbank, weint in der Spätschicht zwischen
Werkzeugschrank und Kofferradio über den Tod des
James Marshall Hendrix genannt Jimi Hendrix, der
          nicht gesungen hat,
nicht gesprochen, gejammert vielleicht, nicht geschrien,
                 gerufen
vielleicht durch den U-Bahnschacht, aber wohin, doch
               nicht in
irgendeines Präsidenten riesiges Ohr, doch nicht in den
                 Himmel,
aber vielleicht in die Betonerde oder zu Lucie, denkt Lucie.
Wieviel braucht der Mensch, Handvoll Erde ins Maul
              oder Schaufel
über den Schädel, so ist das Lied, das ich sing, wenn
                ich jetzt
vor der Schicht noch einkaufen geh für mich und meinen
                Verlobten
so ist das Lied, James Marshall Hendrix genannt. Ich
              weiß es nicht mehr
You never come back, du kommst nicht mehr wieder,
            aber was wird aus mir
mit meiner Einkaufstasche und deinem Foto.

7

Nicht mehr aufstehen, sagst du, sage ich
die Decke über den Kopf ziehen und
warten, daß der Totengräber den Sechszöller
durch das Brett in die Stirn treibt,
ich bin noch gar nicht tot, ich lebe ja noch,
ich rieche ja noch das Holz, den Leim,
ich lese ja noch die Gerichtsberichte in der „Wochenpost",
wie schließt sich die Wahrheit in den Stein,
in die U-Bahnmauer, kratz nicht, sage ich sagst du, nicht
mehr aufstehen.

8

Mit zitternden Händen reißt sie aus dem Automaten den
                                                Fahrschein,
stürzt, klammert sich ans Geländer, kratzt mit ihren
                                                Nägeln am Stein.
Auf dem Bahnsteig: Sie lacht. Sie springt
auf die Schienen. Sie steht. Sie winkt.
Da glotzt ihr. Sie schwenkt ihre Tasche. Sie singt:
„Wie ein Stern in einer Sommernacht". Sie hinkt
in den Tunnel. Aus dem Dunkel blinkt
das Scheinwerferpaar: Ha, Ha, sich regen bringt Segen.
Schreiend wankt sie der U-Bahn entgegen.

Sindbad

Als der berühmte Seefahrer hintrieb im Wasser
nach dem Untergang seines Schiffs, zwischen
zerrissenen Leibern, die seine Matrosen gewesen waren
vorm Sturm, zwischen Fässern Broten Säcken, zwischen
Ballen Kisten Tonnen, die sein Reichtum gewesen waren
vorm Sturm, zwischen zersplitterten Masten zerfetzten
                                            Segeltüchern,
als seine Füße aufzuschwellen begannen und
sein blutiger Bauch verkrustete unter der Sonne, als
es still geworden war um ihn, wurden laut
in seinem Schädel Stimmen und Geräusch. Betäubt
hörte der Treibende, was sich ausbreitete in Fasern
                                            Nerven,
als neben ihm untergingen die letzten Planken. Aber
er griff nicht nach ihnen, lag nur da, als die Nacht kam und
der Wind ihm den Atem verschlug, als das Wasser
sein Blut aus den Händen zog, lag steif wie ein Brett,
durchzogen von Klopfen Singen Flüstern, auf dem Meer,
unter dem Mond und schloß seine Augen.

Beweg dich, Mann, oder geh unter.
Jetzt hast du den Boden unter den Füßen verloren.
Beweg dich.
Die großen Worte sind dir ausgegangen. Die großen
                                            Gesten
sind dir ausgegangen.
Geh unter.
Die dich brauchten, kennen dich nicht mehr. Ausgelöscht
ist alles an dir. Durchgestrichen ist alles an dir.
Du bist ein leeres Blatt.
Du wirst nur noch beschrieben.
Geh unter, Mann, oder schwimm:

Jetzt fährt er wieder hinaus, sagten sie,
als er durch die Straßen zum Hafen ging,
seht hin, jetzt will er schon wieder weg.

Ist er nicht fast zerfetzt, sagten sie,
auf seiner ersten Reise, fast erschlagen
von seinen eigenen Leuten auf der zweiten.

Was will er denn noch, sagten sie, ein Mann
muß wissen, wohin er gehört,
sterben kann er auch hier.

Geldmachen kann er auch hier, sagten sie,
als er an Deck stand, Kindermachen kann er auch hier,
was will er woanders.

Vielleicht ist die Sonne blau woanders, lachten sie,
vielleicht haben die Weiber drei Brüste woanders,
vielleicht ist woanders alles ganz anders.

Wohin soll die Reise denn gehn, riefen sie,
als sein Schiff hinter den Mauern verschwand,
ins gelobte Land, in die ewigen Jagdgründe,
nach Süden, in die großen Städte, wohin,
nach Amerika, auf den Meeresgrund, wohin,
nach Rio, in den Osten, wohin.

Er weiß es doch selbst nicht, schrien sie,
und ballten die Fäuste, der Hund ohne Familie
mit seinem undeutlichen Gesicht.

Ach laß, sagten sie, morgen haben wir ihn vergessen,
sagten sie, schwiegen, drehten sich weg, ach,
sagten sie und gingen zurück an ihre Arbeit.

Drei Dinge, sagte Sindbad, sind besser als drei andere
                                                Dinge:
Der Tag des Todes ist besser als der Tag der Geburt,
ein lebender Hund ist besser als ein toter Löwe und
das Grab ist besser als die Angst.

Am sechsten Tag fuhr ein Schiff vorbei an dem Mann,
dem die Sonne ausgebrannt hatte das Gesicht aus seinem
                                                    Gesicht,
der da lag mit gespreizten Beinen und aufgerissenen
                                                    Augen.
Erschrocken starrten die Matrosen auf seinen reglosen
                                                    Leib und
hielten für einen Toten den Seefahrer, der
ihnen kein Zeichen gab, der ihre Gebete hörte, der
sie die Mützen von ihren Köpfen reißen sah, der
von den plötzlichen Wellen hochgeworfen wurde, als
ihr Schiff abdrehte und davonfuhr, der seinen Mund aufriß,
als sie schon am Horizont warn, als das Meer wieder
                                                    still lag
und sein Schrei nicht herauswollte aus seiner Brust.

Beweg dich, Mann, oder geh unter.
Der sich nicht ändert, wird geändert. Steck
deinen Ausweis weg. Du bist nicht gefragt.
Beweg dich.
Sie sind schon weggegangen. Nimm
deine Hand herunter. Sie kommen nicht wieder.
Geh unter.
Das Plakat ist abgerissen. Die Wand ist niedergestürzt.
Ausgelöscht ist alles um dich. Durchgestrichen
ist alles um dich. Du bist ein leeres Blatt. Jetzt
wirst du beschrieben.
Laß dich fallen, Mann, oder geh.

Er ging durch den Hafen mit mächtigem Schritt
und warf ein Bündel Geld auf den Tisch.
Er rief nach Männern, sie gingen mit.
Sein Schnaps war sehr scharf und das Meer roch sehr
                                                    frisch:
  Wo du hinwillst, fahrn wir hin, Kapitän,
  wohin soll die Reise denn gehn.

Er hetzte sie über das Meer mit Gebrüll
von einer Küste zur nächsten hin.
Als sie ihn fragten, wohin er will,
da hatten sie schon seine Faust unterm Kinn:
 Wie du uns bückst hat uns keiner gebückt.
 Was macht deinen Kopf so verrückt.

Als der Wind kam, stand er oben an Deck,
als das Segel zerriß, sahen sie ihn
zustopfen mit blutigen Händen das Leck,
mit blutigen Händen die Taue festziehn:
 Dir gehörte das Schiff, wir warn ein Dreck.
 Dein Schiff zerschlägt, wir sterben dir weg.

Sie haben recht.
Das war alles schon mal da.
Ich kann Ihnen nichts Neues bieten, aber
Sie bieten mir auch nichts Neues.

Ich könnte Ihnen vielleicht eine Schallplatte
von Bob Dylan leihen:
„Du brauchst keine Wettervorhersage zu wissen, woher
 der Wind weht."
Hilft Ihnen das weiter. (Nur mit Stereosaphir abspielen.)

Ich könnte Ihnen ein Buch von Georg Heym leihen:
 „Daß das Kriegshorn wieder im Lande schallt,
 daß die Äcker liegen mit Leichen voll.
 Öde Zeit ist, wie ein Kranker das Jahr,
 Herr gib uns das Feuer. Und reiche uns Prüfungen dar."

Das reicht Ihnen nicht.
Das ist nicht von mir.
Das ist ein aufgekochter alter Schleim.
Vergessen Sie, was ich Ihnen gesagt habe und
gehn Sie sich auf Ihren eignen Leim.

Sie bauten, aber Bauen half nicht.
Der Hagel schlug den Männern weiter ins Gesicht.
In ihren neuen Häusern häuften sie ihr Geld.
Was hilft es in der Hitze, wenn kein Regen fällt.
Wieviel sie auch erhofften, immer wurde es: Nichts.
So fuhren sie ins Grab am Tag des längst erwarteten
              Gerichts.

Vom höchsten Ruhm fuhren sie ab –
die kurze Fahrt ins enge Grab.
Ein Rufer kam und rief sie in der Nacht:
Wo sind die Häuser jetzt, das Geld, die große Fracht.
Wo sind die Frauen jetzt mit ihrem blonden Haar.
Wo seid ihr selbst verschwunden ganz und gar.
Zum Rufer sprach das Grab mit weitem Maul:
Das Fleisch fällt ihnen von den Knochen und wird faul.
Ein Leben haben sie getrunken und gegessen;
jetzt, als sie fett warn, hab ich sie gefressen.
Da drehte sich der Rufer um, fing an zu schrein,
lief in sein Haus und schloß sich selber ein.

Am neunten Tag kamen die Vögel und rissen
dem Dahintreibenden aus seinen Schenkeln
das Fleisch, schlugen in seine Brust ihre Krallen,
stiegen auf und ließen sich fallen auf ihn,
der sie nicht abwehrte, der die Nägel seiner Finger
in seine Handballen grub bis das Blut hervorquoll
unter der Haut, der sie wegfliegen sah über das Meer
mit seinem Fleisch in ihren leuchtenden Schnäbeln.

Beweg dich, Mann, oder geh unter.
Hier stirbt ein Mann. Hier
stirbt ein Kontinent. Hier stirbt ein Zeitalter.
Beweg dich.
Du bist ein Gleichnis. Du bist ein Bild
gemacht aus Bildern.
Geh unter.

Ausgelöscht ist alles in dir. Durchgestrichen
ist alles in dir. Du bist ein leeres Blatt.
Du wirst nicht mehr beschrieben.
Zerreißt es.

Wieviele Männer bekämpfte ich, wieviele erschlug ich.
Wieviele Gefahren des Lebens ertrug ich.
Wieviele Liter hab ich getrunken, wieviele Brote gegessen,
Wieviele Mädchen hab ich geliebt, wieviele vergessen.
    Still steht der Rauch überm Haus,
        geht keiner hinein, kommt keiner heraus.
Wieviele Himmel hab ich gesehen, wieviele Sonnen,
Wieviele Gelder hab ich verloren, wieviele gewonnen,
Wieviele Worte hab ich verschwiegen, wieviele gesprochen,
Wieviele Schwüre hab ich gehalten, wieviele gebrochen.
    Still steht der Rauch ...
Ich habe den Osten gesehen, den Süden, den Norden,
unter jedem Wind bin ich ein andrer geworden.
Wieviele Leben hab ich gelebt: Ich kann sie nicht zählen.
Wenn ich nicht mehr da bin, wieviel wird euch fehlen.
    Still steht der Rauch ...

Das habe ich mir gedacht, daß
Sie das jetzt sagen werden.
Das habe ich mir gedacht, daß
Sie sich selbst zuwider sind.
Das war vorauszusehen, daß
Ihnen die Freunde von einem,
der sich selbst keinen Schuß wert ist,
keinen Schuß wert sind.

Reden Sie doch jetzt nicht
von Entfremdung.
Reden Sie doch jetzt nicht
vom 20. Jahrhundert.
Reden Sie doch jetzt nicht
von den Brettern, aus denen die Welt gemacht ist.
Reden Sie doch jetzt nicht vom Theater.

Das habe ich mir gedacht, daß
ich das jetzt von Ihnen hören werde.
Das habe ich mir gedacht, daß
Ihnen zum Lachen ist, wenn Sie ein ehrliches Wort
                                herausgebracht haben.
Das habe ich mir gedacht, daß
Sie sich selbst ein Clown sind,
der Angst vor dem Gelächter hat.

Reden Sie doch jetzt nicht
vom Tod der Individualität.
Reden Sie doch jetzt nicht
von den matten Zeiten, in die Sie geworfen sind.
Reden Sie doch jetzt nicht
von Robespierre.

Sie kamen vorwärts, langsam oder schneller
durch Kriege, Regen und durch starken Wind.
Die Tage wurden dunkler und die Nächte heller,
die Griffe schwächer und die Augen blind.
    Das ist die Wahrheit jedes Aufstiegs, jedes Falles:
    Nichts ist das Ziel, der Weg ist alles.

Sie fielen tiefer und sie sanken auf den Grund:
Die Männer mit den weitgerühmten Namen.
Sie schrien sich die ausgedörrten Kehlen wund
und waren plötzlich weg, so wie sie plötzlich kamen.
    Das ist die Wahrheit ...

Wie ich mich hingestoßen hab, ist meine Lage,
dem Tod hab ich ins schwammige Gesicht gesehn.
Ich bin die Antwort nicht auf keine Frage,
darum will ich jetzt lachend untergehn.
    Das ist die Wahrheit ...

Am zwölften Tag schien ihm, als schwemmten
die Wellen seinen Körper an Land, als griffen
seine Hände an Wurzeln, als ginge über sein Gesicht
ein Grinsen, als wäre es endlich still in seinem Schädel,
als wanke er über den Strand mit ausgestreckten Armen,
als höre er nur seinen Atem noch; nicht die Rufe
der Männer, die ihn in die Stadt trugen, nicht
die Stimmen der Ärzte, die um sein Bett standen, nicht
die Räder der Fahrzeuge in der Straße, auf die er
herauszutreten schien, oder schwamm er noch immer
im Meer, oder gab es ihn überhaupt noch, wer aber
war dann die Frau, mit der er dort oder hier oder wo
vor einem Haus zu stehen schien, die ihm die Arme
um seinen Hals legte, die zu ihm sprach, aber
er hörte sie nicht, nur seinen Atem hörte er, das
wenigstens schien ihm sicher, was aber war dann
das andere um ihn herum: die Gesichter, die Hochzeit,
die seine Hochzeit zu sein schien, die Möbel, die
seine Möbel zu sein schienen, das Geld, das sein Geld
sein mußte, wer war der, der es in seiner Hand hielt,
er oder nicht er in einem Haus am Fenster und wo
war der Himmel, er war nicht mehr da, also mußten die
Bilder

sein Tod sein
oder die Rettung.

II

Friede den Wächtern

An den Wänden die Drähte,
auf dem gebohnerten Fußboden Teppiche gegen
den harten Schritt der Stiefel
in deinem Rücken. Tür an Tür die Einzelzellen
der neuen Gesellschaft. Wessen Straße ist die Straße.

Die Stille ist die Schwester des Wahnsinns.
Zwischen Hocker und Tür fünf Schritte und
der Herzschlag zwischen den Schläfen.
Die Posen:
Widerstand/Härtetest/Selbstmitleid/Jammer/Gelächter
sind verbraucht: Leitartikel im eigenen Zentralorgan.

Schreie im Flur nach zehn Wochen oder zwölf: Ihr
Verbrecher. Das hastige Tappen der Füße über
den Teppich. Dein Ohr an der Tür.
No man is an island. Friede den Wächtern.
Der Schädel ist ein keimfreies Schlachthaus.

Danton

Der Held auf der Bettkante. Was
er seinen Feinden entriß, haben seine Freunde
schon unterm Nagel: ihn.

So ist es, bleibt auch so. Bis
sie mich holen und reißen mir den Kopf vom Hals.
Für weniger als nichts: Für ihre neue Welt.

Die Haltung der Weigel

Tief beugt sich der Rücken des Sklaven
unter der Hand seines Herrn
unterm Gewicht einer Last.
Sein Gesicht berührt fast
die Erde, aus der er nicht kam,
in die er nicht geht, die er
aufreißt und nicht versteht.

Hohl krümmt sich der Rücken des Herrn.
Steif ragt seine knöcherne Hand.
Den Blick zum Himmel gewandt,
aus dem er nicht kam,
in den er nicht geht,
den er anstarrt und
nicht versteht.

So sah sie die Rücken sich biegen.
Sah das Bücken, sah auf den Knien liegen
die einen,
die andern die Hälse verdrehn zu den Wolken.
Und richtet sich auf und lehrt uns zu verstehn
den neuen Sinn dieses Wortes:
Aufrechtgehn.

Selbstkritik 6

1

Wann sie kamen am Morgen am Abend
ich weiß es nicht mehr Mit schwarzen Koffern
standen sie vor der Tür eines Tags
eines Nachts So traten sie ein

2

gerufen von wem gebeten um was

3

setzten sich um den Tisch in der Küche
stützten die Köpfe zwischen die Arme und
begannen zu sprechen von den Angelegenheiten
des Staates Lauter und lauter

4

Manchmal nachts schwiegen sie plötzlich
oder begannen zu singen von kommenden großen Kämpfen
ein Leuchten in ihren Augen trommelten sie
ihren Takt auf das Holz

5

das muß schon im Winter gewesen sein

6

Nach zwei Jahren oder nach vier Jahren
ging einer aber kehrte zurück mit einem neuen
Der beachtete mich schon überhaupt nicht mehr aber
brachte Neuigkeiten was gesprochen wurde
draußen nichts über mich

7

draußen nichts über mich

8

Also mußte die Stadt noch da sein
hinter den Fenstern die sie schwarz angemalt hatten
hinter der Tür vor die sie den Schrank geschoben hatten

9

also gab es mich immer noch

10

Später kamen auch ihre Frauen
setzten sich auf den Flur
sprachen sehr leise Irgend etwas
mußte geschehen sein

11

Vielleicht mit der Regierung oder
mit anderen Menschen Vielleicht
mit der Stadt hatte sich etwas verändert
da draußen hinter dem Fenster hinter dem Schrank

12

das wäre was

13

Wann sie gingen mit ihren Koffern
ich weiß es nicht mehr am Morgen
am Abend und sie ließen mir kein Zeichen zurück
wann ihr Aufstand beginnen sollte

14

endlich

Halb Schlaf
Für Uwe Johnson

Und wie in dunkle Gänge
mich in mich selbst verrannt,
verhängt in eigne Stränge
mit meiner eignen Hand:

So lief ich durch das Finster
in meinem Schädelhaus:
Da weint er und da grinst er
und kann nicht mehr heraus.

Das sind die letzten Stufen,
das ist der letzte Schritt,
der Wächter hört mein Rufen
und ruft mein Rufen mit

aus meinem Augenfenster
in eine stille Nacht;
zwei rufende Gespenster:
eins zittert und eins lacht.

Dann schließt mit dunklen Decken
er meine Augen zu:
Jetzt schlafen und verstecken
und endlich Ruh.

Schneewittchen, der Idiot

Ich lebe zwischen 2 Bergen
mit 60 000 000 Zwergen.
Denen macht das nichts aus:
Die sind der Pelz, ich bin die Laus.

Den König haben wir erstochen.
Den Staat erstechen können wir nicht.
Jetzt lebe ich schon seit 2000 Wochen –
was hat meines Vaters Sohn denn verbrochen,
daß er jeden Tag fällt, doch nicht bricht.

III
Der schöne 27. September

DER MORGEN
ZWISCHEN WIDERSTAND
UND WOHLSTAND

Schlimmer Traum

1

Die oben waren sind immer noch oben
Wer fällt wird aufgehoben

2

Die unten waren sind aufgestiegen
Wer unterliegen will muß siegen

3

Die schweigen wollen müssen reden
Keiner für sich Jeder für jeden

4

Die hassen wollen müssen lieben:
Alle ins Paradies vertrieben

Einsteins Ufer
(Vom Heroin)

1

Die Nadel ins
eigene Fleisch: hinter
der Toilettentür verlassen
einen Staat: der wird
von allen guten Geistern verlassen.

2

Ich habe Nakry gesehen meine untreue Liebe
KeinWortDarüber am Einstein Ufer die Zähne
schwarz die Nägel verfault, gealtert
zehn Jahre in zwei Jahren. Ich
habe ihr kein Geld gegeben, obwohl
sie kein Geld wollte.

3

Ins Blut den Traum
ins Hirn den Traum bis zum Rand
die Totenhemden sind steif
dein Blut trocknet in meiner Hand

4

Zwischen Widerstand und Wohlstand,
sagt sie, lebt es sich ungesund.
Ich schieße, der Streifenpolizist schießt auch.
Der Unterschied, sagt sie, hat seinen Grund.

5

Du hast mich nicht erkannt: Das
ist gut. Meine Haut ist grau. Ich
habe mein Ziel erreicht: Ich bin
unbrauchbar.

6

Ihre Hände zittern. Was
sie vor sich hat ist
der Tod. Was sie hinter sich hat, war
kein Leben.

7

Was hast du geträumt in der Nacht
Ich habe nichts geträumt diese Nacht
Wer hat sich gestern abend umgebracht
Ich weiß nicht, eine hat sich vielleicht umgebracht

Selbstkritik 3

Der Plan Die Trauung Das Mandat Der Stacheldraht
Das blöde Grinsen der Behörde Das ist nicht der Staat
Längst schon bist du der Staat Dein eigenes Gericht
Geschrei nur noch im Schädel Und ein Vers Der bricht

Nachruf auf GG

Im Gefängnis von Utah der zweifache Mörder Gary
                                            Gilmore
zum Tod durch Erschießen verurteilt, freigegeben von
                                            seinen Richtern
für die Begnadigung zu lebenslänglicher Haft, verlangte
die Vollstreckung des Urteils. Ratlos
die Richter: noch immer bereit einzutauschen
den Tod gegen ein endloses Leben im Gitter. Aber
der Mörder geht nicht ein auf den Tausch, zwingt
sie hinter ihren Gewehren in Stand zu setzen
die Ordnung, der er widersprochen hat mit
zwei Morden. So macht er zu Mördern die Richter
mit seiner Tötung: Gefangen im Netz
fängt Gilmore seine Fänger in ihrem Gesetz.

Zum Beispiel Galilei

Die Erde ist nicht Mittelpunkt der Welt,
sie ist ein Stein, der um die Sonne fällt,
sagt Galileo Galilei aus Padua,
der mit dem Fernrohr in den Himmel sah.

Kaum ist das Wort heraus, schon würgt der Hals.
Der Schweiß läuft über seinen Blick, als
er das Flüstern hört, den Schatten sieht,
der vor dem Fenster seine Kreise zieht:

Halt deine Zunge fest, die Augen zu:
Ich sehe einen Blinden. Wen siehst du.
Ich sehe einen Stummen hinterm Fenster stehn
in einem Haus, um das die Wächter gehn.

Die Mönche schleppen ihn nach Rom vors Papstgericht,
sie zeigen ihre Instrumente vor im Kellerlicht:
Sag, Physiker, wie deine Wahrheit heißt,
wenn einer dir das Herz aus deinem Körper reißt.

Und Galilei sagt: Unsre Erde ist kein armer Stein,
der um die Sonne fällt. Sie steht im großen Schein.
Auf ihr stehn wir im Mittelpunkt der Dinge fest
und über uns steht Gott, der seine Sonne kreisen läßt.

Dann wird der Mann, der eine Wahrheit weiß,
doch abgezählt hat an zehn Fingern ihren Preis,
durchs Klostertor gestoßen in den Straßendreck.
Er läuft zurück nach Padua in sein Versteck.

Vier Jahre später ist er blind und tappt durchs Zimmer:
Bleibt mir vom Hals mit Schwerkraft, Wahrheit, Wissenschaft
                                                                  für immer.
Alles ist schwarz. Sie hatten recht. Und nichts, das sich
                                                                   bewegt.
Nur Galileo Galilei, der sich zum Sterben in sein Fenster
                                                                   legt.

Meine Großmutter

Auf dem alten Foto ist sie eine schöne Frau
auf einem Berg: Am Rand.
Verächtlich sieht sie in die Kamera:
Schließlich ist mein Vater Fabrikant.

Ihr erster Mann erschoß sich mit 29. Den zweiten
verließ sie in München für den dritten und
wurde katholisch wie er. Als
die Nazis sie holten, rief sie: Was
wollt ihr von mir: Ich bin keine Jüdin mehr.

Im Konzentrationslager schrieb sie Gedichte. Die
steckte sie in den Ofen, bevor sie entlassen wurde
in die Irrenanstalt. In der Zelle schrieb sie einen Roman
über die Auswanderung eines Ameisenstaates von
Deutschland nach Amerika nach Afrika nach Deutschland.

Ich lebe mit Lissy, sagte ihr Mann, als
sie zurückkehrte in die Wohnung. Hier
ist dein Zimmer neben der Küche. Sie sagte:
Ich lasse mich scheiden. Und nahm ihren zerbeulten Hut.
                                                         Dann
bist du nicht mehr katholisch, sagte er, und gehst wieder
ins Lager. Sie legte den Hut aus der Hand: Zu euren
                                                         Diensten:
eure Ameise will ich sein. Und schloß sich in ihr neues
                                                         Zimmer ein.

Nach dem Krieg lebte sie zur Untermiete und
war angestellt bei der englischen Postzensur: Tag
für Tag schnitt sie faschistische Zeilen aus
deutschen Briefen. Als das Postgeheimnis wieder Gesetz
                                                         war,
zog sie von München nach Potsdam,
zeigte mir ihren Gott, den ich nicht sah, kratzte
unter alten Frauen Scheiße
aus den Laken, sagte zu ihrem Sohn: Warum
gehst du nicht auf den Hof
spielen und fiel tot neben den Küchenherd.

Die Rätsel sind gelöst:
ihr Hirn sprang über.
Sie wollte nicht Heimat sagen:
Sie hatte kein Dach darüber.

Ratschlag

Das beste Mittel gegen Krebs, sagt mir mein Freund L. S.:
die Hoffnung fahren lassen, die Frauen schlagen,
die Freunde hintergehn, denn diese Krankheit ist
die Strafe für Freundlichkeit in einer unfreundlichen Welt.
                                                     Warum sonst
frißt er, die jedem über jede Straße helfen
und dankbar sind für jeden Tritt,
die ihre Frauen streichelnd
dem Freund vertrauen. Glaube einem Freund,

sagt er, die Stimme zittert, seine Hand greift
nach dem Knie der blonden Nachbarin, aus seinen Augen
starrt mich an
das unbekannte Tier.

Im Garten Eden, Hollywood genannt

In Santa Monica das kleine Haus des Dichters Brecht:
ihm ging es in den Traumfabriken schlecht.
Unter dem blauen Himmel schrieb er seine Finger wund,
verrenkte sein Gehirn, verwucherte sein Pfund.
Was er auch anbot, lächelnd oft und oft verbissen:
längst war sein Zug hinaus, der Bahnhof abgerissen.
Jetzt saß er auf dem Berg in einem Jammertal
zwischen Papier und Frauen, klug und kahl,
betäubt vom Eukalyptusduft:
der stank ihm schon wie Fäulnis aus der Gruft.
Er wollte doch nur eins: nicht anders sein,
trug ihre dunklen Hüte, trank ihren sauren Wein
und wechselte, wie sie es taten, jeden Tag sein Hemd,
doch blieb, was sie in seinen Pass gestempelt hatten:
                                                    fremd.

So lernte er die Kalifornische Lektion:
Sie hatten nur ihn selbst vor ihm geschützt,
als sie (jetzt war er ihnen dankbar schon)
Brecht lehrten, daß er ihnen garnichts nützt.

Drei Wünsche, sagte der Golem

Mit den Toten nach Hause, antwortete ich,
am Nachmittag über die Warschauer Brücke.
Wenn neben der Sonne der schwarze Mond aufgeht
zeige ich ihnen in ihrer Republik die Lücke.
Mit meinen Toten nach Hause gehn in die Boxhagener 21
in meine Fenster legen sie ihre geschrumpften Herzen
Sie heben die Hemden: Carmen jetzt tanz ich.
Ich sehe sie tanzen im Licht der Kerzen.

Auf einer Atombombe über dem Bahnhof Frankfurt,
                                      antwortete ich,
wie still ist das hier im siebten Himmel.
Nur der Wind und der Gestank der Demokratie:
Lachend falle ich nieder auf das Gewimmel.
Auf einer Atombombe fallen in die Stadt Frankfurt am
                                                       Main
zu Ehren der Bundestagswahl die Stimme abgeben,
einen Gruß überbringen den Volkspartein:
Das Parlament soll bis zum siebten Himmel hochleben.

In einem zerstörten Haus wohnen, antwortete ich,
allein in einer verwüsteten Landschaft,
in zerbrochene Ziegel Briefe gekratzt
an meine tote Verwandtschaft.
Eine Dohle hockt abends auf dem Mast
die soll mich glücklich sehen,
denn alles, was du mir versprochen hast,
seh ich in Erfüllung gehen.

Village Ghetto Land

Noch spielen die Zuhälter Billard
an der Bowery. Noch lehnen die Säufer
an den zerfallenden Häusern. Noch halten Ausschau
die schwarzen Mädchen nach einem Käufer.

Die Tänzerinnen in den Fabriketagen
drehn sich noch immer im Kreis:
Aus den Lautsprechern singt Stevie Wonder,
der Blinde, noch immer, was jeder schon weiß.

Unter dem Billardtisch die Ratte
steckt ihren Kopf aus dem Loch:
Was sich für immer verkrochen hatte,
worauf wartet das noch.

Der schöne 27. September

Ich habe keine Zeitung gelesen.
Ich habe keiner Frau nachgesehn.
Ich habe den Briefkasten nicht geöffnet.
Ich habe keinem einen Guten Tag gewünscht.
Ich habe nicht in den Spiegel gesehn.
Ich habe mit keinem über alte Zeiten gesprochen und
mit keinem über neue Zeiten.
Ich habe nicht über mich nachgedacht.
Ich habe keine Zeile geschrieben.
Ich habe keinen Stein ins Rollen gebracht.

DER MITTAG
BERLIN BRENNT

Ansturm der Windstille

Im Tiergartenpark auf der Spree die Ruderer
legen sich in die Riemen im Abendlicht vorwärts
eins zwei fällt der Schweiß für nichts und
wieder nichts: Aber ein schönes Bild ist das doch:
Die fleißigen Angestellten in gelben Trikots
das ölige Wasser aufwühlend zwischen den
                                          Leuchtreklamen
EIN KLUGER KOPF STECKT IMMER DAHINTER und
                                                       drüber
der flache preußische Himmel mit
lächelnden Geistern aus der Geschichte eins zwei die
                                                       sehen
herunter auf die Kämpfer der Freizeit Ich
stehe am Baum ohne Gedanken Die Ruderer
rudern Dann sind sie vorbei eins zwei
Ich denke weiter Als ob ich eben gestorben sei

Van der Lubbe, Terrorist
(Niemands Land)

Holland–Deutschland: über diese Grenze
ging er eine Arbeit suchen
als ein Handwerker seinen Beutel auf
dem Rücken, ohne Abschied
aus dem kleinen Dorf. So
kam er durch den Zoll ins fremde Land:
hier ist jeder seinem Nachbarn unbekannt.

Zwischen arbeitslosen Lebensmüden Obdach
nach dem Alexanderplatz buchstabierte er
in fremder Sprache TOD DEM FÜHRER schon in Neukölln
rief der Tod dem Führer, aber rief
in taube Ohren, weil, das hörte er:
Gegen Krieg kann nicht einer was allein machen,
noch dazu ein Fremder: die Regierung hat den größren
                                                              Rachen.

Von dem Bett im Obdachlosenheim zwischen
grauen Laken aus dem Fenster sah er hinterm
Reichstag stehn den Krieg mächtig wie ein Feuerrad: die
                                                                   Gesetze
bringen es in Schwung, Feigheit dreht es, Wirtschaft
treibts voran: Das sagt der Holländer
van der Lubbe und sie sehn ihn schwanken
Oder nur weil ich keine Frau habe denke ich feste
                                                                Gedanken.

Weiter, sagte sich Marinus, Was warum ich tue das
geht keinen an, wenn ich es allein tun muß, jetzt
muß Brennstoff her, daß die Luft kocht, er
warf ölgetränkte Lappen in
die Keller, stand
mit glücklichem Gelächter
vor dem gleichgültigen Wächter.

Zeitungen melden seine kleinen Feuer und
Streit zwischen den Parteien. Zeitungen
zerknüllt unter der Matratze. Er
starrt zur Decke, denkt an Rückkehr jetzt
vom Obdachlosenheim in
das Haus unterm gelben Strohdach dort im fernen Dorf:
Weg aus dieser Stadt Berlin, zurück zum Torf.

Aber bleibt und tut weiter seine Arbeit jetzt
um den Reichstag: Der soll brennen, denn
das Feuerrad da hinten sieht wohl keiner. Nur
Marinus van der Lubbe, der gefallen ist unter
stumme Blinde, die
haben ihre Stimme abgegeben
Abgeordneten die ängstlich ihre Hände heben

: Die Geschichte spielt in meiner Stadt,
die der Krieg zerschnitten hat
und aus tausend Häuserwunden
Blut noch heute alle Stunden
Unterm Pflaster seufzt und stöhnt
Totes das sich nicht gewöhnt
an den Tod Und drüber fährt
feiges Volk das sich nicht kehrt
weiter taub und blind und stumm
Staat macht Angst und Angst macht dumm:

Februar 27. brennt das Regierungshaus.
Van der Lubbe atemlos läuft durch die Säle, rote Feuer
spiegeln sich in seiner Kinderfratze, er findet
einen Ausgang noch zum Reichstagsufer steht:
Seht meine Arbeit, die zum Himmel brennt:
Seht die Flamme aus dem Krater brechen:
Jetzt laßt uns den Staat wegstechen.

Keine Antwort nur die Autos fahren hin und her:
schon zwei Stunden später ist er festgenommen,
abgefahren, vorgeführt, Personalien festgestellt:
Name, Wohnort, Auftraggeber. Van der Lubbe lacht:
Eigner Auftrag, das versteht kein Polizist.
Staunend stehn sie an den Türen:
Dieser Brand soll ein größeres Feuer schüren.

Keiner handelt ohne Auftrag, sagen alle im Gericht,
auch die angeklagten Kommunisten
nennen ihn das Werkzeug der Faschisten,
die ihn aber auch durchschaun
und dem Roten in die Fresse haun.
Van der Lubbe versteht jetzt garnichts mehr:
Und das Volk. Als ob nichts geschehen wär.

So ist van der Lubbe abgetreten:
Wie ein Spieler von der Bühne:
Die verbrannte sechseinhalb Jahre später
wie er es voraussagte am Alexanderplatz.
Keiner glaubte ihm den eignen Auftrag: noch
als sie ihn auf den Richtplatz führen, zeigen sie auf ihn:
Seht die Puppe, an der Unbekannte ziehn.

Deutschland–Holland: An der Grenze
steht ein Zug. Im letzten Wagen
liegt ein Sarg: Darin van der Lubbe
ohne Kopf. Den haben sie ihm abgeschlagen
für die Arbeit, die er sich in eignen Auftrag gab.
Was gings den an, sagt der Zöllner, hebt die Hand:
Abfahrt: Abfahrt hat der Zug aus Niemands Land:

Die Motorradfahrer

Sonnabendnacht auf ihren Maschinen
die ledernen Reiter über den Kurfürstendamm:
Halensee: Autobahn: Genehmigter Auslauf
für die eisernen Tiere in der ummauerten Stadt:
Von Stopschild zu Stopschild Und wieder zurück:
Leben ist Fahren: Im Kreis.
Die Toten im Straßengraben sind kein Beweis.

Mitten am Tag eine Furcht

Ich weiß nicht wovor
Über mir die gelbe Sonne
Vor mir das Kottbusser Tor

Hinter mir leises Rufen und Flüstern
Jeder Schritt wird mir schwer
Wer tut mir was Keiner ist hier
Aber alle sind hinter mir her

Dann ist es in der Straße still
Ich bin ausgedacht
Welches Feuer ich will
Habe ich angefacht

Der Nazi wischt den Hausflur

sauber: Droysenstraße 1. Er kriecht übers Linoleum
die Treppen hinauf mit dem Eimer: Zwei Jahre
SS-Standarte Adolf Hitler, sechs Jahre Eisenerz
in Workuta. Jede Stufe einzeln in jede Ritze. Wer
hat denn die Geschichte gemacht. Ich bin verantwortlich,
jawohl, vom Hausbesitzer eingesetzt. Wer
einen Fahrstuhlschlüssel kriegt, bestimme ich. Für
Mindestrente und mietfrei wohnen. Weil
ich mitschuldig war, aber nicht im Staatsdienst. Fragen Sie
doch meine Frau. Die hat sich aufgehängt vor dreißig
                                                                              Jahren
mit gutem Grund. Jetzt sitzt sie unten auf dem Sofa
und säuft: Der eigne Mann ein Hausmeister. Haben
Sie nicht verstanden: Die Schuhe auszuziehen. Oder
soll ich nochmal von vorn anfangen.

Das stille Verschwinden der Angestellten

Elisabeth hinter der Tür sieht durch (das Fenster zur
                                                                          Welt)
den Briefschlitz in (das Große Leben)
das Treppenhaus wartet auf (die Todesboten)
die Gerichtsvollzieher Wie (keine Zeitung gibt Auskunft)
soll ich die Miete bezahlen wenn (Wen habe ich denn)
Wolfgang alles versäuft die Schritte (Schläge ans Tor)
auf der Treppe Und was sagen die Nachbarn (die Richter)
und Mama Drei Kinder und eins von dem Studenten
                                                          (der Fremde)
aus Syrien oder Arabien Aber (Erbarmt euch)
ich will nicht mehr ins Labor Arbeiten (das ist das Urteil)
will ich nicht mehr bin einfach nicht da Was (Ich verstehe
                                                           das nicht)
wollen die denn mit dem Fernsehapparat Das (jawohl)
ist meiner Die blauen Anzüge Die Klingel im
                                  Treppenhaus Ruhe (sanft)
Anna Rike Julie Wir sind nicht da Jetzt gehen sie Und
                                                       (ich weiß das)

alle haben sie gesehen Nicht (Um Gottes willen)
ans Fenster Anna Wir sind (das ist die Rettung)
überhaupt nicht mehr da
(überhaupt)
((nicht))
((((da))))

Lied
Für B.

Wolken gestern und Regen
Jetzt ist keiner mehr hier
Ich bin nicht dagegen
Singe und trinke mein Bier

Tränen heute und Lieder
Bäume verdunkeln den Mond
Ich komme immer wieder
Dorthin wo keiner mehr wohnt

Blätter morgen und Winde
Bist du immer noch hier
Ich besinge die Rinde
Der Bäume und warte bei dir

DER ABEND
KLEINE ÄSTHETIK

Und der Sänger Dylan in der Deutschlandhalle

ausgepfiffen angeschrien mit Wasserbeuteln beworfen
von seinen Bewunderern, als er die Hymnen
ihrer Studentenzeit sang im Walzertakt und tanzen ließ
die schwarzen Puppen, sah staunend in die Gesichter
der Architekten mit Haarausfall und 5000 Mark im Monat,
die ihm jetzt zuschrien die Höhe der Gage und
sein ausbleibendes Engagement gegen das Elend der
                                                Welt. So sah

ich die brüllende Meute: Die Arme ausgestreckt im
                                                Dunkel neben
ihren dürren Studentinnen mit dem Elend aller
                                                Trödelmärkte
der Welt in den Augen, betrogen um ihren Krieg,
zurückgestoßen in den Zuschauerraum
der Halle, die den Namen ihres Landes trägt, endlich
verwandt ihren blökenden Vätern, aber anders als die
betrogen um den, den sie brauchen: den führenden
                                                Hammel.

Die Wetter schlagen um:
Sie werden kälter.
Wer vorgestern noch Aufstand rief,
ist heute zwei Tage älter.

Rimbaud in Marseille

Warum geht er zur Seite wenn
der Schlaf ihn anfaßt mit sehr leichter Hand
Warum stellt er den Rücken immer wieder
wenn Polizisten rufen gegen eine Wand

Der Schnee fällt und sein Schritt
dröhnt in sein Ohr als Marschschritt von Armeen
als gingen Kompanien seine Wege mit
und seine Zeiten würden sich nie wieder drehn

Mit seinem steifen Bein dem Tod
will er ins Weiß vom Auge noch nicht sehn
und weiß doch daß nicht nutzt wenn er ihm droht
mit einem Fluch ihm aus dem Weg zu gehn

Woyzecks Tanzlied

Faß mich an, Marie, wir gehen
in die Kneipe in den Glanz.
Ich bin stolz und du wirst sehen
deinen schönen Franz,
der vergißt dich schnell beim Tanz.

Dornröschen und Schweinefleisch

Wer geht wohin weg
Wer bleibt warum wo
Unter der festen Wolke ein Leck
Alexanderplatz und Bahnhof Zoo

Abschied von morgen Ankunft gestern
Das ist der deutsche Traum
Endlich verbrüdern sich die Schwestern
Zwei Hexen unterm Apfelbaum

Wer schreibt der bleibt
Hier oder weg oder wo
Wer schreibt der treibt
So oder so

Hamlet gegen Shakespeare

Das andere Wort hinter dem Wort.
Der andere Tod hinter dem Mord.
Das Unvereinbare in ein Gedicht:
Die Ordnung. Und der Riß, der sie zerbricht.

Märchen von Ruth
Für Chagall

In manchen Nächten liegen schwer
die weichen Wolken auf ihr.
Wenn sie im Dunkel aufgewacht
höre ich ihr Weinen hier.

Die Mutter hat sie Ruth genannt,
wie ihre Großmutter hieß.
Den Vater hat sie nicht gesehn,
seit er die Stadt verließ.

Im Garten spielte sie und lag
am Abend hinterm Strauch.
Auf Wiesen wurde Laub verbrannt.
Zum Himmel stieg der Rauch.

Als dieser Rauch nach oben stieg
zum Himmel, der war leer,
hat Ruth ihm nachgesehen und wuchs
dem Rauch schnell hinterher.

Sie wurde bald wie die Weide groß,
die am linken Flußufer stand:
Sie legte der roten Kirche schon
auf einen Turm die Hand.

So wuchs sie hoch in die Wolken hinein
die Augen sah keiner mehr
und keiner wußte, ob sie tot
oder am Leben wär.

In manchen Nächten liegen schwer
die weichen Wolken auf ihr.
Wenn sie im Dunkel aufgewacht,
höre ich die Rufe hier.

Die freundlichen Gastgeber

Sie laden mich zur Mahlzeit ein.
Sie rücken mir den Stuhl an den Tisch.
Sie schieben mir den Löffel in den Mund.
Sie drücken mir den Bleistift in die Hand.
Sie sagen FANG AN und drehen sich weg:
Jeder hat das Werkzeug,
das er verdient.

Nachtrag zum Duden 1 + 2

1

Aus der deutschen Sprache übernahm die englische Sprache
die Worte Zweierbeziehung und Berufsverbot:
So fällt eine Sprache in die politpsychologische Lache.
Von Grimmelshausen bis Goethe stehn alle schamrot.

2

Als einzige Sprache kennt die deutsche die Verschmelzung
der schlimmsten Gegensätze zu einem brauchbaren Wort:
Staat und Bürger: Das ist der Rest der Großen Umwälzung:
Als Staat pflanzt sich der Bürger fröhlich fort.

Die unruhige Wüste

Nie, sagt er, würde ich meine kleine Stadt verlassen. Hier,
sagt er und sieht der Germanistikstudentin aus New
                                                  York fest
in die Augen, ist es schlimm, aber still. Was sollte ich
                                                  schreiben
in den krachenden Hauptstädten.

Du hast Angst, sagt sie, vor jeder Veränderung. Bleib,
sagt sie und steigt aus seinem Bett, bei
deiner Frau, in deiner Stadt, in deinem Versteck aus
leeren lauten Wörtern.

Nur in den krachenden Hauptstädten, ich weiß, was
                                                  ich sage,
sagt sie, ist der Rückzug möglich in die eigene Lage.
Um dich herum, sagt sie, die Langeweile
macht, daß du so lärmst in jeder Zeile.

Sie nimmt ihren Mantel. Sie geht zur Tür.
Er legt auf den Tisch seine Brille.
Er sagt: Es ist so undeutlich hier
draußen in meinem Kopf die krachende Stille.

Am Rand eines Erdteils

Dieses Gedicht ist für Mimi, die
eine Schauspielerin ist in New York am Abend. Am Tag
arbeitet sie in der Linsenfabrik. Dieses Gedicht
ist für Mimi, die ihren schmalen Rücken dem Publikum
                                                  zugewandt,
den Gretchentod spielt und lacht wenn das Publikum weint
im theatre for the New City 2. Street. Dieses Gedicht
ist Mimis braunen Augen gewidmet, die auf die Stadt sehen
vom Dach des Hauses 29 Johnstreet auf den Broadway,
auf die Spielzeugchevrolets, auf die Spielzeugmenschen,
auf die Spielzeugpolizisten, auf die Spielzeugmorde da
                                                  unten
in Little Italy. Dieses Gedicht gehört Mimi,
die mir vorgespielt hat, wer Hamlet war, daß mir verging
Schreiben und Denken, aber nicht Sehen und Hören.
                                                  Dieses Gedicht
ist für Mimi, die aus Texas gekommen ist in die Stadt am
                                                  Meer,
für Mimi, die lächelt und
ihren dünnen schwarzen Arm ausstreckt gegen den Hafen:
Da endlich ist
Amerika zu Ende.

DIE NACHT
DAS TIER MIT DEN ZWEI RÜCKEN

Vorkrieg

Ich habe heute nacht geträumt
Von einem dunklen Tag
Und einer fremden Frau Wie
Atemlos ich bei ihr lag

Sie sprach von einem schönen Tod
Und von einem eisernen Krieg
Ich sah wie sie mit großem Schritt
Die eiserne Treppe hochstieg.

Ich bin ihr nachgegangen
Soldaten haben mich eingefangen
Und mit hellen Regentropfen erschossen So wurde ich
                                                                            wach
Aber immer noch schlagen die Tropfen aufs Dach

Liebeserklärung

Anders als der Staat das will (dieser jener jeder)
leben wir (du ich) unzufrieden in der kleinsten Zelle
die er uns bereitstellt und Familie nennt Anders
als der Staat das braucht lieben wir einander hastig
und betrügen eins das andere wie
der Staat das tut mit uns sagen wir einander Worte
unverständlich eins dem anderen wie Gesetze die der Staat
(dieser jener jeder) ausruft Anders
als der Staat das gern sieht leben wir (du ich) nicht in
                                                                  Frieden
miteinander und befriedigen einander ungleichzeitig
wenn wir zueinander fallen in der Abend-Dämmerung der
                                                         Geldzeit Anders
als der Staat das tut (dieser jener) spielen wir

in jeder Nacht das Spiel
Vereinigung Wieder und Wieder
hastig aufgerüstet schwer behängt mit Waffen
wie der Staat der uns doch ganz anders will wehrlos
                                              nämlich aber
der uns lehrt Mißtraun blankes So
lieben wir einander weggeduckt unterm Blick wie
unter ausgeschriebner Fahndung Feinde (dieses jenes
                                                  jedes) Staats
aber ähnlich ihm in der kleinsten Zelle angefressen schon
Krebs die Krankheit ist der Staat
(meiner nicht nicht deiner) anders als ers will
sterben wir ihm weg
aus seinem
großen kalten Bett

Mörder Ratzek weißer Mond

Stabsgefreiter Ratzek kam zurück aus dem Krieg
in die Arme seiner Schwester Margarete.
(Vater, Mutter und Herr Hensel tot.)
Zeit ist: 1945. Ort ist Rosenthaler Platz:
Tach. Da binnich, Margarete.

Hunger. Ratzek und die Schwester gingen
durch die Dörfer um die Hauptstadt. Tauschten
Teppich gegen Butter
Armband gegen Wurst.
Radio gegen Brot.

Bis der Bauch voll war
Die Wohnung leer.
(Keine Wohnung iss nie leer.)

Kälte. Ratzek und die Schwester lagen
in der Hängematte zwischen Tür und Ofen.
Wenn uns einer sehen würde, Karl.
Uns sieht keiner, Margarete.

Wiederaufbau. Freu dich, Margarete:
Heute fährt die U-Bahn wieder, und
dein Bruder fährt
als Schaffner mit.

Freu dich, Ratzek, deine Schwester
mit dem Fledermausgesicht hat Arbeit:
Kartenreißen an der Kinokasse „Tivoli".
Freut euch: Bis zum Rand gefüllt
die Speisekammer und
getrennter Schlaf jetzt in zwei Betten.

Ein Jahr und ein halbes geht.
U-Bahn Ratzek steht
nachts am Fenster.
Welch ein kalter Mond
überm Haus, in dem er wohnt.

Ratzek vor dem Bett der Schwester,
die auch seine Liebe war.
Seine Hand auf ihre Hüfte.
Laß mich. Jetz is nich mehr vor zwei Jahr.

Ratzek weint. Ratzek lacht.
Ratzek droht.
Steckt das Messer in die Hüfte.
Margarete dreht den Kopf weg und ist tot.

Das ist Margarete: 40 Einweckgläser an der Wand,
Speck und Fleisch auf dem Teller,
Schädel hinterm Kohlenberg im Keller,
Knochen in der Schreberkolonie im Sand.

Das sind die Geschwister: Zwei in einem
mit zwei Lebensmittelkarten.
(Mann, jeden kriegt die Polizei,
warten mußt du, warten.)

Einsteigen, Zurückbleiben. Aufstehn.
Aussteigen. Endstation. Mitgehn.
Schädel grabt aus dem Zement.
Ratzek reißt vom Hals das Hemd.
Schnauze. Jeder liebt sich mehr, als er sich kennt.
Brecht die Hand, die sich da gegen den Türrahmen
                                                          stemmt.

U-Haft Keibelstraße und
keine Träne. Davon sind die Augen wund.
Hinterm Panzerglas verschwimmt der Mond.
Ratzek bittet nicht, daß einer ihn verschont.

Vom Krieg, sagt der Richter,
bleibt in den Kriegern die Brutalität,
vom Hunger bleibt in den Hungernden
die Freßgier, von der Kälte bleibt
die Kälte in den Frierenden, von
der Liebe bleibt der Haß.
Wo ist Ihr Motiv, Herr Ratzek,
sagen Sie doch was.

Was noch soll Herr Ratzek sagen:
Alles konnten sie beweisen:
Solln se mir den Kopf abschlagen,
will zu Margarete reisen:
Leer das Herz und voll der Magen.
Jetzt er legt den Kopf aufs Eisen:

Sechs Sätze über Sophie

1

In Hamburg lebt die Tochter eines Millionärs in einem kleinen Zimmer und an ihren warmen Bauch erinnere ich mich noch immer.

2

Der war weich unter dem weißen Hemd.

3

Hätte ich sie geheiratet und das Geld ihres Vaters, würde ich keine Gedichte über sie schreiben, sondern mir Gedanken machen über die Versform des 21. Jahrhunderts.

4

Besser: ich erinnere mich an ihren warmen Bauch.

5

Sophie, ich hatte mir, Sophie, reiche Töchter, Sophie, kälter vorgestellt.

6

In Hamburg lebt die Tochter eines Millionärs mit einem Toningenieur in ihrem kleinen Zimmer und an ihren Bauch und an ihr Sparbuch erinnere ich mich noch immer.

Der Hurenmörder L. aus Köln

Vom weißen Leib den Rock, von der Hüfte die Haut,
ziehe ich dir, und aus dem Gitter das Herz.
Weine nicht. Keiner ist haltbar gebaut.
So gehen wir beide himmelwärts:
Einander verkauft und verraten und für immer getraut.
Was schweigst du. Was ruft die Zeitung so laut.

Die große Ruhe alter Morde

Im letzten Akt die Schatten drängten in den Schatten:
Erhoben ihre Fäuste riefen sie: Verändert diesen Staat.
Blut brach aus ihren Mündern, als die Ratten
auf sie stürzten. Keiner wußte Rat.

Ach, Achtundsechzig, sagte sie, das war ein Jahr
und lehnte sich als angingen die Lichter, weit zurück
im rotgepolsterten Theatersessel. Ach, mein Himmel war
ganz offen, jetzt bleibt mir nur noch ein Theaterstück.

Und nur ein schlechtes, sagte sie,
ihr weiches Haar an seinem Hals.
Sie roch nach Schweiß Erinnerung, ihr spitzes Knie
zog sie zur Brust, sprach lauter von Erinnerung, als

sie auf seinem Bett saß, abgestreift das Kleid:
Ach, Achtundsechzig Kampf mit Stock und Stein,
war das der Sieg über die Einsamkeit.
Sie legte ihre Hand auf seinen Rücken: Nein.

Sie hörte nicht zu reden auf auch als er kleinhackte den
                                                      Schrank,
das Bett zerbrach, ihr Kleid zerriß
Auch du bist Untermieter nur in diesem Land und krank,
schrie sie, als er sie aus dem Fenster schmiß.

Widmung für ein Haus

Vielleicht ist der 3. Krieg längst ausgebrochen
aus dem nächsten Kapitel der Legende:
Er hat sich in die Mietwohnungen verkrochen:
Dort begräbt er zwischen steinerne Wände
lebendige Liebespaare. Daß sie bis auf die Knochen
einander bekriegen. Daß sie am Ende
erschöpft SOS gegen die Wohnungstür pochen.

Die Geheimnisse

Er hat zwei, sie hat eins.
Das letzte, das sie trennt
ist ihr gemeinsames, doch keins
das andere beim Namen nennt.

Er sucht in ihrem Haus,
was sie in seinem Haus verlor.
Sein Eingang ist ihr Aus-
gang. Sie stehn schweigend vor dem Tor.

Nur ein Wind erschüttert sie noch,
wenn eins zum andern schweigt
und eins zum andern ängstlich kroch,
weil keins sich zeigt.

Hoffnungslose Empfehlung

Häng dich auf, Magdalena, schneide
die Wäscheleine vom Pfosten im Hof
und knote sie an den Haken über der Lampe, stelle
den Küchenhocker unter den Strick und
schiebe den Kopf in die Schlinge:
Ich konnte nicht ohne ihn leben. Ich
habe gelitten wie ein Pferd, dem man das Maul
vernagelt vorm Hafer. Mein Leben ist mir zu schwer,
wenn mir keiner die Hälfte abnimmt davon.
Das kannst du schreiben und lege den Brief
zwischen den Pass und
das Foto von der Abiturfeier.
Wenn einer stirbt, stirbt etwas von dir, sagt John Donne.
Der Tod jedes Menschen verringert auch dich, sagt John
                                                      Donne.
Immer schlägt die Glocke für mich, sagt John Donne
Frag nicht für wen da geläutet wird, sagt John Donne.
Für dich, Magdalena, wird da geläutet, sagt Thomas Brasch,
                                                      denn
ich weiß, daß ich der Hafer bin,
den du kaust.

Ich weiß, daß ich weniger werde,
wenn ich der Hafer bin, den du kaust.
Häng dich auf, Magdalena, ich werde nicht
zur Telefonzelle gehen und das Urban-Krankenhaus
                                                 anrufen,
wenn ich dich finde. Ich werde in der Tür stehen und
dich ansehen. Und dieses Gedicht oder ein anderes
lege ich dir unter
deine weißen Füße.

Selbstkritik 4

Vorm Schaufenster in Amsterdam: Die nackte Hure
hinterm Glas. Zwischen zwei Käufern macht sie Pause
auf dem Hocker. Auf ihrem Knie ihr Tagebuch. Die
                                                 Männer
neben mir recken die Hälse: Was
schreibt die da. Sie hebt den Kopf und lächelt:
Mich könnt ihr kaufen. Was ich denke nicht.
Ich gehe weiter: dankbar für den kostenlosen Unterricht.

Ein gewöhnlicher Vorgang

Zurück in seine Zelle
kriecht er in ihren Schoß:
ins Dunkle aus der Helle
tapfer gottlos

Zwischen vier hohen Wänden
zwei Leiber als ein Leib.
Wenn alle Sätze enden:
Ach bleib.

Nach dem Beischlaf die Trauer
sah ich bei den Tieren auch:
Die viel zu kurze Dauer
ist der Brauch.

Schlaflied für K.

Nacht oder Tag oder jetzt
Will ich bei dir liegen
Vom schlimmsten Frieden gehetzt
Zwischen zwei Kriegen

Ich oder wir oder du
Denken ohne Gedanken
Schließ deine Augen zu
Siehst du die Städte schwanken

In den Traum oder Tod oder Schlaf
Komm in den Steingarten
wo ich dich nie traf
will ich jetzt auf dich warten

IV

Eulenspiegel

Sommer 72
M hört den Entwurf der politischen Biografie. B hat bei der Erzählung immer einen dramatischen Dialog im Kopf.
M: Vielleicht sollten alle Geschichten mit ‚Vielleicht' anfangen, damit die Möglichkeit der Geschichten klar wird und keine lineare Biografie zustande kommt, die langweilig ist.
B will jetzt einen Erzähler einbauen, der mit „vielleicht" operiert, aber dessen Erzählungen kleine Spiele sind, die Stimmen des Eulenspiegel und der anderen vorführend.

Herbst 72
Nach Vorlage des Exposé bei der VEB Schallplatte, schreibt der Chefdramaturg S an B: „Wir sind mit der Konzeption einverstanden. Eulenspiegel darf aber nicht zu stark ein Revolutionär sein, sonst wundert man sich, warum er nicht mit anderen Mitteln gegen die Unterdrückung kämpft als mit Streichen."
B erhält ein Honorar fürs Exposé.

25. 3. 72
Gespräch mit K. Er kommt auf die Volksbücher zu sprechen:
„Heute ziehen sie sich auf die Volksbücher zurück, die gut sind. Aber dieser Rückzug bezeichnet die Situation der Leute."
B sagt ihm, daß er eine Eulenspiegelplatte machen will.
Höfliches Lachen K's.
B erzählt ihm die von ihm geplante Biografie des Eulenspiegel als enttäuschtem Revolutionär. Lachen K's beim Schluß der Geschichte. B wird sich der Situation bewußt: Kneipe, K, ich, Gespräch über Eulenspiegel zwischen Bier und Autos. Er sagt:
„Vielleicht darf der Eulenspiegel gar nicht auftreten, sondern nur die, die über ihn sprechen."
K: „Ich dachte, so ist es gemeint. Eulenspiegel gibt es ja nicht. Der ist eine Identifikationsfigur, die alles macht, was die, die seine Geschichten erfinden, nicht machen können."

10. 5. 73

1.

„Eulenspiegel" – die Beschreibung der Arbeit dreier Intellektueller, die nämlich ein Material bearbeiten (den historischen Stoff) wie ein Dreher das Material Stahl bearbeitet und verändert. Außerdem: ihr Produktionsinstrument ist ihr Kopf und ihr Mund, also bearbeiten sie im Gegensatz zum Dreher gleichzeitig sich selbst. Ich bin Hammer und Amboß und Stahl. Was bin ich.

2.

Ich bin der Gegenstand: Eulenspiegel und seine Bearbeiter und ich. Aber ich bin nicht mehr der Gegenstand, wenn diese Arbeit beendet ist. Die Sehnsucht nach den Kollektiven macht aus einem isolierten Mann ein Kollektiv.

3.

Die Maske wächst ins Fleisch und heißt Gesicht. Reiß sie herunter und du siehst eine Maske, undeutlicher, von Blut verschmiert. Jede weitere noch undeutlicher, schmieriger.

4.

Die Pose des Herunterreißens.

5.

Wie treibe ich mich mit überdeutlichen Gebärden in die Irrenanstalt.

6.

K: „Unser Kunstzeitalter heißt kabarettistisches Barock." Wer es weiß, ist eine doppelt barocke Karikatur.

7.

Das soziale Problem ist die endlose Verlängerung der Pubertät, das Gefühl den Erwachsenen nur zu spielen und jeden Augenblick entlarvt werden zu können, den Gatten zu spielen, den Schriftsteller zu spielen. Also spielen die drei Intellektuellen die drei Intellektuellen und die Schauspieler spielen die Schauspieler die die drei Intellektuellen spielen, die die drei Intellektuellen spielen.

8.

Jetzt setzt die Undeutlichkeit nach der Überdeutlichkeit ein. Wer alles weiß, weiß nichts.

9.
Das Ziel ist erreicht. Der Beruf muß nicht aufgegeben werden wie Eulenspiegel seinen Beruf aufgibt. Die Ambition ist nicht mehr lästig. Auf der nassen Kartoffel ausgerutscht, fällt er mit der Fresse in den schlammigen Acker, steht auf und sieht im Teich sein Gesicht.

10.
Das Gesicht ist das Gesicht. Die Anstalt ist überall.

6. 1. 1974
Eulenspiegel oder Weiterentwicklung und Korrektur eines Mythos
A, B und C sitzen zusammen. A beginnt die Geschichte des Eulenspiegel als die eines Bauern aus dem besiegten Bauernheer zu erzählen. B und C beteiligen sich nach anfänglichem Zögern an der Berichtigung und Erweiterung des Mythos vom machtlosen Narren, der sich an der Dummheit seiner Landsleute bereichert. Das Gespräch steigert sich. Die drei korrigieren, verbessern und verändern die Geschichten, die sie sich gegenseitig erzählen. Sie versuchen einander zu übertreffen. Am Anfang waren es einfache Erzählungen, dann werden es Zusammensetzungen, zum Schluß verteilen die drei die Rollen untereinander. Sie müssen mit fortschreitender Zeit alle Register der Erzählkunst ziehen und an deren Grenze ankommen, als Eulenspiegel zum Mörder wird (einer singt die Lieder der Bäuerinnen, ein anderer spricht den Eulenspiegel, der dritte die Frau, die in den Strick geht. Dann kommt die Niedergeschlagenheit und der letzte Versuch die Figur zu retten (Beerdigung des Pfarrers). Dann gehen sie gegeneinander los.
Das Ganze ist natürlich ein Spiel dreier deutscher Intellektueller (gedankenreich und tatenarm), das ihre Ohnmacht herausbringt, ihre Flucht in Kunst (Erzählen), ihre wachsende private Geilheit bei der Darstellung ihrer gesellschaftlichen Impotenz. Sie bemerken es an dem Punkt, an dem der Eulenspiegel-Mythos und seine Figur gesprengt sind.
Von drei Schauspielern kann das mühelos bewältigt werden, weil sie nur ihre Kantinensituation zu spielen brauchen. Sie müssen sich auch in der Aufbringung ihrer schauspielerischen Fähigkeiten langsam steigern und versuchen

den anderen zu übertreffen, dann ist die Wirkung schon erreicht.
Also drei, die in zunehmendem Maße ihre eigene Situation beschreiben, wenn sie die Techniken und die Ambitionen, den finanziellen und den ideologischen Aspekt der Streiche des Eulenspiegel beschreiben.

30. 3. 1977
Gespräch mit S und M. Beiden fällt auf, daß die Anmerkung über die Flucht der drei Schauspieler in Kunst nur die miese Seite der Medaille bezeichnet. Gleichzeitig ist sie nämlich ein Vorstoß in die Form und damit natürlich eine Chance für gesellschaftliches Verhalten. Die Beschreibung der Ohnmacht ist der Beginn ihrer Überwindung. Dabei wird mir bewußt, wie stark nach meinem Wechsel von einem deutschen Land in das andere an mich die Erwartung herangebracht wird, aus einer hermetischen Kunstwelt herauszukommen, und die Aufforderung formuliert wird, mich feuilletonistisch zu verhalten. „Dein asketischer Kunstbegriff hat vielleicht dort funktioniert, wo du herkommst, hier ist er lächerlich", sagte mir einer, der sich als engagierter Kritiker der hier herrschenden Zustände versteht, „auf die Dauer wirst du um eine klare Stellungnahme nicht herumkommen."
Das deutsch-deutsche Mißverständnis einer Stellungnahme, Ideologie als Ersatz für Wirbelsäule. Das ist auch das Dilemma des Eulenspiegel, der Ideologie allerdings erst dann benutzt, wenn er sie für seinen Lebensunterhalt braucht. In allen anderen Fällen ist sie ein Luxus. Kunst war nie ein Mittel, die Welt zu ändern, aber immer ein Versuch, sie zu überleben.

Hier sind zu sehen
drei um einen Tisch
die sprechen von einem vierten.
Der gestorben ist oder nie gelebt hat
vor 500 Jahren,
über den Geschichten erzählt wurden und aufgeschrieben
vor 500 Jahren,
der seinen Unterhalt verdient haben soll nie mit den
                                                                  Händen
aber immer mit dem Mund.
Zu sehen ist am Anfang ein Streit:
Einer liest aus dem alten Buch über das Leben des
Mannes
(„Nichts ist größer als der Genuß am kunstvoll
                                            Gemachten.")
der andere macht die Legende undeutlich
mit der historischen Wahrheit
(„Erst das Undeutliche lohnt meine Aufmerksamkeit.")
aber der Jüngste beginnt zu erfinden
einen neuen Mann mit gleichem Namen
(„Was mit mir nicht zu tun hat, ist langweilig.")
So endet fast das Gespräch um den Tisch,
nachdem es eben begonnen war,
aber der Jüngste beginnt wieder mit seiner Geschichte
und der eine schließt sich ihm an
und später der andere auch,
zusammen einen Mann zu erfinden,
aber jeder sich selbst in dem Mann zu erkennen.
In seiner Geburt, seinem Aufstieg und seinem
                                               Herunterkommen,
in seinen Witzen, in seinen Träumen und in seinem Tod.
Zu sehen sind also um einen Tisch drei
neue Geschichten erzählend,
alte Geschichten verändernd,
sie zusammensetzend zu einem Beispiel
wie Fetzen zu einem Foto
wie Scherben zu einem Spiegel,
den sie zerschlagen am Ende,
als sie sich in ihm wiedererkennen.

Ein kurzweilig Lesen von Tyl Ulenspiegel gebore aus dem Land zu Brunsvig. Die erste Historie sagt wie Tyl Ulenspiegel geboren und zu dreimalen einstags getöft ward, und wer seyn Taufgötel waren. Bei dem Wald Elm genannt, in dem Land zu Sachsen, in dem Dorf Knedlingen da ward Ulenspiegel geboren, sein Vater hieß Claus Ulenspiegel und sein Mutter Ann Wibken und da sie des Kinds genaß schickten sie's gen Ampleben und ließen es heißen Tyl Ulenspiegel und Tyl von Uetzen der Burgherr zu Ampleben war sein Taufvetter und Ampleben ist das Schloß, das die von Magdeburg mit Hülf der andern Städ für ein arg bös Raubschloß zerbrachen.

Dieses Volksbuch von Till Eulenspiegel wurde um das Jahr 1450 geschrieben, aber ein Tyl Ulenspiegel war 1335 bei Braunschweig. Das Schloß Ampleben ist erst 1425 zerstört worden und ein Tyl von Uetzen erscheint in keiner Urkunde.

Die Kirchen und das Dorf dabei hat nun der würdig Arnold Pfaffenmeier Abt zu Sankt Aegidien. Da nun Eulenspiegel getäuft ward und sie das Kind wieder wollten gen Knedlingen tragen also wollte der Taufgötel, die das Kind truge endlich ober ein Steg gehen das zwischen Knedlingen und Ampleben ist.

Arnold Pfaffenmeier lebte von 1499 bis 1510 in dem Kloster. Der Ort Kneidlingen ist in der Nähe von Schöppenstäd. Ampleben an der nördlichen Spitze des Waldes Elm, der zwischen Helmstedt und Königslutter liegt.

Und sie hätten gar zu viel Biers getrunken nach der Kindtöfe, denn da ist die Gewohnheit, daß man die Kinder nach der Töfe in das Bierhus trägt, sind fröhlich und vertrinken die Kinder also, daß dann des Kinds Vater bezahlen.

Tyl Ulenspiegel ist niederdeutsch. Tyl kommt von Deutsch, Ulen von lecken und spiegel heißt Arsch. Tyl Ulenspiegel heißt also deutscher Arschlecker.

Eulenspiegel ist geboren als ein erwachsener Mann. Zangengeburt aus dem Blutschoß des Bauernkriegs. Ein Tyl Ulenspiegel starb 1350 an der Pest in Mölln. Sein Taufpate ist Herzog Georg von Sachsen, Sieger über die Bauernarmee über Thomas Münzer. Aus dem blutigen Feld kriecht er ins Licht.

Eulenspiegels Geburt. Jetzt ist der Krieg aus und verloren.
Jetzt stehen die Bürger von Sangerhausen als Zuschauer um
den Marktplatz. In der Mitte 13 Bauern zum Köpfen bereit.
Jetzt steht da der Hackklotz, jetzt liegt da das Beil, jetzt
sitzt da der Herzog Georg von Sachsen und will sich einen
Witz aus der Hinrichtung machen.
Manege frei! Ein Abschiedssprüchlein für jeden.
Ein Artikel aus dem Bauernprogramm und dann:
Nicht so hoch hinaus, sagt der Hals zum Kopf am Spieß.
Was reißt du dein Maul so auf, sagt der Kopf sehr von oben
herab.
Der erste Bauer legt seinen Kopf auf den Klotz:
Wir wollen Macht, den Pfarrer zu wählen und wieder abzusetzen.
Hier kannst du deine Stimme abgeben, daß kein Ton mehr
über deine Lippen kommt.
Der Kopf fällt auf das Pflaster.
Entlaßt uns aus unserer Leibeigenschaft.
Hiermit bist du entlassen.
Ein Kopf nach dem andern fällt auf das Pflaster. Jetzt sind
die 12 Artikel aufgesagt, jetzt liegt da ein Berg von Köpfen,
mit Kalkgesicht der 13. Bauer.
Hopp, denk dir was besonderes aus.
Der steht und glotzt auf den Haufen Köpfe, schielt nach
dem Beil und hopp, ist er auf dem Kopfberg, reißt seine
Arme hoch und tanzt wie auf einem Haufen Eiern. Dem
Herzog bleibt der Mund offen stehen.
13. BAUER:
  Wir haben zusammen geschworen
  den Herren ein Leid zu tun
  wir haben sie schön geschoren
  was wird mir jetzt werden zum Lohn.
Der Herzog lächelt, lehnt sich in seinen Stuhl zurück.
13. BAUER:
  Sie werden mir den Kopf abreißen
  wie einer stinkenden Maus
  und in den Acker schmeißen
  dann wachsen Kartoffeln draus.
Die Bürger starren, der Herzog biegt sich vor Lachen.

13. BAUER:
> Aber in 500 Jahren geht die Blutsaat auf
> dann wachsen Riesenköpfe
> das wird ein Blutgesauf
> Mein Riesenkopf der rollt dann
> die Schlösser in den Dreck
> und jedem Herrn und Goldmann
> reißt er vom Arsch den Speck.
> Und jedem Herrn und Goldmann
> sauf ich die Adern leer
> die gelbe Sonne rollt dann
> am Himmel hin und her.

Der Herzog wälzt sich auf der Erde vor Lachen. Nase vorm Beil, Blick starr in die Zukunft: Beil weg, der Mann kommt mit, der ist eine Nummer. Wie heißt du? Maier? Schulz? Geldfresser? Mit aufgerissenen Mäulern kommt das Publikum näher. Der tanzt ja weiter, irre geworden oder was? Wie heißt der?

13. BAUER:
> Das Publikum will heulen
> vor Lachen will es schrein
> dem feigen Volk von Eulen
> will ich der Spiegel sein.

Hopp, runter vom Köpfeberg und rauf auf den Karren des Herzogs. In 3 Minuten dem Tod von der Schaufel und einem hohen Herrn in den Schoß gesprungen.

HERZOG: Wenns nichts mehr zu lachen gibt, hast du nichts mehr zu lachen. Klar?

13. BAUER: Klar.

So ist seine Geburt.

Seine Witze macht er unterm Beil. Seinen Beruf liebt er, wie er seinen Hals liebt. Das weiß auch der Herzog und preist seinen Hofnarren dem Landgrafen von Hessen als Besten des Landes. Der aber lobt seinen Hofnarren als den 8. Sproß einer Narrenfamilie mit Sinn für die Feinheiten des Berufes. Beide vereinbaren einen Wettbewerb ihrer Knechte. Wer unterliegt soll seine Anstellung verlieren.

Berufsstolz gegen Todesangst.

Eulenspiegel und der Narr des Landgrafen werden hereingerufen. Der Narr des Landgrafen beginnt mit überlegenem Lächeln:

Wieviel Wasser ist im Meer?
Eulenspiegel schwitzt: Laß alle Flüsse, die ins Meer gehen, stillstehen, dann werd ich messen und dir meine Antwort sagen.
Der Herzog applaudiert seinem ungelernten Spaßmacher.
Jetzt ist Eulenspiegel sicherer.
Eulenspiegel: Wo ist die Mitte der Welt?
Diese Frage kennt der gelernte Narr im Schlaf. Wo du stehst, Plattkopf. Wenn ich um einen Zentimeter verfehlt habe, hast du gewonnen.
Jetzt klatscht der Landgraf in die Hände. Fragt sein Knecht: Wieviel Tage sind vergangen, seit der erste Mensch geboren ist? Antwortet Eulenspiegel: Sieben Tage. Wenn die zu Ende sind, fangen die nächsten sieben an.
Beifall der Herren.
Der Wettbewerb geht hin und her.
Der andere: Was ist das, fällt von einem Loch in das andere. Und dazwischen ist ein großes Gelächter?
Eulenspiegel: Der Mensch. Am Anfang fällt er aus seiner Mutter, am Ende ins Grab.
Mit einem Seitenblick auf die Herren fragt Eulenspiegel den Narren: Wo sind die Plattköpfe noch krümmer als die krümmsten Hunde?
Der Narr versteht und lacht: In Deutschland, weil sie die Wahrheit mit der Nase auf der Erde suchen und sie dabei auf ihrem Rücken schleppen.
Ach, sagt Eulenspiegel und sieht auch zu den Herren hinüber.
Der andere: Was ist der Unterschied zwischen einem Herren und einem Plattkopf?
Eulenspiegel lacht zurück: Ein Herr kann ein Plattkopf sein, aber ein Plattkopf kann kein Herr sein.
Die beiden Herren lachten über die Narren und die Narren lachten über das Lachen der Herren.
Aber der Landgraf und der Herzog werden der Sache müde und drohen beiden ihre Strafe an, wenn keine Entscheidung fällt. Da geht Eulenspiegel in die Mitte des Saales und scheißt einen Haufen hin. Er teilt ihn in zwei Hälften und frißt die eine. Er fordert den Narren des Landgrafen auf, es ihm nachzutun, dann will er auch von seinem Haufen die

Hälfte fressen. Der Narr gibt auf: Lieber will er den Rest seines Lebens nackt gehen, als Scheiße fressen. Eulenspiegel behält seine Anstellung und sein Gegner wird auf die Straße geworfen.

Als der ehemalige Philosophiestudent Brücken eine Arbeit suchte, als er sich um eine Anstellung beim „Berliner Ensemble" bewarb, wartete er vor dem Intendantenzimmer auf ein Urteil über zwei Clownsspiele, die er eingereicht hatte. „Wir schreiben Ihnen", sagte der Chefdramaturg Knecht, „wenn wir wissen, was wir für Sie tun können." Brücken stieg in die Straßenbahn und fuhr nach Hause in seine Wohnung in der Naugarder Straße. Er stellte sich an den Ofen und dachte an den Nobelpreis. „Wo arbeitest du", fragte ihn seine Mutter, als sie im Winter nach Berlin zu Besuch kam. „Du bist doch Philosoph." „Ich bin wissenschaftlicher Mitarbeiter am Institut für Ökonomie." Dreimal in der Woche ging Brücken ins Werk für Fernsehelektronik und trug Bildröhren. Die Regisseure Finster und Kloppke inszenierten im „Berliner Ensemble" das Stück *Turandot* von Bertolt Brecht. „Unsere Konzeption war eine falsche", sagten sie nach einem Jahr und begannen von neuem. Brücken schrieb ein Stück über die Konterrevolution. „Sie können bei uns nicht arbeiten", sagte der Chefdramaturg Knecht, als Brücken ins Theater kam. Brücken sagte: „Ich dachte, da ist ein Wasser, und ich habe einen Stein hineingeworfen. Der Stein ist untergegangen ohne eine Welle."

Über das kahle Land kam ein Reiter zum Haus, in dem das Kind Eulenspiegel saß, und beugte sich über sein fahles Pferd weit in das Fenster, und es war dunkel im Zimmer, und der Fremde mit dem hohen Hut fragte, ob keiner da sei. Ich bin doch da, sagte das Kind Eulenspiegel. Aber der Reiter konnte nichts sehen und fragte, ob kein Vater im Haus sei und keine Mutter. Sind alle weg, sagte das Kind Eulenspiegel, der Vater machte aus Schlechtem noch Schlechteres, und die Mutter sucht Schande und Schaden. Das verstand aber der Reiter nicht, und die Stimme, die aus dem Dunkel herauskam und dem Kind Eulenspiegel gehörte, erklärte es ihm: Der eine zieht Furchen in den Acker und macht so einen schlechten Weg noch schlechter. Die andere ist Brot borgen gegangen. Gibt sie weniger zurück, als sie bekommen hat, ist es eine Schande, gibt sie mehr zurück ist es Schaden.

Der Reiter lachte aber nicht, und der Kopf seines Pferdes stand schon halb in dem Zimmer, als der Mann das Kind Eulenspiegel fragte, wohin er reiten solle. Eulenspiegel riet ihm hinzureiten, wo man ihn kennt. Aber dorthin wollte der Mann nicht, weil er von dort doch kam. Dann reite den Gänsen hinterher, sagte das Kind Eulenspiegel aus der Stille. Der Reiter wendete sein Pferd und ließ es langsam über das kahle Land den Gänsen hinterher gehen. Die Gänse gingen in den Teich und der Reiter folgte ihnen, bis ihm das Wasser schon an den Augen stand und nur sein Hut noch herausragte. Dort hielt er und sah flach über die Wasser.

Dann wendete er sein Pferd wieder und führte es aus dem Teich. Als der Reiter zu dem Haus, in dem das Kind Eulenspiegel saß, zurückkam, glaubte er ein Flüstern und leises Lachen darin zu hören. Er rief, daß er hinter den Gänsen geritten sei, aber weiter nicht habe gehen können. Da hörte das Flüstern und Lachen auf, und die Stimme, die der Reiter kannte, rief zurück: Wo man dich kennt, wolltest du nicht bleiben, und wo man dich nicht kennt, bist du nicht hingegangen. Ich habe dir nichts mehr zu sagen. Wieder hörte der Reiter das Flüstern und Lachen. Erschrocken stieß er seinem fahlen Pferd die Sporen in die Seiten und jagte über das Land, das kahl war und flach wie ein Brett dalag, er drehte sich nicht um, und bei dem Gedanken an die Antworten, die er aus dem Haus gehört hatte, sprang ihm der Schweiß unter den Haaren hervor.

Der Herzog ist schon gelangweilt von Eulenspiegels Witz. Es ist ruhig geworden im Land. Windstille überall und Eulenspiegel muß als Turmbläser auf die Schloßmauer. Da sitzt er in der Nacht und starrt in den Schnee. Ein Bauer kommt übers Feld auf das Schloß zu, klettert über die Mauer und schleicht über den Hof.
Blas auf dem Horn, wenn du einen Dieb kommen siehst.
Eulenspiegel sieht, wie der Bauer ein Schwein aus dem Stall

zerrt und über den Schloßwall. Er starrt dem Bauern hinterher, und das Horn liegt neben ihm. Ein Schwein fehlt im Stall und am nächsten Morgen der Herzog: Hast du den Dieb nicht kommen sehen. Soll ich dir die Augen ein Stück aus den Höhlen heben, Ratte? Eulenspiegel von der Mauer: Ich habe einen kommen sehen, aber der hatte nichts, also habe ich keinen Dieb kommen sehen. Ich habe einen Dieb ein Schwein über die Mauer zerren gesehen, aber der ist gegangen. Da sagt der Herzog mit Verachtung: Dein Witz ist heruntergekommen, daß sich einer schon mit der Gabel kitzeln muß, um über ihn lachen zu können. In der nächsten Nacht bläst du, Ratte. Egal ob die Diebe kommen oder gehen. In der nächsten Nacht sitzt Eulenspiegel wieder auf der Mauer und hört das Johlen und Brüllen von der Feier im Schloß.
Er sitzt da und friert. Er sieht die Lichter aus den Sälen, in denen er auch gesessen hatte und mitgefressen von den großen Tafeln. Er sieht zu den Wäldern, die undeutlich sind und wie Tote sieht er die Bäume stehen und beginnt zu singen:

> Drei Reiter ritten zum Tor hinaus
> sie ritten wohl vor der Frau Bader ihr Haus
> Frau Bader ist sie drinnen
>
> Frau Bader, ist die Jungfer Hanna nicht zu Haus
> sie soll mit uns reiten nach Straubing auf den
>   Schmaus.
> das Tanzen wolln wir ihr lernen
>
> Als sie nun zu der schönen Stadt Straubing
>   hinaus kamen
> da waren die Herren schon alle zwölf beisammen
> um einen Rat zu halten
>
> Und sie sprachen willst du Herzog Albrecht
>   lassen gehen
> drei Tonnen Gold und Silber die wolln wir
>   dir verehrn
> dazu das Purpurschlößchen

Drei Tonnen Gold und Silber brauch ich ja nicht
und das schöne Purpurschlößchen brauch ich ja
nicht
Herzog Albrecht ist mir lieber

Und sie zogen ihr an ein schneeweißes Kleid
dadurch schimmert ihr schneeweißer Leib
dazu die helle Sonne

Und sie stellen sie auf die Donauer Brück
banden ihr die Hände zusammen auf dem Rücken
gaben ihr einen Stoß ins Wasser

Als sie nun vor das schöne Purpurschlößchen
vorbei schwamm
da fingen die Glöcklein zu läuten an
wohl um die Baders Tochter

Als nun Herzog Albrecht erfuhr die schreckliche
Post
setzte er sich auf sein schwarzbraunes Roß
zwölf Roß ritt er zu Tode

Herzog Albrecht gräm dich nicht zu sehr
es gibt der schwarzbraunen Mädchen noch viel mehr
es ist ja nur die Liebste dein

Keiner ist gekommen, keiner gegangen, aber Eulenspiegel nimmt sein Horn und beginnt zu blasen. Im Schloß springt die Gesellschaft vom Tisch und stürzt hinter dem Herzog auf den Hof, sie hetzen durch das Tor und rasen über das Feld, dem vermeintlichen Dieb hinterher. Eulenspiegel springt ins Schloß, in den leeren Saal, an die Tafel und schlingt in sich hinein, was er finden kann. Dann schleppt er sich vollgefressen auf seinen Platz zurück. Nach drei Stunden kommt der erschöpfte Herzog mit seinem Gefolge und fragt ihn, was denn gestohlen sei und in welche Richtung er den Dieb habe verschwinden sehen. Eulenspiegel sagt ihm, daß keiner da war. Der Herzog schreit zurück, warum er denn geblasen habe. Eulenspiegel mit Lachen: Ihr habt gesagt, ich soll blasen, egal ob ...

Jetzt ist es dem Herzog zuviel: Ja, ja, egal ob ein Dieb kommt oder geht. Solche Witze kann ich selber.
Inzwischen haben die Leute des Herzogs die leeren Tische bemerkt und melden es ihrem Herrn. Warst du das, Ratte? Darauf Eulenspiegel: Als ihr beim Suchen wart kam ein Wind auf und plötzlich kamen Leute durchs offene Tor, ein paar ohne Nasen und zwölf ohne Köpfe und viele ohne Augen, mit abgerissenen Beinen unterm Arm welche und andere mit Löchern anstelle der Ohren. Und vorn ging Müntzer mit einem Spieß in der Hand und einem Strick um den Hals. Die müssen ins Schloß gegangen sein und euch alles weggefressen haben. Hahaha, sagt der Herzog, dein Witz ist schon weiter heruntergekommen, als du selbst. Darüber lacht schon keiner mehr und dir dafür den Kopf abzuhakken ist mir zu blöd. Hier hast du meinen Witz, sagt der Herzog und winkt den Wachen, schmeißt ihn raus. Er hat zu lange fett gelebt, den bringt es draußen von selbst um.

Eulenspiegel haßte nichts mehr, als allein zu sein, aber mit dreierlei Leuten wollte er nichts zu tun haben, mit Männern, die wenig Bartwuchs hatten, denn ihnen mißtraute er, mit Kindern, denn die hatten besseren Witz als er, mit sanftmütigen Frauen, denn ihre Sanftheit verdarb ihm die Lust. Er aß nie Speisen, von denen man sagte, sie seien gut für die Gesundheit, und er nahm nichts aus der Apotheke, denn gesunde Speisen und Medikamente waren für ihn ein Zeichen der Krankheit.

Zwei Bauern auf dem Weg sehen Eulenspiegel, zuerst Bauer, dann Kämpfer, dann Hofnarr, jetzt auf der Straße und grinsen. Fragt der eine, ob der dasitzt und nachdenkt, wie er die Kühe so sehr zum Lachen bringen kann, daß ihnen die Milch von selbst aus dem Euter springt. Fragt der andere, ob der sich da eine Methode ausdenkt, den Acker umzugraben wie man Worte verdreht, damit er sich nicht die Hände dreckig zu machen braucht, wenn er jetzt wieder ins Dorf zurück muß.
Dein Witz ist nicht spitz genug, ein Schwein damit abzustechen. Eulenspiegel winkt ab. Eher seht ihr eine Sau ein Ei legen, als mich wieder auf dem Acker als Bauer: Wartet hier, am Abend wird der Fleischer mit Fleisch für den Her-

zog aus der Stadt kommen, ihr werdet sehen, wie ich ihm so viel abnehme, daß ich satt werde, ohne einen Finger krumm zu machen. Die Bauern wetten ihre Mäntel gegen Eulenspiegels Schuhe. Am Abend kommt der Fleischer und Eulenspiegel geht zu ihm: Gib mir ein Stück Fleisch aus dieser Kuh und ich sage dir dafür eine Wahrheit, die dir mehr einbringen wird als die ganze Kuh. Der Fleischer geht auf den Handel ein und hält Eulenspiegel ein großes Stück entgegen. Die Bauern stehen daneben und warten. Hör zu, sagt Eulenspiegel, wenn dir einer für deine Kuh diese Wahrheit anbietet, die ich dir in diesem Augenblick sage, geh nicht auf den Handel ein, denn du hast davon einen Verlust von 100%, gib mir das Fleisch. Der Fleischer schreit: Betrug. Aber die Bauern sind Eulenspiegels Zeugen. Eulenspiegel bekommt das Fleisch, und die Bauern schlagen ihm mit Bewunderung auf die Schulter.
Seht ihr, sagt Eulenspiegel, ihr habt auch eine Wahrheit bekommen. Man kriegt seine Kartoffeln leichter von Bauern als von Äckern, und jetzt gebt mir eure Mäntel, ihr habt die Wette verloren. Den Bauern stehen die Münder offen. Eulenspiegel zieht die beiden Mäntel übereinander und macht sich auf den Weg in die Stadt.

Die Dreherinnen nannten ihn Schnapskoster, seit er in der Halle als Lehrling zu arbeiten anfing. Seit er nach jeder Frühschicht den Facharbeitern Wodka und Bier kaufte von 180 Mark Lehrlingslohn und sich erklären ließ, wie ein verbrauchter Drehstahl hohlgeschliffen wird, wie ein Werkstück ausgewechselt wird in der fahrenden Maschine und an welcher Stelle des Ufers hinter dem Werk der Betriebsschutz nicht sieht, wenn die Ausschußteile im Wasser verschwinden. „14 Jahre alt und Säufer", sagte die Mutter, wenn er nachts aus der „Stumpfen Ecke" nach Hause kam und sich hinter dem Fernsehapparat zum Schlafen verkroch. Später schlief er nachts in der S-Bahn, wenn er getrunken hatte. Er fuhr von Endstation zu Endstation und stieg erst aus, wenn er zur Frühschicht ins Werk mußte. Die Frauen zeigten am Morgen mit Fingern auf ihn, aber der Meister ernannte ihn nach sechs Jahren zum Brigadier der Fräserbrigade. „Seit er da ist, kommen wir besser aufs

Geld, als jemals", sagten die Fräser seiner Brigade. Koster richtete die Maschinen ein, bestach mit Kupplungsringen die Männer der Gütekontrolle, zerschlug einem Schlosser das Gesicht, als der einer Fräserin aus Kosters Brigade unter den Rock griff, schleppte nachts Ausschußteile zum Fluß, setzte sich dann ans Ufer, trank und sah über das Wasser, das rot und blau schimmerte vom Öl aus dem Kabelwerk, dem Transformatorenwerk und dem Werk für Signalanlagen. Er wußte nichts mehr von der Feier, als die Transportarbeiterin vier Monate später zu ihm an die Maschine kam und sagte, daß sie ein Kind von Koster erwarte. „Aber es wird schon so gewesen sein." Er legte den Hammer auf den Frästisch und ging aus der Halle, um sich in der Angestelltentoilette aufzuhängen. Als die technischen Zeichnerinnen ihn vom Heizungsrohr schnitten, hob er seine Flasche und rief: „Weiter gehts." Nachts lief er durch die Straßen und sang Schlager von Matrosen, die über das Meer fahren ohne Wiederkehr. Am Ende stellte er seine Flasche schon offen auf den Werkzeugtisch, als der Betriebsleiter mit einer Delegation in die Halle kam. Als er entlassen wurde, hatte er vierzehn Jahre in der Halle gearbeitet. „Nimm dir eine Frau, Junge", sagte der Meister, als er Koster die Abschlußbeurteilung und das Restgeld über den Tisch schob. Da begann Koster zu lachen, schlug die Tür des Meisterbüros hinter sich zu, lachte, als er aus der Halle ging und am Pförtner vorbei auf die Straße. Er drehte sich um, sah zurück auf die Fabrik und begann zu weinen.

Er sagte nie: Ich habe Glück gehabt. Wenn ein Stein vom Dach fällt und neben einem Mann aufs Pflaster schlägt, kann der Mann sagen: Dort habe ich nicht gestanden, ich habe Glück gehabt. Vor dieser Art Glück fürchtete sich Eulenspiegel. Noch größere Angst aber befiel ihn in einer stillen Straße oder einem stillen Feld. Er ging dann an einen Ort mit lauter Musik und versuchte, zwischen den Leuten zu weinen. Er war auch nicht gern mit einem Mann und einer Frau im Zimmer, denn dann mußte er antworten, wenn er gefragt wurde, der Kragen wurde ihm eng, und er hatte nichts mehr zu sagen.

Er liebte, Leuten in seinem Leben nur einmal zu begegnen und danach nie wieder. In keinem See schwamm er zweimal, um jede Stadt, in der er schon gewesen war, schlug er einen Bogen, jeder Frau, die zu ihm sagte, ich kenne dich, zeigte er seinen nackten Hintern.

Einmal traf er eine Frau, der er das Wort Liebe sagen konnte, aber er wußte, daß sie zurückgehen wollte, wo sie hergekommen war, und er saß mit ihr am Fluß, und sie sahen die Kähne durch das dreckige Wasser in den Süden kriechen. Da ging er zum Ufer und schrie, und als er sich umdrehte, war die Frau verschwunden.
Wenn die Leute über Eulenspiegel lachten und in die Hände klatschten für einen gelungenen Witz, warf er die Arme hoch, drehte sich auf den Hacken und fühlte den Tod.

„Jetzt kommst du nach Hause", schreit er und wirft die Tür hinter ihr zu. Sie hängt ihren Mantel neben die Tür und geht in die Küche. „Woher kommst du, mit wem hast du dich diese Nacht ins Bett gelegt." – „In einer Stunde muß ich zur Schicht. Was soll ich sagen." Sie schiebt den Hocker zum Tisch und beugt sich über die Tasse. „Und ich, was soll ich sagen", sagt er und sieht auf die Straße. „Vor einer Stunde bin ich von der Arbeit nach Hause gekommen, und keiner ist da. Du bist keine Frau. Mit wem hast du geschlafen, du Schwein." Sie legt Wurst auf das Brot und wickelt es ein. Sie steckt das Paket in die Tasche. „Es hat keinen Sinn. Es hat keine Zeit. Warum fragst du, du weißt doch schon alles. Soll ich nachts an die Decke starren." – „Du sollst nachts an die Decke starren, wenn ich Geld verdiene. Du sollst in der Wohnung sein, wenn ich im Betrieb bin. Wozu habe ich eine Frau. Kenn ich den Mann, ist er aus der Fabrik." – „Schrei nicht so, er ist nicht aus der Fabrik." In der Nachbarwohnung klingelt ein Wecker. „Geh schlafen", sagt sie, „du holst dir den Tod in der Kälte. Ich stell dir das Essen hinter den Herd." – „Komm ins Zimmer", sagt er. Sie gehen ins Zimmer, er legt sich ins Bett. „Wer war es und wo." – „Reicht es dir nicht, daß es nicht hier war. Laß mich." Er zieht sie ins Bett. Mit schwitzenden Händen streift er den Rock über die Hüften, mit den Füßen stößt er die Hose hinter das Bett. „War er besser als ich", stöhnt er und wirft sich über die Frau. „Schnell", sagt sie und starrt an die Decke. Er dreht sich zur Wand. Sie steht vor dem Spiegel und bindet sich das Haar im Nacken zusammen. „Schläfst du", flüstert sie, er antwortet nicht. Sie geht aus der Wohnung, tritt aus der Haustür hinaus auf die Straße und stellt sich an die Bushaltestelle.

Werter Kollege, hiermit sind Sie herzlich eingeladen zum Kongreß der Justiz in Rostock. Der Kongreß steht unter dem Motto, wie kann unsere Arbeit noch wirksamer gestaltet werden. Wir erwarten einen wichtigen Vorschlag des Theoretikers der Justiz des großen Freundes und Lehrers Bartholomäus. Unterschrift: Bartholomäus.
So unterschreibt Eulenspiegel, denn sein Name ist inzwischen überall im Land bekannt. Die Bürger in Halle, Weimar, Burg ballen die Fäuste, wenn sie den Namen nur hören. Kein Richter kennt einen Bartholomäus. Aber am Tag des angeblichen Kongresses sind die Straßen von Rostock schwarz von den Männern in ihren Roben. Auch Eulenspiegel trägt eine Robe. Er führt die Richter ans Ufer der Ostsee und steigt selbst auf den Kreidefelsen.
Die Richter stellen sich auf und die Wellen schlagen ihnen an die Knie. Sie legen die Köpfe in den Nacken und starren nach oben. Eulenspiegel fordert sie auf, das Präsidium zu wählen. Das Präsidium wird gewählt und steigt zu Eulenspiegel auf den Kreidefelsen. Dann begrüßt die Delegation der Magdeburger Richter die Richter aus Mecklenburg, die sächsischen Richter begrüßen die Delegationen aus Thüringen und so weiter und so weiter. Die Herren klatschen in die Hände und frieren an den Füßen. Es wird Abend und das Meer rauscht. Das Präsidium winkt nach unten. Da meldet sich ein stellvertretender Staatsanwalt aus Wismar und ruft nach oben: Ich schlage vor, jetzt dem großen Freund und Lehrer das Wort zu erteilen für seinen wichtigen Vortrag.
Was? ruft Eulenspiegel nach unten. Der Kollege ist wegen des Windes sehr schlecht zu verstehen.
Das Mißverstehen geht noch eine Weile, dann wird ein jun-

ger Richter aus Köthen beauftragt, auf den Kreidefelsen zu steigen und Eulenspiegel die Aufforderung zu überbringen. Eulenspiegel beginnt: Die ihr das Recht sprecht, hört den § 435. Die Richter werden unruhig. Sie kennen nur 434 Paragraphen des Gesetzbuches. Eulenspiegel erklärt ihnen den Vorschlag: Dieser Paragraph wird nur uns bekannt sein und keinem sonst. Er besagt, daß jeder zu lebenslänglicher Haft oder einer unglücklichen Ehe oder stumpfsinnigen Arbeit verurteilt wird, der sich die 434 Artikel des Strafgesetzbuches zur Kenntnis bringt oder sie anderen mitteilt, denn die Gesetze gehören denen, die sie gemacht haben. Bravo, schreien die Richter. Aber das gilt schon, seit es Gerichte gibt. Das solls gewesen sein? fragt ein Oberrichter aus Naumburg, der schon 3 565 589 Jahre Haft verteilt hat. Dafür bin ich den langen Weg hierher gelatscht. Dann geht doch nach Hause, wenn ihr schon alles wißt, ruft Eulenspiegel vom Felsen. Die Richter stehen unsicher im Meer und sehen einander an, dann gehen sie wütend weg. Nur die Rostocker Richter lachen, weil ihr Weg der kürzeste war.

Eulenspiegel fuhr nach Rom. Er stand 3 Tage vor dem Vatikan und wartete auf den Papst, am 4. öffnete sich das Tor, und der Papst trat mit seinen Wächtern in die Straße, sich die Bürger anzusehen. Eulenspiegel schloß sich dem dunklen Zug an, und sie kamen zu einem Mann, der seit 30 Jahren Bretter zersägte, ohne eine Pause einzulegen. Dreimal am Tag schob die Frau ihrem Mann ein Stück Brot ins Maul, und am Abend legte sie einen Stein an die Stelle, auf die der Mann mit dem Kopf aufschlug, wenn er vor Müdigkeit umfiel. Ein guter Bürger, flüsterte Eulenspiegel dem Papst ins Ohr und der nickte. Sie gingen weiter und kamen zu einer Frau, die seit 20 Jahren im Bett lag und alle 9 Monate ein Kind zur Welt brachte. Eine gute Bürgerin, flüsterte Eulenspiegel in das Papstohr. Sie gingen weiter und der Himmel über Rom war undeutlich, als sie bei dem Mann anlangten, der von früh bis Abend die Pflichten der Bürger aus dem Fenster in die Straße schrie. Was sagt der? fragte Eulenspiegel den Papst. Der Papst wunderte sich und fragte zurück, ob Eulenspiegel eine Krankheit in den Ohren habe. Ach, sagte Eulenspiegel, ich verstehe es selbst nicht, Euer Merkwürden, es muß eine Berufskrankheit sein.

Wenn ich einen Mann sehe, der schreit, kann ich ihn nicht hören, wenn ich aber einen flüstern höre, kann ich ihn nicht sehen. Der Papst fragte nach seinem Beruf. Brillenmacher, sagte Eulenspiegel. Aber ich verdiene nichts, weil Brillen nicht mehr gefragt sind. Wenn die Leute kurzsichtig sind, starren sie glückselig nur auf ihren eigenen Bauchnabel, sind sie aber weitsichtig, freuen sie sich, ihren eigenen Dreck vergessen zu können beim Anblick des Drecks, der weit entfernt ist. Deshalb habe ich kein Geschäft an den Brillen.

Der Papst und Eulenspiegel standen unter dem wechselnden Himmel und aus dem Fenster schrie der Mann weiter die Pflichten der Bürger: Zahn um Zahn und schlägt dir einer in dein Gesicht, dann halte ihm auch noch dein anderes hin.

Eulenspiegel zog fünf Brillen aus der Tasche und setzte sie sich übereinander auf die Nase. Die erste gegen Weitsichtigkeit, die zweite gegen Kurzsichtigkeit, die dritte wieder gegen Weitsichtigkeit und so weiter. Wenn sie mir keiner abkauft, muß ich sie selber tragen. Darauf der Papst: Verkauf sie an die Herren, die die Wahrheit aus den Büchern vorlesen. Eulenspiegel: Früher haben diese Herren viel über das kommende wunderbare Leben aus Büchern vorgelesen, aber heute ist das aus der Mode, deshalb brauchen auch die keine Brillen mehr.

Darauf der Papst: Verkauf sie den Leuten, die die Welt sehen wollen. Die Antwort: Daß die Welt schön ist, wird einem heute an jeder Ecke ins Ohr gebrüllt, daß einem das Trommelfell zerplatzt, und nur um sich selbst zu beweisen, daß das Gegenteil richtig ist, kauft keiner eine Brille. Ich werde weiter die fünf Brillen übereinander tragen, so sehe ich nicht mehr, als die Herren mir sagen, und nicht weniger als nötig, um nicht gegen die Hauswand zu laufen.

Du bist verrückt, sagte der Papst.

Deshalb trage ich ja die fünf Brillen, antwortete Eulenspiegel. Ich kann meinen Augen nicht trauen. Wenn ich die Leute um mich bei der Arbeit schwitzen sehe und sich zerfleischen bei der Liebe, wenn ich sie einander in den Leib treten sehe aus Langeweile und durch die Büros kriechen sehe aus Feigheit, wenn ich sie beim Verrecken die Arme ausstrecken sehe als wäre da anderes gewesen als Angst,

dann denke ich, du bist in einem Irrenhaus. Wenn ich aber in einem Irrenhaus bin, muß ich ein Irrer sein, sonst wäre ich nicht hier. Wenn ich aber ein Irrer bin, kann nicht wahr sein, was ich sehe, und ich darf meinen Augen nicht trauen. Durch diese Brillen aber sehe ich alles um mich wie eine Milch, durch die die Leute als Schatten hindurchziehen. So ist es gut.
Unter dem roten Himmel der Stadt Rom steht Eulenspiegel und der Papst streckt seine Hand nach den fünf Brillen aus. Eulenspiegel verkauft sie ihm. Der hohe Herr setzt sie vor seine Augen und tappt über die Straße zurück zum Vatikan. Aber die Wächter stecken sich vor Schrecken die Fäuste in die Münder.

Er gewinnt die Wette in Jena, springt ins Haus und beginnt, sich vollzuschlagen. Das kann der Handwerker nicht lange mit ansehen und geht. Eulenspiegel sucht sich Werkzeug zusammen und nagelt die Fenster und Türen von außen zu, damit keiner ihn stören kann bei seinem Festessen. Dann steigt er auf der Leiter bis auf das Dach und zwängt sich mit seinem angefressenen Bauch in den Schornstein, aber er kann nicht durch. So hängt er fest und ragt aus dem Haus, als der Pfeifendreher zurückkommt. Der Ausgesperrte schreit und läuft zurück nach der Polizei. Die Polizisten stellen sich vor Eulenspiegels selbstgezimmertem Gefängnis auf. Im Rathaus tritt das Gericht zusammen. Hausfriedensbruch, schwerer Raub und so weiter. Auf dem Platz vor dem Haus stehen die Bürger und glotzen zum Schornstein. Eulenspiegel zwischen Himmel und Erde.
Ei, hei, jei, diesmal haben sie dich, denkt er. Diesmal springst du ihnen nicht von der Schaufel.

> Zwischen Berg und tiefem, tiefem Tal
> saßen einst zwei Hasen.
> Fraßen ab das grüne Gras,
> fraßen ab das grüne, grüne Gras
> bis auf den Rasen.

Er ruft zu den gaffenden Bürgern hinunter: Wenn sie mir die Schlinge um den Hals legen werden, werde ich ihnen sagen, was ich bereue: Daß sich noch nie einer über meinen Witz totgelacht hat.

Dann singt er weiter:

> Als sie sich dann sattgefressen hatten
> legten sie sich nieder
> bis daß der Jäger, Jäger kam
> bis daß der Jäger, Jäger kam
> und schoß sie nieder.

Schon sieht er die Richter über den Platz kommen und schreit ihnen entgegen: Sprecht euer Todesurteil. Lacht und singt weiter:

> Als sie sich dann aufgerappelt hatten
> und sie sich besannen
> daß sie noch am Leben, Leben warn
> daß sie noch am Leben, Leben warn
> sprangen sie von dannen.

Der oberste Richter: Zum Tod durch Hängen am höchsten Ast sollte man den Angeklagten verurteilen, aber das Gericht hat beschlossen, das Urteil in Anbetracht der Ungefährlichkeit des Eulenspiegels zu mildern. Jetzt ist er in allen Städten des Landes bekannt, und jeder ist also vor ihm gewarnt. Er wird sich kein Stück Brot mehr erschleichen können, und zur Arbeit mit den Händen ist er nicht fähig, deshalb verurteilen wir ihn nur mit dem Verbot des Aufenthalts in den Städten. Er soll hingehen, woher er gekommen ist. Die Polizisten reißen die Tür zum Haus auf. Sie zerren ihn aus dem Schornstein. Sie werfen ihn vor den Toren der Stadt in den Dreck. Die Höfe sind aus, die Städte sind aus, zurück an den Anfang. Er geht und geht, und der Hunger sitzt ihm in den Kniekehlen. Als er in sein Dorf kommt, sieht er von weitem schon die Bauern auf dem Kartoffelacker. Er winkt, aber sie schreien nur was vom feinen Herren aus der Stadt, der jetzt auf den Knien zurückgekrochen kommt. Als er sie um Kartoffeln bittet, antworten sie ihm, er soll sich selbst anbauen, was er fressen will und gehen weg. In der Nacht sucht er in dem abgeernteten Feld nach Kartoffeln, aber findet nur einen Morgenstern, den die Bauernarmee weggeworfen hat auf der Flucht vor den Fürsten. Am nächsten Morgen kommen die Bauern wieder zur Arbeit, er sitzt am Feldrand und hält ihnen die verrostete Waffe der Aufständischen entgegen.

Das wollen wir anbauen und dann Köpfe einbringen wie damals bei der großen blutigen Ernte.
Schreien die Bauern: Zur Arbeit zu faul, aber groß mit dem Maul. Und als er weiterredet und sagt, daß sie sich nicht gefallen lassen sollen, was sie sich gefallen lassen, als er sagt, daß eine große Stille ins Land gekommen ist, kommen die Bauern mit Steinen über den Acker und gehen gegen ihn los.
Jetzt ist dein Ende. Spuck noch aus, was du gelernt hast. Jetzt lernst du das Beste.
Sie heben Sensen und Steine. Einer reißt ihm den Morgenstern aus der Hand, schwingt das Ding durch die Luft.
Aber er rutscht zwischen den Beinen der Bauern hindurch und ist schon auf der Landstraße, als der Morgenstern einen anderen auf den Boden haut. Sie drohen hinter ihm her und schreien: Zahnloser Affe. Aber er läuft schon und ruft nur zurück, daß man ihnen die Zähne erst ausschlagen muß, damit sie wieder das Beißen lernen.

In Nienstetten trifft er drei, denen der Herzog Georg von Sachsen die Augen ausstechen ließ. Sie sitzen auf der Mauer und der Hunger steht ihnen im Gesicht. Er geht zu ihnen und fragt sie nach einer Herberge. Gleich sind sie von der Mauer herunter und reden von Herr und verbeugen sich.
Die Kriecherei willst du ihnen austreiben, denkt er und sagt: Ich bin der Herzog Georg von Sachsen. Ihr könnt mir danken, daß ich euch um eure Augen erleichtert habe. Es gibt nichts mehr zu sehen, schlaffe Zeiten, keine Probe für einen entschlossenen Mann wie damals, als wir einander bis auf das Blut geschlagen haben.
Er höhnt weiter, aber die Bauern buckeln weiter. Da zieht er zwei Geldstücke aus der Tasche und läßt sie in seiner Hand klimpern: Ihr wart mir gute Feinde in den harten aber schönen Zeiten. Eßt und trinkt was auf das Wohl des Herzogs Georg von Sachsen.
Er klimpert mit dem Geld und jeder der Blinden denkt, der Herzog hätte es dem Nebenmann gegeben, sie lecken ihm die Schuhe und gehen in die Gaststätte neben der Mauer. Nach fünf Minuten fallen sie mit blutigen Köpfen aus der Tür auf das Pflaster. Eulenspiegel lehnt an der Mauer und

lacht nicht: Denen werd ich beibringen ihren Herren auf die Stiefel zu spucken statt daran zu lecken.

Komme von weit her und bin der bekannte Doktor Mendoza. Gegen jede Krankheit weiß ich ein Mittel. Frauen, die ihr wie Rechtwinkel auf den Acker schleicht und nur den Hintern seht, der vor euch schaukelt, seht auf zu mir und kommt, für ein kleines Geld heile ich euch jedes Leiden.
Wir sehen keinen Arzt, wir sehen nur unsere eigenen Füße. Wir müssen auf den Acker, hier ist ein Dorf ohne Männer. Hier sind unsere Rücken, die wir nicht mehr gerade kriegen, daß wir schon in den Stühlen schlafen müssen. Dieser Wunderarzt soll uns in Ruhe lassen.
Ach, sie gehen vorbei. Vielleicht haben sie mich erkannt, die rechtwinkligen Arbeitstiere. Vielleicht hat sich bis hierher herumgesprochen, daß Eulenspiegel verkleidet durch die Dörfer geht und die Bauern ins Fleisch sticht als Herr, damit sie gegen die Herren zurückstechen.
Jetzt ist unsere Arbeit vorbei, und wir sind auf dem Weg zurück in die Hütten. Wieder kommen wir über den Markt und wieder hören wir diesen Arzt rufen: Einen Tag lang habe ich auf euch gewartet. Ich habe am Morgen eure krummen Rücken gesehen, und das Erbarmen hat mich angeschrien: Du mußt herausbekommen, was das für eine Krankheit ist, hat es geschrien, und dann mußt du es heilen. Kommt herauf zu mir auf den Brunnenrand zur Diagnose und Heilung ohne Geld. Jetzt bleiben wir stehen und strecken unsere Köpfe vor wie Vögel. Der Arzt trägt einen schwarzen Umhang. Ohne Geld, denken wir, und eine von uns tritt vor und klettert zu ihm auf den Brunnenrand. Sie sagt: Ich weiß schon nicht mehr, Herr Doktor, wie lange ich den krummen Rücken schleppe. Aber vielleicht könnt Ihr mir helfen, den Himmel wieder zu sehen, damit ich weiß, wo Gott wohnt und wann ich die Wäsche wieder hereinnehmen muß, damit sie im Regen nicht naß wird. Das sagt sie, und wir sehen, wie der Doktor ihr die Hand auf den Rücken legt.
Ich weiß die Ursache deines Leidens, mein Kind. Die Arbeit, das Buckeln vor den Herren und die Feigheit vor dir selbst.

Natürlich, natürlich, Herr, sagt sie. Und wir sehen, sie verbeugt sich noch tiefer vor ihm.
Aber ich kann dir helfen, Frau.
Sagt er, und wir sehen, er legt einen Strick um den Brunnenschwengel und knotet eine Schlinge ans Ende.
Gleich wird dein Rücken gerade sein. Steck deinen Kopf hier hinein.
Ich stecke meinen Kopf in die Schlinge, Herr Doktor.
Und jetzt ein Schritt nach vorn. Gut, mein Kind, nur einen Schritt, und du bist geheilt.
Sie tritt einen Schritt über den Brunnenrand. Sie hängt, sie hängt!
Frauen, seht hier einen geraden Rücken. Nur ein Schritt ist nötig, diese Krankheit zu heilen. Wer will die Nächste sein?
Sie ist tot, sie ist tot, jetzt wissen wir, wer unter dem Umhang steckt. Eulenspiegel, der Bauernschinder. Jetzt nehmen wir unsere Sensen und holen ihn uns.
Frauen, ich habe euch nur gezeigt, wer ihr seid. Ich habe die Krankheit nicht gemacht. Ich bin einer von euch.
Drauf, drauf. Hört nicht auf seine Scheißworte. Packt ihn.
Und schon sind wir am Brunnen.
Und schon ist Eulenspiegel in der Luft und springt über die Sensen und schon ist er um die Ecke und springt in die Kirche. Herr Pfarrer, Herr Pfarrer, mein Name ist Eulenspiegel. Jetzt geht der Bauernkrieg wieder los, und Ihr werdet der erste sein, den die Weiber ernten.
Ach, hilf, hilf, Eulenspiegel, was soll ich machen?
Herr Pfarrer, Herr Pfarrer, ich führe den Aufstand und gleich werden sie kommen und nach mir rufen.
Ach, hilf, hilf, Eulenspiegel, und ein Platz im Himmel ist dir nicht mehr zu nehmen.
Herr Pfarrer, Herr Pfarrer, das will ich. Wegen all meiner Sünden, aber dann müßt Ihr als Eulenspiegel den Bauernaufstand anführen gegen die Herren und ich will Euern Platz einnehmen und Buße für meine Sünden tun.
Ja, ja, schreit der Pfarrer.
Und schon sind die Weiber vorm Haus und schreien nach Eulenspiegel und schon trägt der Pfarrer den Umhang des Narren und seine Kappe, und schon springt er durch das Fenster mit einem Schrei nach der Revolution und schon

schneiden die Sicheln in seinen Hals, und schon liegt er tot auf der Straße.
Aber Eulenspiegel tritt in der Kutte des Pfarrers vor die Kirche, läßt einen Sarg holen und Eulenspiegel draufschreiben. Dann schleppen die Frauen den Sarg auf den Friedhof und Eulenspiegel begräbt Eulenspiegel:
In den Dreck, in die undeutliche Erde mit dem Mann, der kalkweiß und grinsend aus ihr gekrochen kam und sich erhoben hat gegen den Wind.
In den Dreck, in das offene Maul mit dem Mann, der gegen seinesgleichen gespuckt hat und auf den sein Rotz tausendfach zurückgekommen ist.
In den Dreck, von der Bühne mit dem Mann, dem die Maske ins Fleisch gewachsen ist. In den Dreck mit der Fratze.
Schmeißt Erde auf ihn.
Schmeißt Erde auf diese Puppe, die sich selbst nicht verstanden hat. Schmeißt Erde auf diesen Beruf.
Heulende Ratte, gemacht aus Dreck, aus dem er gekrochen kam und zu dem er wieder wurde.

===

Die Welt ist ungerecht, sagt der Professor und starrt zwischen die Algen. Die schweren Jahre habe ich gelitten, jetzt kriegt man nicht einmal einen Glückwunsch von der Regierung zu seinem Geburtstag. Was ist das für ein Staat. Er drückt seine Nase gegen das Glas: War ich dafür im Gefängnis. Seine junge Frau stellt ihm die Kaffeekanne neben seine zitternde Hand. Ich weiß es, schreit er, Marx gegen Freud ist die Devise. Was wissen denn die, flüstert er. Ich habe noch Erich Mühsam gekannt, als ich in München Student war, als in München Revolution war. Ein Guppy hat einen Guppy gefressen. Faschist, schreit der Professor und angelt den Fisch aus dem Wasser. Er geht zur Toilette und spült ihn hinunter. Dann setzt er sich wieder vor das Aquarium und starrt zwischen die Algen.

V

Lovely Rita

Die Schauspieler
Ein Vorspiel

Vor dem Eisernen Vorhang. Die Schauspieler K, N, A, J, M, Rita

Rita liegt auf einer Couch auf der Bühne. Über den Steg kommen K und N, sich während ihres Auftrittes als Motorradrocker verkleidend. Aus den ersten Reihen des Zuschauerraumes kommen A und J als gutangezogene Herren auf die Bühne. Nach einer Weile fällt M im Prometheuskostüm „aus dem Himmel" auf die Bühne. Er beginnt den Goethe-Prometheus zu deklamieren. Die zwei Rocker verstehen und befestigen ihn an der Trümmerwand. Aus dem Deklamieren wird ein rhythmischer Chor. Die zwei Rocker wiederholen den Text gemeinsam und abwechselnd travestierend. Rocker 1 versucht Rita auszuziehen, Rocker 2 fordert sie auf, ihren Himmel zu bedecken. A und J rhythmisieren den Vorgang mit Applaus. M, aus dem Mittelpunkt gedrängt, versucht, sich durch Gegen-den-Lärm-Anbrüllen bemerkbar zu machen, nachdem er vergeblich versucht hat, sich von dem Eisen zu befreien. Rocker 1 bringt ihn zum Schweigen, indem er M den Hut Ritas als Knebel in den Mund dreht. Rocker 2 kontrolliert und verstärkt M's Fesselung. Als sie sich wieder nach der Frau umsehn, sitzt Rita auf M's Schultern und singt das *Lied eines Küchenmädchens* aus der Dreigroschenoper. Applaus. M versucht vergeblich mitzuklatschen. Während des Beifalls zitieren die Schauspieler Kernsätze aus Theaterkritiken. Beifall und Kritikzitate lösen den „Mimenreflex" aus: alle männlichen Schauspieler beginnen gleichzeitig, Rita ihre Glanzrollen vorzuspielen, M grunzt gegen den Knebel an. Alle bemerken gleichzeitig, daß keiner zur Wirkung kommt, wenn simultan gespielt wird. Zwei feindliche Gruppen bilden sich: K/N gegen A/J. Die Gruppen beraten flüsternd. Kampf. Sieg der Großdarsteller A/J gegen die Kleindarsteller. A, seinen Fuß im Nacken K's, und J, seinen Fuß in N's Nakken, bieten einander den Vortritt an. Des höflichen Hofierens überdrüssig, zieht Rita M den Knebel aus dem Mund. M beginnt sofort wieder mit „Bedecke deinen Himmel ...", worauf er von Rita wieder geknebelt wird. Als A und J sich weiter gegenseitig den Vortritt anbieten, beginnt K eine seiner Rollen vorzuspielen. Er erhält von A einen Tritt und verstummt. A und J hofieren weiter einander, dann nehmen beide das Angebot des anderen an und beginnen gleichzeitig, aus ihren Glanzrollen zu rezitieren. Rita lacht und beide verstummen irritiert, fixieren einander. A zeigt J seinen Bizeps, J prüft den eigenen, vergleicht und läßt A den Vortritt. A serviert ein Potpourri aus Goethe/Schiller/Kleist/Brecht. Der besiegte K fängt an, ihn zu parodieren. A bemerkt es erst, als Rita lacht. J stimmt in das Lachen ein. A fixiert ihn drohend, J zeigt auf den Besiegten K. A zerrt K hoch und schmiedet ihn neben M an die Wand. Rita sattelt von M auf K um, wirft ein Kleidungsstück herunter, mit dem J K knebelt. A bedankt sich bei J, der geknebelte K grunzt Protest. J stellt sich neben ihn an die Wand und äfft ihn nach. A winkt Rita, sie wirft ihm ein Kleidungsstück zu. Er knebelt J, korrigiert dessen Prometheuspose mit vergleichenden Blicken auf Prometheus 1 und 2. Er fixiert dessen Haltung, indem er ihn anschmiedet, klatscht Beifall. Rita steigt auf J um. N hat seine Chance wahrgenommen und inzwischen auf M Platz genommen. Endlich Hauptdarsteller, spielt er mit Rita Paris–Helena an. Rita spielt (oder tut so, als ob) für A, deshalb bricht N ab, A macht weiter, der gekränkte N verläßt seinen Platz auf M, stellt sich mit dem Rücken zu A und stiehlt ihm die Schau, indem er das Spiel wieder aufnimmt. A befestigt N neben J, Rita wirft ein Kleidungsstück, Knebel usw. Rita nimmt auf N Platz, A lädt sie ein, sich auf ihn zu setzen, sie zeigt auf den Wandplatz neben N, er stellt sich an die Wand und nimmt die Prometheuspose ein wie die anderen, Rita korrigiert einige Details, knebelt ihn mit dem letzten Kleidungsstück, befestigt ihn, merkt an den Blicken der 5, daß sie nackt ist, entknebelt einen nach dem anderen und zieht ein Kleidungsstück nach dem anderen wieder an. Die Schauspieler, von den Knebeln befreit, müssen wieder sprechen lernen, fangen mit den Vokalen an! A:A, N:E usw. Die Sprechübungen der Schauspieler wachsen sich zu ohrenbetäubendem Lärm aus, Rita zieht sich wieder aus und knebelt sie wieder, als die Vokale zu Bedeutungen kommen. Wieder nackt, versucht sie, sich in den Trümmern zu verstecken, findet ein Maschinengewehr, schießt, die Trümmerwand stürzt ein, aus dem

Schutt kriechen unverletzt die 5. Nach der langen Fesselung müssen sie den Gebrauch ihrer Gliedmaßen neu lernen: Kriech-, Geh- und Greifübungen, einer sich an den anderen klammernd, ein Knäul, aus dem sich erst langsam wieder die einzelnen konstituieren. Rita zieht sich inzwischen die Knebel wieder an. Die wieder intakten Schauspieler jagen Rita. Sie will von der Bühne, findet keinen Ausgang. Über den Gang jagen die 5 sie zu den verschiedenen Türen des Zuschauerraumes, die auch verschlossen sind. So entdecken auch die 5, daß sie eingeschlossen sind. Alle 6 trommeln gegen den Eisernen Vorhang. Gelächter über den Lautsprecher. Eine Stimme rezitiert *(Wie es euch gefällt):*

> Die Welt ist eine Bühne
> Männer und Weiber alle Schauspieler nur:
> Sie haben ihren Abgang und ihre Auftritte;
> Und einer spielt in seiner Zeit viel Rollen
> Seine Akte sieben Alter.

(A: Akt eins das Kind/spielt das Kind, während der Text weiter aus dem Lautsprecher gesprochen wird. Als der Text weiterverlesen wird, verwandeln sich die Schauspieler nacheinander in die verschiedenen Alter: J in den Schüler, M in den Verliebten, N in den Soldaten, K in den Richter, Rita in den Greis.) Beim 7. Alter liegen alle „tot" auf der Bühne, bis das Publikum lebendig wird.

Lovely Rita

KINO

Rita, Frau 1, Frau 2, Frau 3, Frau 4, Frau 5, Lautsprecher.

FRAU 1, 2, 3, 4, 5: Da sitzt sie in der sechsten Reihe und starrt auf die Leinwand. Wie ein Messer hält sie die Nagelschere in der linken Hand. Ihre Nägel graben sich tiefer ins eigene Fleisch, nach jedem Satz aus dem Kinolautsprecher.

LAUTSPRECHER: „Was willst du jetzt machen." / „Ich gehe mit, George. Was soll ich hier noch. Ich habe die Henker gerufen, weil ich in die Kolben ihrer Gewehre beißen wollte. Aber auch das ist mir jetzt gleichgültig geworden." / „Vielleicht ist es für dich wirklich das Klügste, Europa zu verlassen." / „Ja. Ich habe alle Bilder gesehen: Auf der Autobahn, auf der Leinwand, in meinem eigenen Kopf. Ich muß ein Mensch von heute werden. Das getrocknete Blut raucht auf meinem Gesicht. Ich habe nichts hinter mir als dieses schreckliche Gebüsch." / „Hau ab." / /

FRAU 1, 2, 3, 4, 5: Jetzt stößt sie den Stahl durch die Haut in die Ader. Wie eine Frucht sammelt sich dunkel das Blut auf ihrem Rock und rollt an den Beinen herunter, über den Knöchel bis in den Schaft ihres schwarzen Lacklederschuhs. Wie angeschnallt sitzt sie in ihrem Stuhl, unter dem Lichtstrahl aus dem Projektor, neben dem Lautsprecher, vor der Leinwand, zwischen den Leuten und schreit.

SPIEGEL

Rita.

RITA: Sprechen. Die Worte in den Spiegel sprechen. Sie fremd werden lassen wie Worte, die du gehört hast. Dein Gesicht sehr nah an den Spiegel halten und jeden einzelnen Buchstaben langsam auf die glatte Fläche sprechen, bis sie beschlägt von deinem Atem und du dein Gesicht nicht mehr erkennen kannst. Jetzt sprechen: Mein Name ist Rita. Dein Name ist Rita. Unser Name ist Rita. Ich bin siebzehn Jahre alt. Du bist siebzehn Jahre alt. Wir sind siebzehn Jahre alt. Deine Eltern sind tot. Das Wort TOT buchstabieren, bis es keinen Sinn mehr ergibt. TOTOTOTOTOTOTOTOTOT Tot. Leben. LEBEN. Du lebst in einem Eisenbahnwaggon. Ich lebe in einem stillgelegten Bahnhof. Der Bahnhof ist stillgelegt. Ich bin stillgelegt. Still. Still. Jetzt ist das Glas beschlagen, aber du kannst deine Augen noch sehen. Du mußt langsamer sprechen. Du mußt langsamer denken. Ich lebe in einem Eisenbahnwaggon. Ich lebe mit fünf Frauen in einem Eisenbahnwaggon. Buchstabiere das Wort Frauen. FRAUEN. Sie sind aus einem Gefängnis. Ich will auch in ein Gefängnis. Gefängnis. Montag, Dienstag, Mittwoch, Donnerstag. Jeden Freitag gehe ich zu einem Offizier der Besatzungsarmee. Ich gehe einmal in der Woche zu einem Offizier der Besatzungstruppen. Er hat eine Narbe auf der Schulter. Er sagt mir einmal in der Woche, daß er mich liebt. Ich sage ihm einmal in der Woche, daß ich ihn liebe. Ich kann darüber nicht lachen. Noch zwei Sätze sagen. Ich kokettiere mit dem Tod. Dieser Satz ist aus einem Theaterstück. Mit welchen Sätzen soll ich sprechen. Der letzte Satz: Ich will mein Leben in diesem Stuhl sitzen, in diesen Spiegel sehen, schweigen.

WAGGON 1

Die Frauen, Rita. Sie trinken.

FRAU 1: Auf Rita. *Hebt das Glas.* Du hast Talent. Wie du den Pförtner weggelockt hast. Wie er dir in den Schuppen nachgekrochen ist. *Alle lachen.*

FRAU 2 *spielt vor*: „Ich halte es nicht mehr aus. Geh schneller Mädchen oder alles geht mir in die Hose." *Alle lachen, wälzen sich auf der Erde, kriechen wie 2 herum, ihre Hände zwischen den Beinen.*

FRAU 3: Hast du ihn wirklich rangelassen.

RITA: Ach. Der war schon fertig als die Tür noch offenstand. Dann wollte er nur noch reden. Wie sie ihm das

Bein amputiert haben an der Front und so weiter. Hauptsache, ihr seid an den Schnaps gekommen.

FRAU 4: Vorrat für drei Wochen.

FRAU 5: Auf Rita. *Alle trinken.* Bevor sie kam, wars halb so lustig. Vom Knast gar nicht zu reden.

FRAU 1: Ich träum noch immer, daß wir wieder drin sind. Ich sitze auf dem Hocker und zähl die Karos auf dem Kissen.

FRAU 2 *füllt die Gläser*: Eins, zwei, drei, vier, fünf, sechs. So wird jetzt gezählt. Das gab es nicht im Knast.

RITA: Hört endlich auf, euch mit dem Zuchthaus dick zu tun. Ich weiß was Besseres. *Geht in den Waggon, wirft Uniformen heraus.* Jetzt geht es wieder los.

FRAU 3 *stürzt sich auf die Uniformen*: Her damit. So ist es richtig.

FRAU 4: Das wird der Höhepunkt des Abends. *Alle auf die Uniformen, ziehen sich um.*

FRAU 5 *sich umziehend*: Was ist heute dran.

FRAU 1: Das mit dem Offizier.

FRAU 2 *lacht*: Rita, jetzt bist du wieder dran. *Sie stellen sich auf.*

RITA: Meinen linken Arm hältst du, du hältst
den rechten. Du stellst dich hinter mich
und hältst mir meinen Kopf fest wie in einer Zange.
Du setzt dich jetzt auf meine Schultern. Du
stellst dich vor mich hin, spuckst mir
in mein Gesicht und sagst:

FRAU 1: Wo war es.

RITA: Ich sage nichts. *Pause.* Du schlägst mir ins Gesicht und schreist:

FRAU 1: Wo war es.

RITA: Ich sage nichts. Du auf den Schultern
schlägst mir die Füße in die Seite und schreist:

FRAU 2: Wo hat er dich besprungen.

RITA: Ich sage nichts. Ihr zerrt mir meine Arme auseinander und schreit:

FRAU 3 UND 4: Wie hat er deine Beine aufgemacht.

RITA: Ich sage nichts. Du reißt mir meinen Kopf nach oben und flüsterst:

FRAU 5: Was hat er gesagt.

RITA: Ihr spuckt und schlagt und schreit:
Warum hast du dich mit ihm hingelegt.

Frau 1, 2, 3, 4, 5: Warum hast du dich mit ihm hingelegt.
Frau 1: Jetzt sagst du:
Rita: Ich saß in den Trümmern. Neben mir
 die Leichen in den Säcken aus Papier. Er
 stand vor mir und sprach in einer Sprache, die
 ich nicht verstand. Ich zeigte auf die Leichen
 und sagte: Eltern.
Frau 2: Ich steig von deiner Schulter.
Frau 3 und 4: Ich nehme meine Hände von deinem Arm.
Frau 5: Ich nehme meine Hände von deinem Kopf.
Frau 1: Du sagst:
Rita: Ich sah, wie er begann, sich seine Uniform
 vom Leib zu zerren. Ich sagte: Vater Ingenieur,
 nicht Soldat. Ich sagte: Krieg vorbei. Ich sagte:
 Ich noch Schule. Ich sagte: Vater tot und zeigte
 auf die Leichen. Er zog sich weiter aus. Ich sagte:
 Zum Friedhof. Eltern in Erde. Vater. Er schlug mir
 seine Hand auf meinen Mund. Jetzt sag ich nichts
 mehr.
Frau 2: Sagst du und starrst uns an.
Rita: Meine Bluse reißt du von meinen Schultern. Du
 ziehst mir den Rock von meinen Hüften. Du
 wirfst meine Schuhe auf die Seite. Du reißt
 von meinem Leib die Wäsche. Du spuckst
 in mein Gesicht und sagst:
Frau 3: Was war drei Tage später.
 Jetzt schreist du:
Rita: Ich habe ihn wiedergesehen. Auf dem Flugplatz.
 Auch im Bunker. Später im Hotel. Er hatte
 weiche Hände. Er hat gesprochen. Immer.
 Ich habe nichts verstanden. *Pause.*
 Ihr stellt euch vor mich hin. Du sagst:
Frau 1: Dein Leib ist ein Dreck.
Rita: Du sagst:
Frau 2: Zwischen deinen Schenkeln wächst eine Grube aus
 Schlamm.
Rita: Du sagst:
Frau 4: Deine Haut ist dein Gefängnis.
Rita: Du drehst dich weg und sagst:
Frau 5: Du bist wie dieses Land: Freiwillig vergewaltigt,
 unterm fremden Schenkel, den Schoß geöffnet,

fremden Zungen, Würmer gebärend, die kriechen
bis sie in die Grube fallen. Und über ihnen, dir und
diesem Land der Himmel zugewachsen wie dein Herz.
Du weinst. Du siehst uns an. Du drehst dich um. Du
                                                    läufst.
Wir stehn in deinem Weg. Du hetzt. Dein Atem geht
                                            schon schwer.
Du fällst auf deine Knie. Du kriechst. Du kannst
nicht mehr. Jetzt liegst du da. Jetzt sind wir über dir.
Jetzt reißen wir uns die Verkleidung von den Lei-
bern zum Beischlaf-Strafgericht und Frau ist Mann
und Mann ist Frau. Du sagst:
RITA: Du bist der erste. Zieh dich aus. Dreh dich nicht
nach den andern um. Jetzt mußt du nicht mehr
spielen, was ein Mann ist. Ich zeige dir, was du
nicht kennst und was du bist.
Ich werde dich in meinem Bauch begraben. *Beischlaf.*
Jetzt du. Du wirst nicht besser sein
als er. Kein Mann ist besser als ein anderer, wenn
ich die Augen zumach und den Himmel seh. Ich
zeig dir, wo du nicht mehr bist. Dann bist du wer.
                                                    Beischlaf.
Jetzt du. Sieh mich nicht an. Du weißt
soviel von dieser Lust in meinem Bauch, daß
ich nur meine Lust spür, deine nicht. An welche Lüge
soll ich mich noch halten. *Beischlaf.*
Jetzt du. Ich kenne deine Neugier. Zeig mir
deine Haut. Du riechst nach Sterben. Mach mir
den Himmel frei. Laß mich alle Fratzen schneiden.
Daß alles Blut mir fällt aus dem Gesicht. *Beischlaf.*
Jetzt du. Hör mir nicht zu. Du weißt schon alles
über dich.   *Beischlaf.*
FRAU 1: Jetzt liegen wir. Und atmen. Du sagst:
FRAU 2: Ich hab geträumt: Ich reiß mir aus jedem von
                                                    euch
sein bestes Teil: Arm, Herz, Schenkel, Augen viele
und setz mir ein neues Menschentier zusammen.
FRAU 3: Ich sprang auf seinen Leib. Er schrie und flehte
um Erbarmen. Als ich dann aufgewacht bin, wart ihr da.
RITA: Ich hab geträumt: Ich reiß aus jedem von
euch sein bestes Teil: ArmHerzSchenkelAugen viele

und setz mir ein neues Menschentier zusammen.
Ich sprang auf seinen Leib. Es schrie und flehte
um Erbarmen. Als ich dann aufgewacht bin
wart ihr da.
Alle Spiele folgen der Beschreibung.

BETT

1. Rita, Offizier.

Offizier: Die Trümmer müssen weg, dann wird das Land von einer Grenze bis zur anderen mit Asphalt ausgegossen: Eine flache, helle Ebene aus Stein. Statt der Häuser, diese Rattenlöcher der Einsamkeit, werden Glaskästen gebaut, auf Rädern, mit Motoren drin. Pro Bürger ein Wohnauto. Du kannst fahren, wohin du willst. Wo du bleiben willst, kannst du mit denen, die du liebst, die Glaswürfel zu einem großen Haus zusammenstellen. Neue Städte können überall zu jeder Zeit gegründet und wieder aufgelöst werden.

Rita *lacht*: Und das Benzin regnet vom Himmel, die Würste wachsen an den Bäumen. Es war einmal, es war einmal.

Offizier: Benzin wird nicht gebraucht. Die Wagen speichern Sonnenenergie. Das ist kein Problem: Woanders heizt man damit ganze Wohnblocks. Zur Frage der Ernährung: Zwischen dem Asphalt werden große Felder sein und Weideflächen für das Vieh. Dort kann sich jeder anbaun, was er braucht, dort kann er ernten, was er angebaut hat, dort kann er schlachten, was er gemästet hat.

Rita: Wer kontrolliert, ob du in diesen goldenen Topf was reingeworfen hast, wenn du was rausnimmst.

Offizier: Jeder kontrolliert den anderen, und jeder kontrolliert sich selbst. Eine neue Zeit. Ein neuer Mensch.

Rita *küßt ihn*: Ich liebe dich.

Offizier: Die alte Welt ist kaputt. Wir lachen drüber.

Rita: Ich lache jetzt. *Lacht.*

2. Musik. Rita tanzt.

Offizier: Warum ausgerechnet Film. Fällt dir nichts Besseres ein. Ärztin, Lehrerin. Das hat Zukunft. Zum Studium kann ich dir verhelfen.

Rita *lacht*: Lehrerin. Vor zwanzig Schwachsinnigen das ABC herbeten. Jedes Jahr aufs neue. Ärztin. Alten Weibern den Finger in den Hintern stecken. Jeden Tag. Dann hätt' ich besser gleich in meiner Mutter bleiben sollen. Arbeiten kann, wer keine Lust zum Leben hat. Für Leute mit Verstand gibts nur zwei Möglichkeiten: Künstler oder Krimineller.

Offizier *lacht*: Amen. Der neue Jesus Christus im Büstenhalter hat seine Religion vom Teufel. Zeig doch mal was von deinen Kirchenspielen.

Rita: Das kannst du haben, Ungläubiger. *Tanzend mit wechselnder Stimme:* „Verlaß mich nicht, Jonny. Nimm mich fester in deine Arme." „Weine nicht, Lilly. Ich muß aufs Meer. Die Ferne ruft. Ich muß ihn fertigmachen. Ich habe es meiner Mutter versprochen." „Aber du wolltest immer bei mir bleiben, Jonny. Hast du es schon vergessen. Tag, es wird Tag, der letzte Tag dringt herein, mein Hochzeitstag sollt es sein oder nicht sein."

Offizier *lacht*: Du kannst dich selbst nicht ernst nehmen.

Rita *schreit*: Sei still. *Pause. Sie spielt weiter.* „Tag!
Ja, es wird Tag! Der letzte Tag dringt herein! Mein
Hochzeitstag sollt es sein!
Sag niemand, daß du schon bei Gretchen warst.
Weh meinem Kranze!
Es ist eben geschehn!
Wir werden uns wiedersehn:
aber nicht beim Tanze.
Die Menge drängt sich, man hört sie nicht.
Der Platz, die Gassen
können sie nicht fassen.
Die Glocke ruft, das Stäbchen bricht.
Wie sie mich binden und packen!
Zum Blutstuhl bin ich schon entrückt.
Schon zuckt nach jedem Nacken
die Schärfe, die nach meinem zückt.
Stumm liegt die Welt nun wie das Grab!

Offizier: Du wirst schön sein, wenn du auf der Bühne stehst.

Rita: Ich geh zum Film. Du hast gesagt, du sprichst mit denen. Im nächsten Monat werden die Studios wieder aufgemacht. Du mußt schon jetzt mit ihnen reden.

Offizier: In Ordnung. Aber verlange nicht das nächste Spielzeug, wenn du von dem genug hast.
Rita *lacht*: Zu Befehl.

3. Offizier sieht aus dem Fenster. Rita auf dem Bett.

Rita: Ich habe den Wagen gefahren bei den Überfällen. Ich habe die Wächter abgelenkt. Warum gehst du nicht endlich weg vom Fenster. Was gibt es da zu sehen.
Wir werden von der Polizei gesucht.
Offizier *nach einer Pause*: Die Straßenbeleuchtung muß in Ordnung gebracht werden.
Rita *schreit*: Ich werde von der Polizei gesucht. Hast du mich nicht verstanden. Du mußt mir helfen.
Offizier *ahmt sie nach*: Du mußt mir helfen. Schon wieder. Bin ich dein Vater. Hab ich keine anderen Sorgen. *Pause.* Mit mir ist es so: Wir sind die Besatzungsmacht und keiner will uns sehen. Als hätten wir es nicht schon schwer genug: jetzt mußt du auch noch kommen. Als wenn wir nicht den ganzen Tag getreten werden von unseren Vorgesetzten, von unserem General, in seinem holzgetäfelten Dienstzimmer. Wir bringen unser Leben damit zu, dreckige Unterwäsche umzuwühlen und eurer Polizei das Laufen beizubringen. Am Abend kommen wir so müde in die Unterkunft, daß wir nicht essen und nicht schlafen können und auch nicht die Lügengeschichten lesen, die über uns geschrieben werden. Da liegen wir dann in einem dreckigen Haus, dem letzten in einer Trümmerstraße, in einer Stadt, die unsere Bomber umgepflügt haben. Wenn wir dann endlich eingeschlafen sind, klingelt das Telefon, und wir stehen auf und fangen wieder von vorn an. Was wir machen, ist nie richtig. Wir haben den Krieg gewonnen, den Frieden haben wir verloren. Unsere Hände werden nur von denen gedrückt, die wir dafür bezahlen. Wenn wir mit der falschen Frau im Bett liegen, ziehen uns die eigenen Generäle die Uniform aus und schicken uns nach Hause in den Steinbruch. Aber das reicht noch nicht zu unserem völligen Glück: Jetzt mußt du auch noch kommen und um Hilfe schreien. *Dreht sich um.*
Rita: Ich wollte, ich könnte dir helfen.

4. Rita sieht aus dem Fenster. Offizier auf dem Stuhl.

RITA: Wirst du dabei sein.
OFFIZIER: Sie werden alles, was du sagst, mit einem Tonband aufnehmen. Dann wird es abgeschrieben und dir vorgelegt. Dann unterschreibst du und wartest, daß ich dich abhole.
RITA: Jetzt bin ich alt.

5. Beide im Bett.

OFFIZIER: Dein Zimmer wird in der obersten Etage sein. Mit roten Gardinen an den Fenstern. Von dort kannst du über die Stadt sehen. Über die Antennen und Schornsteine bis auf den Flugplatz. Wir werden glücklich sein.
RITA: Und Kinder.
OFFIZIER: Das hat noch Zeit.
RITA: Und Film.
OFFIZIER: Das hast du nicht mehr nötig.

6. Beide im Bett.

RITA: Schläfst du. *Pause, sie schaltet die Lampe an.* Schläfst du. *Nimmt ein Buch, liest:* „Wenn wir der Erwartung unserer Völker nachkommen wollen, müssen wir woanders als in Europa auf die Suche gehen, dann dürfen wir den Europäern kein Bild ihrer Gesellschaft und ihres Denkens zurückwerfen, für die sie von Zeit zu Zeit selbst einen ungeheuren Ekel empfinden. Für uns selbst, gegen Europa müssen wir eine neue Haut schaffen." *Wirft das Buch weg.* Eine neue Haut. *Lacht.* Ich hab nur meine.

7. Rita vor dem Bett, einen Revolver in der Hand.

OFFIZIER: Gib den Revolver her. Er ist geladen.
RITA: Rote Gardinen. *Lacht.* Welches Tier soll ich anbeten.
OFFIZIER: Gib den Revolver her. Wir sind nicht im Theater.
RITA: Ich will uns beide nicht mehr sehen. *Schießt.*

8.

Rita sieht aus dem Fenster. Offizier tot auf dem Bett. Von draußen Lautsprecher. Zuerst Musik, dann Stimme: „Hier spricht die Kommandantur. Wir geben bekannt: Die nächtliche Ausgangssperre ist mit sofortiger Wirkung aufgehoben. Ebenfalls mit sofortiger Wirkung haben Theater, Kinos, Tanzgaststätten und andere Unterhaltungseinrichtungen wieder geöffnet. Diese Maßnahme stellt das Vertrauen der Besatzungsmacht in die Bevölkerung unter Beweis." Musik.

WAGGON 2

Rita, die Frauen graben, Leiche des Offiziers.

FRAU 1: Hast du beim ersten Schuß getroffen.
RITA: Ich weiß es nicht.
FRAU 2: Hast du ihn angesehn dabei.
RITA: Hört endlich auf zu fragen. *Pause.*
FRAU 3 *zu Frau 4*: Ich dachte nicht, daß sie das fertigbringt. Ich könnte es nicht.
FRAU 4: Wenn ein Mann so dreckig zu dir ist wie der, könntest dus auch.
FRAU 3 *lacht*: In die Verlegenheit kommt bei mir keiner.
Alle lachen.
FRAU 5: Hat er dich nicht angefleht, ihn gehnzulassen.
RITA: Er hat geschrien und geheult. Ich habe nur gesagt: An diese Wand da. Er hat sich an die Wand gestellt, nackt und konnte sein Wasser nicht mehr halten.
FRAU 1: So sind sie. Wenns ans Sterben geht, ein nasser Fleck. Was hat er noch gesagt.
RITA: Grabt weiter, daß er wegkommt.
FRAU 1: Erzähl. Geschlafen hast du oft mit ihm, ermordet hast du ihn nur einmal.
RITA: Mord. Eine Hinrichtung war das. Das habe ich ihm auch gesagt. Wofür, schreit er, was habe ich verbrochen. Welches Recht hast du, mich zu verurteilen. Ich will nicht sterben, heult er. Ich will auch nicht sterben, sage ich und lege an. Du wirst nicht sterben, sagt er. Dann besorg mir die Papiere. Wir sind sechs. Sechs Ausweise und du kannst leben bis du grün bist. Ich kann nicht, schreit

er, sie werden mich erschießen, wenn sies merken. Und sie merken es. Alles ist in einem Panzerschrank. Ich habe keinen Schlüssel. Ich kann nicht sterben. Dann wirst dus lernen, sage ich und drücke ab. Seid ihr fertig.

FRAU 1: Wir sind fertig.

RITA: Kommt heraus. Tragt ihn herüber. *Sie heben die Leiche auf.*

FRAU 2: Fang an.

RITA *hinter dem Zug zum Grab*:
Hier wird begraben ein Mann, der mich angefaßt hat.
Hier wird begraben ein Mund, der mich geküßt hat.
Hier wird begraben ein Körper, der mich unter sich
                                                          begraben hat.
Hier wird ausgelöscht meine Unschuld.
Hier wird ausgelöscht meine Ehe zwischen 20 Jahren
                                           und 70 Jahren.
Hier wird ausgelöscht die Lüge von den Freien in den
                                           Glasautos.
Hier wird in die Erde geworfen mein verlogenes
Gestammel von Kunst und Ruhm und Einsamkeit.
Werft ihn hinunter. Werft Erde auf ihn. Sprecht.
zu 1: Du machst den Anfang. *Sie werfen die Leiche ins Grab.*

FRAU 1: Ich werfe Dreck auf die Armee, die unser Land besetzt hat.

FRAU 2: Ich werfe Dreck auf alle Armeen.

FRAU 3: Ich werfe Dreck auf alle Parteibüros, und
                                           Meldestellen.
Ich werfe Dreck auf alle Polizisten, Wächter, Lehrer, Richter, Eltern, Direktoren, die uns das Rückgrat brechen in den Gefängnissen, Fabriken, Schulen.

FRAU 4: Ich werfe Dreck auf den Staat.

FRAU 5: Ich werfe Dreck auf die Leiche eines Mannes, der kalt und starr ist wie die Welt. Ich werfe Dreck auf alle Männer.

RITA: Kniet nieder. Das Gebet.

ALLE: Herr Cäsar Müller Meier Stalin Hitler Schmidt
                                      und Derundder,
der du hockst im Wohnzimmer Kreml Führerbunker Schlafzimmer Capitol und Dauddda
durchgestrichen sei dein Name
dein Reich verschwinde

dein Wille geschehe weder im Himmel noch in
Deutschland noch in
Rußland noch in Amerika noch im Bett noch Daundda.
Unser täglich Brot fressen wir selber
und vergeben dir keine Schuld
wie auch du nicht vergißt deinem Volk, deiner
Frau, deinem Kind.
Und führe uns nicht nach Sibirien, nach Sing Sing,
auf die Galeere, noch in dein Bett
sondern erlöse uns von dir, du Übel.
Denn dein sei der Strick und der Fußtritt und der
Dreckhaufen.
Im ewigen Feuer brate auf immer.
In Ewigkeit. Nieder. *Lange Pause.*

FRAU 3 *zu Rita*: Sie werden dich suchen. Angriff auf die Besatzungsmacht heißt Standgericht.

RITA *nach einer Pause*: Gebt mir einen Stein. *Lauter:* Ihr sollt mir einen Stein geben. *2 tut es.* Seht her. *Hält den Stein hoch.* Das bin ich. *Wirft ihn in die Luft, sie verfolgen Flug und Aufprall.* Mehr war nicht versprochen.

AUTO

Rita, den Kopf auf der Autohupe. Geräusch der Hupe.

RITA: Sprechen. Lauter sprechen als diese Hupe. Gegen den ewig gleichen Ton sprechen. Über deine Sprache sprechen. Über den Tod der Wörter sprechen. Über die Geburt der Bilder: Kleid Messer Stiefel Lippe. Der armen Sprache eine Maske aus Worten aus dem leblosen Körper reißen. Die Maske mit großer Geste vors Gesicht pressen, bis sie ins Fleisch gewachsen ist. Jetzt ist die Maske fest. Jetzt kann ich auftreten. Jetzt bin ich die Hauptperson in meinem Stück. Die Scheinwerfer gehn auf wie Mond und Sterne. Im Licht des Scheinwerfers stehen. Die Arme bewegen. Auf und ab gehen. Aufgehen. Abgehen. Den Kopf drehen. Mit den Fingern das eigene Gesicht berühren. Beobachtet werden. Sich beobachten, während sie dich beobachten. Eine Frau sein, die beobachtet wird von Männern und Frauen. Männer, Frauen. Zwischen den Beinen die Zukunft. Zwischen den Beinen die Angst. Zukunft haben. Angst haben. Kraft haben. Aufgehen. Abgehen. Wiederkommen. Die Schultern spüren bei jedem Schritt. Sie beobachten dich. Die Feuchtigkeit zwischen den Beinen, wenn du dich auf die Bretter setzt. Die Bretter auf der Haut. Das Holz. Die Einsamkeit. Das große vierte Wort: Einsamkeit. Das erste Wort Zukunft. Das zweite Wort Kraft. Das dritte Wort Angst. Das vierte Wort die betäubende Einsamkeit auf dem Holz unter dem Licht des Scheinwerfers. Plötzlich abbrechen. Nur noch der ewig gleiche Ton. Nicht mehr gegen ihn ansprechen. Grundlos abbrechen.

TONBAND

Rita, 1. Polizist, 2. Polizist, 3. Polizist, 4. Polizist.

1

1. POLIZIST: Schalte das Tonband ein.
2. POLIZIST: Sie sprechen in dieses Mikrophon.
1. POLIZIST: Name. Wohnort. *Pause.* Sprechen Sie.
Pause.
Schreit: Name. Wohnort. *Pause.*
Schreit lauter: Abführen.

2

1. POLIZIST: Wir können auch aufhören, aber das wäre für dich sehr schade.
3. POLIZIST: Hast du Angst vor diesem Apparat.
2. POLIZIST: Sie sprechen in dieses Mikrophon.
3. POLIZIST: Erklär uns wenigstens: Warum hast du Angst vor diesem Apparat. *Pause.* Was wir tun, liegt in deinem Interesse. Wir tun es für dich und für uns alle. Glaubst du, wir täten nicht lieber eine andere Arbeit. *Pause.*
1. POLIZIST *schreit*: Abführen.

3

4. POLIZIST: Sie sind gefährlich.
3. POLIZIST: Sie sind kindisch.
1. POLIZIST *schreit*: Abführen.

4

1. POLIZIST: Wie heißt dieses Spiel.
2. POLIZIST: Ich könnte kotzen.

4. POLIZIST: Ich könnte auch kotzen.
1. POLIZIST: Es gibt eine Menge stummer Leute auf dieser Welt. Eines Tages wirst du einen netten stummen Mann heiraten. *Alle lachen.*
Schreit: Abführen.

5

3. POLIZIST: Wer hat Angst, daß du redest.
4. POLIZIST: Fassen Sie es als einen Besuch beim Zahnarzt auf. Je eher wir fertig sind, desto früher kannst du nach Hause gehen.
3. POLIZIST *schreit*: Wer hat Angst davor, daß du sprichst.
1. POLIZIST: Schalte das Tonband aus. *Schreit:* Abführen.

BROT

Rita, Gefangene 1, Gefangene 2.

GEFANGENE 1 *schlägt gegen die Tür*: Laßt mich raus, ihr Schweine. Ich will sie sehen.
GEFANGENE 2 *zu Rita*: Sieh nicht hin. *Schiebt ihr das Brot zu, Rita schiebt es zurück.* Du mußt essen. Hungerstreik hat keinen Sinn.
GEFANGENE 1 *flüstert*: Sie kommen. Sie werden mich zu ihr führen.
GEFANGENE 2 *zu Rita*: Sie hat ihre Tochter erwürgt. Jetzt will sie ihr Kind noch einmal sehen, bevor sie hingerichtet wird.
GEFANGENE 1 *zu Gefangene 2*: Hörst du. Sie kommen. Jetzt werde ich sie sehen. *Pause.* Sie gehen vorbei.
GEFANGENE 2: Du wirst sie schon noch sehen. Sei still.
GEFANGENE 1 *auf Rita*: Was will die da. Warum haben sie die zu uns gesperrt.
GEFANGENE 2: Sie will nicht aussagen. Wahrscheinlich glauben sie, sie redet, wenn sie eine gesehen hat, die zum Tode verurteilt worden ist.
GEFANGENE 1 *schreit*: Recht haben sie: Singen soll das Flittchen. Oder ist sie was Besseres als wir. *Zu Rita:* Glotz mich nicht so an. *Schlägt Rita ins Gesicht. Gefangene 2 stößt sie zurück.*
GEFANGENE 2: Nimm es ihr nicht übel. Sie hat nur noch zehn Stunden.

Gefangene 1: Hör auf zu jammern. Erzähl ihr, was mit mir los ist. Na los: Warum hab ich mein Kind erwürgt.
Gefangene 2: Weil es mit deinem Mann im Bett gelegen hat, als du nach Hause gekommen bist.
Gefangene 1: Das glaubt sie nicht. Das ist kein Grund. *Schreit:* Weil ich nicht wieder allein sein wollte. Weil mir fünf Jahre Warten genug waren. Weil sie jünger ist als ich. Weil sie mir gehört. Weil sie mich nicht angesehen hat, als ich in der Tür gestanden habe.
Rita *zu Gefangene 2:* Gib mir das Brot. *Gefangene 2 gibt es ihr. Rita geht zur Gefangenen 1, steckt ihr Brot in den Mund.* Sei ruhig. Du mußt essen.
Gefangene 1 *weint, umarmt Rita:* Warum sind wir nicht Tiere geblieben. Ich will mir das Loch zwischen meinen Beinen ausreißen.

PROJEKTOR

Rita, 1. und 2. Polizist.

1. Polizist: Es ist gut, daß Sie zur Vernunft gekommen sind. Hätten Sie weiter geschwiegen, hätten Sie einen Mord an einem Besatzungsoffizier gedeckt und wären verurteilt worden. Um sicher zu gehen, daß es die sind, die wir seit Kriegsende suchen, zeigen wir ihnen jetzt zwanzig Fotografien. Sie antworten nur mit Ja oder Nein. Mach das Licht aus. Schalte den Projektor ein. *Fotos, darunter die von den Frauen 1, 2, 3, 4, 5.*
Rita: Nein. Nein. Nein. Ja. Nein. Nein. Ja. Nein. Ja. Nein. Ja. Nein. Nein. Nein. Nein. Ja. Nein. Nein. Nein. Nein.
1. Polizist: Sind sie bewaffnet.
Rita: Nein.
1. Polizist: Mach das Licht an.

PLATTENSPIELER

Rita mit Nagelschere vor dem Lautsprecher. Sprung in der Platte: Lovely Rita, meter maid, lovely Rita, meter maid usw. Rita schneidet sich die Pulsadern auf.

Rita: Wie Kirschsirup
    Dickes Blut

Auslaufen wie ein durchlöcherter Eimer.
Ich bringe mein Spiel zu Ende im Herzen des toten Kontinents.
Hinterherlaufen
Fünf hingerichteten Weibern ins Paradies nachlaufen.
Fünf Weiber an den Strick bringen und den Kopf aus der Schlinge ziehen.
Weiber
Frauen
Löcher
Gruben
Gräber
Leichen
Für eine tote Generation sprechen
Ach, aber ach, vor den Vätern sterben die Töchter
Pathos. Immer wieder. Kirschsirup.
Sie schaltet die Platte ab. Rauschen aus den Lautsprechern
Rauschen
Das Abschlaffen der Sekunden
Blut ist ein besonderer Kirschsirup *Lacht.*
Keinen Grund haben für Nichts
Sie reißt einen Fetzen aus ihrer Bluse. Sie verbindet ihr Handgelenk.
Keine Überzeugung haben, die länger vorhält als zwei Minuten.

FILMPROJEKTOR

Regisseur, ein Offizier, Leinwand, Lautsprecher.

LAUTSPRECHER: Der Film ist eingelegt. Wir können anfangen.
REGISSEUR: Moment noch. *Zum Offizier:* Ich kann nicht auf sie verzichten.
OFFIZIER: Sie wissen, daß diese Rita Grabow dunkle Flecken hat in ihrem Lebenslauf.
REGISSEUR: Ich hab davon gehört. Sie war verwickelt in eine Sache mit einer kriminellen Vereinigung. Aber sie ist doch freigesprochen worden.
OFFIZIER: Das war nicht alles. Sie war die Geliebte eines unserer besten Offiziere. Wir haben sie beobachtet.

REGISSEUR: Man muß ihr eine Chance geben. Wenn Sie ihr Gesicht gesehen haben auf der Leinwand, werden Sie verstehen, warum.
OFFIZIER: Ich verstehe nichts von Kunst.
REGISSEUR: Bei dem Gesicht geht es um mehr als Kunst.
OFFIZIER: Hören wir auf zu reden. Zeigen Sie den Ausschnitt.
REGISSEUR *ins Mikrophon*: Film ab.
Dunkel. Film: Rita steht auf der offenen Toilette. Sie führt eine Stricknadel zwischen ihre Beine.
RITA: Ich bin mir selbst genug. Ich brauche keine Kopie von mir oder, noch schlimmer, eine Kopie von ihm. Ich will mir aus dem Fleisch stechen, was wachsen will und fressen von meinem Fleisch und saufen von meinem Blut. Was klopft da. Ist das mein Herz oder schon das zweite. Es regnet immer noch. Ich will allein sein. *Sticht zu.*
Kamera fährt auf ihr Gesicht. Sie sieht in die Kamera. Geräusch der Toilettenspülung. Film aus. Licht.
REGISSEUR: Hab ich zuviel versprochen. Das Leid eines Geschlechts und eines Kontinents in einem Paar Augen.
OFFIZIER: Wir legen Wert auf Ihre Arbeit. Wenn Sie auf diesem Mädchen bestehen, geben wir die Zustimmung.
REGISSEUR: Dieses Gesicht. Jede Sekunde ihres Lebens hat sich hineingefressen und es blühen lassen: Ein wildes Tier. Ein Lamm. Ein Schnee.

Rotter

Tagebuch

1.
Ein Stück über einen, der sich an die Stromquelle Geschichte anschließt, zum Schluß abgeschaltet wird und neben einer Stehlampe sitzt und ins Dunkle sieht. Ein Stück aus „großen rohen Blöcken", uneinheitlich und die Formen gegeneinander führend. Der Held: eine Nebenfigur, die nur atmen kann, wenn ihr der Wind ins Gesicht schlägt. Die deutsche Geschichte als heroische Landschaft für einen Samurai, der sich ins Schwert stürzt, wenn sein Handwerk keinen Gegner mehr findet. Aber: er hat kein Handwerk, nur den Wind von vorn. Eine Liebesgeschichte über vierzig Jahre mit dem alten Kammerspielkonflikt: der Sohn ist nicht von mir. Ein Mann als Haufen. Der Täter als Opfer. Das Opfer als Clown. Kein Stück über Geschichte, aber eins über meinen Blick auf Geschichte. Berlin als Zugstation, Berlin als Brief, aber sonst immer um die Hauptstadt herum. Die Geschichte eines Mannes aus der Kleinstadt (heraus, heraus), eines zurückgewiesenen Freundes, aber immer aus seiner Sicht, das heißt: meiner auf ihn. Wenn der Wind ihm nicht mehr ins Gesicht schlägt, bleibt ihm der Atem stehen; wenn er allein ist, wird er irre. Einen langen Tod, ein schnelles Leben. Biographie als Arbeitsfeld für Geschichte und Bühne.

Praxis

Die Welt hat sich geändert, rufen die Häftlinge.
Aus den Gefängnissen ihrer Gegner befreit, betreten
sie den Regierungspalast und verteilen die Aufgaben.

Der Wanderer auf dem Berg sieht
eine neue Welt, aber die Bauern im Tal sehen
den alten Berg.
Ist er abgetragen, weil der Bergsteiger ihn vom Gipfel
nicht mehr sieht?

Jetzt sind wir die Regierung, sagen sie und
üben sich in der neuen Kunst.
Wir sind die Alten geblieben, aber
unsere Arbeit ist eine andere geworden. Statt Essenskübel verteilen
wir jetzt Orden, also
hat die Welt sich geändert.

Zwerge, rufen die Bergsteiger ins Tal.
Zwerge, rufen die Bauern zurück und verkriechen sich
in ihren Häusern, wenn wieder eine Lawine herunterrollt.

Eine neue Lawine vom alten Berg.

Beschreibung des Spiels

Karl Rotter legt sich zum Sterben in eine Gegend zwischen Traum und Wirklichkeit, zwischen Leben und Tod, auf die Bühne. In der aufkommenden Mattigkeit nimmt er die scheinbaren Gegenstände wahr, die ihn umgeben – Versatzstücke aus seiner Vergangenheit: der Hackklotz aus der Fleischerei, das Schaufenster des Konfektionshauses Rotmaler, die drei Bäume des Waldes vor Dresden, das Bett im Zimmer seiner ersten Frau, den Steinhaufen des zerbrochenen Hauses, das Zelt aus Sosa, das Baugerüst aus Stalinstadt, den Tisch aus Schwedt (Lehrgang), Fernsehapparat und Funkgerät aus dem Wohnzimmer der Familie Rotter, die Drehbank aus der Fabrik und das Auto des Ministers, der aus Schwedt abgefahren ist. Rotter liegt in diesem Kreis, und zwischen seinen Todesmonologen, Verbesserungsvorschlägen (Glashaus) und Selbstkritiken läuft er in diesem Kreis Amok durch sein Leben. Am Ende ist das Glashaus gebaut, der Verbesserungsvorschlag abgelehnt. Rotter legt sich in das Haus und stirbt.
Sechs Spieler stellen die verschiedenen Personen seines Lebens abwechselnd dar: Fleischer, Kunde, Leps, Ehm, Stridde, Rotmaler, 1., 2. Bürger, Mutter Rotter, Hilde, Lackner, Arbeiter aus Sosa und Stalinstadt, Arbeitsdirektor, Gewerkschaftssekretär, Minister in Schwedt, Sohn Rotter, Schwiegertochter Rotter, Arbeiter des Betriebes und den

CHOR der Ideologischen Kommission, die Filosofen und die Clowns.
Im Hintergrund der riesenhafte Kopf des Karl Rotter, aus dem die Figuren in die Szene springen. Und in den sie am Ende zurückkriechen. Der stirbt vor Rotters Schlußmonolog.

Rotter

Personen

DIE ALTEN KINDER –
12 GEISTER
ROTTER
FLEISCHER
KUNDE
LACKNER
STRIDDE
EHM
ROTMALER
POLIZIST
ELISABETH
BECKER
KLOPPENBURG
HAUPTMANN
FRAU ROTTER
HERR ROTTER
MASCHKE
KLINKER ·
FRL. BERTHOLD
GRABOW
TETZNER
KUTZ
DEHLER

KOSLOWSKI

SEKRETÄRIN
HAGEN
HÄRTEL
KRÜGER
BERTIN
1. ARBEITER
2. ARBEITER
3. ARBEITER
1. MONTEUR
2. MONTEUR
3. MONTEUR
1. STREIKPOSTEN
2. STREIKPOSTEN
1. POLIZIST
2. POLIZIST
PFARRER
1. FILOSOF
2. FILOSOF
SOLDATEN
MITGLIEDER DER
ÖKONOMISCHEN
KOMMISSION
KALIN ⎫
BALIN ⎭ *zwei Clowns*

DER NEUE CATO

Fleischerei. Rotter, ein Schwein zerlegend, Fleischer, Kunde.

ROTTER: Liebe Mutter, es geht mir gut: Zehn Stunden am
 Tag bis zum Ellenbogen im Vieh und nachts tanzen
 tote Säue Rumba im Traum. *Tanzt und singt.*
 Fleisch erster Güte: Rippenstück, Rückenstück, Schinken
 Fleisch zweiter Güte: Bruststück und Kamm
 Fleisch dritter Güte: der Bauch
 Fleisch vierter Güte: Schädel und Bein.
 „Wer was kann, wird was sein." *Lacht.*
 „Handwerk hat goldenen Boden." *Lacht.*
 „Der Mensch lebt nur vom Speck allein." *Lacht.*
 „Ohne Fleiß kein Preis" –
 und mit vierzig ein Greis
 mit Zitterhand und lauem Blut –
 lieber Vater es geht mir gut.
FLEISCHER: Rotter, Tempo, ein Kunde wartet hier,
 daß du endlich fertig wirst mit deinem Tier.
ROTTER: Der Beruf formt besonders den inneren
 Menschen. Olé.

Hebt die Gedärme in die Luft, arbeitet weiter.

FLEISCHER *zum Kunden*: Der Vater ein fleißiger Mann. Der
 Sohn
 mit sechzehn Jahren filosofischer Klon.
 Ich sage: Dieses Land kommt mit jedem Jahrgang
 weiter herunter,
 das junge Volk erst nach der Arbeit wird es munter –
 im Mondschein sieht man sie das Maul aufreißen
 und große Worte um sich schmeißen.
KUNDE: Es ist keine Ordnung mehr in der Republik:
 Vom Fieber geschüttelt die Politik.
 Regierungen kommen, man hört sie kaum,
 Regierungen fallen wie Pflaumen vom Baum.
 Chaos in Erziehung und Industrie –
 die Preise stoßen den kleinen Mann in die Knie.
 Wahlversprechungen in den Dreck getreten,
 in den Straßen prügeln sich die Proleten.
 Auf den Kanzeln winden sich die Pfaffen,
 aber in den Kellern hocken schon Männer mit Waffen.

Die Frage stellt sich: Welche Partei wird diesen Zustand
beenden,
zu welcher Fahne soll sich ein Mann jetzt wenden.
FLEISCHER: Unser Volk geht sich sozusagen selbst an die
Kehle
es befleckt gewissermaßen die eigene Seele.
Lassen Sie uns auf Gott vertraun
und ein wenig in die Straße schaun.
Zu Rotter:
Rotter, in zwanzig Minuten bin ich zurück,
dann will ich sehn: Kamm, Bein, Brust- und
Rückenstück.
Zum Kunden:
Vielleicht, daß eine Schießerei passiert
oder wir erleben, wie einer einen massakriert.
KUNDE: Ja, gehen wir. Zwischen all der Ökonomie Schwein
Kauf und Verkauf
braucht auch der beste Fleischer einen Auslauf.
Beide lachen, ab.
ROTTER: Das ist meine Jugend: Vom Hackklotz zum Abendbrot, vom Abendbrot zum Radio, vom Radio ins Bett, vom Bett zum Frühstück, vom Frühstück zum Hackklotz. Sonntag im Dom: Stifterfiguren anstarren, dann Ausflug in die schöne Umgebung: Hand in Hand, Weinberge, Fachwerk, Papa weiß die Jahreszahlen, Mama hat die Brote eingepackt. Rast im hellen Grün. Schmatz, schmatz: „Weißt du noch, als wir uns kennenlernten. Tanzstunde, Walzer, Johann Strauß. Im weißen Kleid du, ich im ersten Anzug, der hatte einen Fleck vom Würstchen. Und nachts unter den Hopfenstauden, ich seh es noch vor mir. Die Ameisen." „Der Junge, Siegfried, du kannst doch nicht." Äää. Der Junge schielt der Mama unters Röckchen auf die Ritze, aus der er in die schöne Welt gekrochen ist, 9 Monate nach dieser Nacht im Hopfen: Leben. *Lacht.*
Stifterfiguren, Schädel vierter Güte, vom Hopfen zum Handwerk hat goldenen Boden. Vom Fachwerk ins Grab.
Sticht mit dem Messer im Fleisch herum.
Wo ist der Unterschied zwischen mir und diesem gemeinen toten Tier. *Trifft seine Pulsader.*
Die eigene Pulsader getroffen. *Lacht.*

Jetzt stehn mir neue Wege offen.

Auf tritt Lackner.

LACKNER: Der Sohn aus besserem Haus bei sinnvoller Freizeitgestaltung. Wie gehts dir, Rotter. Hast du was für einen leeren Bauch. Wo ist dein Fleischer.

ROTTER *versteckt den verletzten Arm hinter dem Rücken*: Lackner, Mann. Kommst du vom Arbeitsamt. Ist dir was zugewiesen.

LACKNER: Zugewiesen. Arbeitsamt. *Lacht.* Ich komm vom Fotzelecken. Der Gatte geht auf Schicht und Hilde probt die Grätsche. Der Mann bringt Geld, ich freß die Küche leer. Was brauch ich Arbeitsamt.
Ich bin der Arbeitslose
mit einem Scheckheft in der Hose
Öffnet die Hose, zeigt Penis.
Für mich hat Arbeit keinen Sinn
das Werkzeug bringt den Reingewinn. *Schließt die Hose.*

ROTTER: Ich will auch nicht mehr.

LACKNER *sucht in den Fleischstücken*: Brav sein, tüchtig und die Händchen falten. „Und im Schweiße deines Angesichts sollst du dein Geld verdienen, Mama und Papa ehren und nicht in die Hose pissen." Was willst du schon machen, Rotter.

ROTTER: Ich weiß nicht. Wie du.

LACKNER: Wie ich. *Lacht.*

ROTTER: Ich schneid dir was. *Tut es.*

LACKNER: Ich kanns brauchen, sag ich dir. Die nagt mich ab, die säuft mich aus. Die hat genug erst, wenn sie nicht mehr laufen kann. Achtmal am Vormittag: von hinten drei im Flur, eins auf dem Küchentisch, dann Marsch ins Bett, Vorhänge zu und alle Löcher auf. Ich versteh es selber nicht, ihre Haare machen mich verrückt. Die auf dem Kopf nicht, aber unterm Arm die. Die sind so dünn und naß. Ich weiß nicht, wie ichs sagen soll: Ihr Schweiß, das ist es.

ROTTER: Ich verstehe.

LACKNER: Nichts verstehst du. Du nicht, Rotter. Du bist ein Wichser, Mann: Deine Hand ist deine Frau. Was erzähl ich dir. Was verstehst du von Hildes Achselhöhlen. Du hast schon in der Schule die Würmer gezählt, die dir

durchs Fleisch kriechen, wenn du den langen Mann
machst auf dem Friedhof. Sag du nicht: Ich verstehe.
Nichts verstehst du. Das ist die Wahrheit.
Schreit: Das ist die Wahrheit.

ROTTER: Lackner. Ich.

LACKNER *ahmt ihm nach*: Ich. Ich. Wer bist du denn. Gib mir
das Fleisch und fick dich selber.
Nimmt Fleisch.
Hildes nasse Haare unterm Arm und der sagt: Ich verstehe. Ausgerechnet der. *Will gehen.*

ROTTER: Lackner. Hier. Ich habe. *Zeigt seinen blutigen Arm.*
Ich hab es nicht mehr ausgehalten. Einer wie du hat an
sich selbst genug. Ich nicht. Ich kann nicht leben so. Verstehst du.

LACKNER *sieht auf den Arm*: Was hast du dir jetzt wieder ausgedacht. Mir bricht das Herz. Du meinst, ich sagt jetzt:
Komm, lieber Rotter, mit mir in die weite Welt. Du
meinst, ich nehm dich mit zu Hilde, damit du ihr die Kissen vollheulst: Mama, Papa. Was willst du, Mann. Weißt
du, wie man ein Sicherheitsschloß aufbricht ohne Spuren. Wie kriegst du raus, wann einer wo verhaftet wird
und wann die Tür versiegelt ist, damit du vorher noch
hineinkommst. Willst du Schmiere stehen. Du läufst,
wenn du nur eine Uniform siehst. Was brauch ich dich.
Lacht. Du bist für Größeres gemacht, Rotter. Für solche
niedrige Arbeit bist du zu schade. Geh in einen Verein.
Es gibt jetzt viele, die brauchen Komiker wie dich. Du
hast Talent und deine große Nummer mit dem Schweineblut am Arm beweist es. *Geht zur Tür.*

ROTTER *schreit*: Das ist kein Schweineblut.

LACKNER *lacht*: Ich weiß. Ich geh dir einen Kranz kaufen.
Ab.

ROTTER: Lackner, bleib stehen. Du kannst nicht einfach so
weggehen. *Fällt über das Fleisch.*

Auf treten die Alten Kinder.

DIE ALTEN KINDER: Da ist er, Rotter und er hört uns
nicht,
träumt in den Tod im hellen Mittagslicht.
Laßt uns das Blut anhalten dort an seinem Arm,
das auf den kalten Stein fällt schnell und warm.

Aus diesem Mann soll werden erst ein Nichts,
bevor er abtritt in die Keller des Gerichts. *Stillen sein
Blut.*
ROTTER: Mit wem rede ich. Laßt mich los. *Lacht.* Alte
Kinder.
DIE ALTEN KINDER: Ein harter Ziegel in der Wand
nützlich dem Baumeister und hartgebrannt
nicht mehr, nicht weniger, das soll er sein
bevor er stirbt: ein alter Stein.
ROTTER: Bin ich ein Toter schon, bin ich ein Blinder.
DIE ALTEN KINDER: Steh auf und fall, vergiß uns nicht,
die Alten Kinder,
die folgen dir in deiner leeren Spur
und schlagen, wenn es Zeit ist, deine Uhr. *Ab.*
ROTTER: Wer Stein. Was Spur.
Wann endlich endet diese Pferdekur.

Auf tritt Fleischer. Kunde.

FLEISCHER: Rotter, Lyrik nach Arbeitsschluß um vier.
Bist du noch nicht fertig mit dem Tier.
Vor der Tür stehen viele bereit:
Die warten auf eine gutbezahlte Arbeit.
Zum Kunden: Wie ich gesagt habe: Die Hitze in diesem
Jahr
kocht unser Volk noch weich und gar.
Geschäfte, Krankheiten, politischer Aufruhr –
alles eine Frage von Klima und Temperatur.
Ein kalter Sommer und schon
nimmt das Volk Abstand von der Revolution.
KUNDE: Meister, ich sehe: Mit ihrem Lehrling steht es
nicht gut.
FLEISCHER *herum*: Verdammt, versaut mir das Schwein mit
seinem Blut.
Jetzt kannst du nach den Sternen fassen,
Rotter, hiermit bist du entlassen.
ROTTER *schreit*: Lackner. Dir wird das Lachen noch vergehn.
Dir werd ichs zeigen. Dein Leben gegen meins.
FLEISCHER: Unter der Sonne stirbt sichs schneller, Mann.
Packt ihn, stößt ihn aus der Tür, ruft in die Straße:
Der Neue Cato aus der Fleischerei.
Hier ist eine Lehrlingsstelle frei.

FRIEDE DEN HÜTTEN

Straße. Rotter und Stridde in Uniformen auf dem Fenstersims des Konfektionshauses Rotmaler.

ROTTER: Um neun Uhr abends in Berlin, Bahnhof Zoo. Dicht gedrängt die Massen. Ein Sonderzug nach dem andern fährt raus. Du kannst dir das Gedränge nicht vorstellen. Endlich kommt unser Zug. Rein, Kampf um die Schlafwagen. Überall Marine, alte Offiziere. Ich der Jüngste. Wir halten noch einmal Bahnhof Friedrichstraße. Die Halle mit Fahnen und Blumen geschmückt, die ganze Stadt erleuchtet. Dann rasen wir ins Dunkel. *Pause.* Ich möchte wissen, wo er bleibt.

STRIDDE: Ich fahr nächsten Sommer nach Berlin. Da kanns mir keiner mehr verbieten.

ROTTER: Zehn Uhr war ausgemacht. Jetzt ist es fast elf.

STRIDDE: Erzähl weiter. Er wird schon kommen. Der Judenladen hier läuft uns nicht weg. Also: Wer war noch im Abteil.

ROTTER: Zwei alte Kämpfer. Ich im oberen Bett. Der Gestank, sag ich dir.
Beide lachen.
Ich habe keine Minute geschlafen, nur aus dem Fenster gesehen. Dutzende von Sonderzügen rollen durch die Nacht. Alle mit einem Ziel. Morgens ist man schon auf fremdem Boden. Der Bahnkörper von der Polizei bewacht: dahinter Hügel, Wälder, Sümpfe. Wir nähern uns Hohenstein. Alle in Uniform. Die Bremsen quietschen. Wir stehen. Alles springt heraus. Der Zug verläßt den Bahnhof. Wir klettern in die Berliner Autobusse, die hergebracht wurden. Jetzt taucht das Denkmal auf. Riesig. Größer als das Rathaus. *Pause.* Komm. Wir machens ohne ihn. *Hebt einen Stein auf.* Seine eigene Schuld, wenn er nicht pünktlich ist.

STRIDDE: Das kannst du nicht machen.

ROTTER: Das Direktorensöhnchen denkt, es ist was Besseres.

STRIDDE: Hör auf. Wenn er in zehn Minuten nicht da ist, fangen wir an. Erzähl jetzt weiter. Wieviele waren da.

ROTTER: Hunderttausend. *Pause.* Wir steigen aus. Die Masse schluckt dich. Ich fühl mich unwohl als Jüngster. Die anderen wundern sich auch. Dann sind wir im Hof und warten. Über uns rast ein Jagdgeschwader. Diplomaten legen riesige Kränze nieder aus allen Ländern. Die Wache verschwindet im Turm: Ablösung. Die Regierung kommt. Die Fahnen rücken ein. Lautlos. Alles steht. Lange Pause. Plötzlich sagt einer: Der Führer. Flüstern überall. Wind. Plötzlich da. Schwarzer Anzug, eine Hand auf dem Rücken. Langsam die Treppen hoch. Kein Blick nach links. Er geht ins Denkmal. Trommeln. Die Türen öffnen sich. Nationalhymnen. Der Sarg wird in den Feldherrnturm getragen. Plötzlich bricht die Musik ab. Langsam verschwindet der Sarg. Der Himmel schwarz. Der Führer geht.

STRIDDE: Du kannst erzählen, Mann.

ROTTER: Dann ziehen wir am Feldherrnturm vorbei. Alle suchen nach Blumen und Eichenlaub, steigen auf die Türme und sehen über das Land, das er vor zwanzig Jahren verteidigt hat. Unbeweglich steht die Wache. Wir steigen in die Busse. Schwarz steht das Denkmal gegen den Himmel. Riesenfahnen im Wind. Auf dem Bahnhof dasselbe Bild. Ein Zug nach dem anderen fährt ab. Dann wir. Ich wieder mit den alten Kämpfern. Im Wahnsinnstempo übers ehemalige Schlachtfeld. Die Burg der deutschen Ritter. Verschwindet. Jetzt wieder Ausland. Die traurigsten Bilder der Fahrt. Alles steht, wie wir es vor zwanzig Jahren gebaut haben, nichts ist erneuert. Verstohlen winkt die Bevölkerung. Lange Güterzüge, nach Norden voll, nach Süden leer: Deutsche Kohle. Ein Zug folgt dem anderen. Tag und Nacht, Nacht und Tag. Dann wieder in Deutschland: Acht Uhr abends. Aufenthalt. Die Einwohner warten auf Persönlichkeiten. Die schlafen schon. Wir legen uns auch hin. Dann sind wir da. Friedrichstraße und Zoo überfüllt. Auf der Straße dasselbe Bild. Autos, Autos, Menschen, zwei Uhr nachts.

Auf tritt Ehm auf dem Fahrrad.

EHM *ahmt ihn nach*: Autos, Autos. Ein trauriges Bild gebt ihr ab.

ROTTER: Das traurige Bild gibst du ab, Ehm. Eine Stunde Verspätung.

EHM: Herr Rotter spielt sich wieder auf.

ROTTER: Zehn Uhr hat dir Stridde aufgeschrieben, Ehm.
EHM: Mach kein Drama draus. Ich konnt nicht früher weg. Mein Bruder ist gekommen. Urlaub.
STRIDDE: Erzähl doch andern deine Märchen. Sein Bruder. Daß ich nicht lache. In der Situation Urlaub von der Truppe. *Lacht.*
EHM: Was für eine Situation.
STRIDDE: Rotter hats gerade erzählt. Dein Pech. Du kannst dirs von deinem Papa erzählen lassen. Der hat schon in der Schule das Blaue vom Himmel phantasiert, wenn ihm nichts eingefallen ist.
EHM: Im Gegensatz zu dir. Dir fällt nichts ein. Darum sitzt du hier und hörst mit aufgerissenem Maul aus der großen weiten Welt.
STRIDDE: Besser als zu Hause am Kaffeetischchen, Familie spielen, wie du. Söhnchen.
ROTTER: Haltet endlich das Maul. Zum Quatschen bin ich nicht hergekommen. Jetzt geht es los. *Schlägt mit dem Stein die Fensterscheibe ein.*
EHM: Bist du verrückt geworden.
ROTTER: Was heißt verrückt. Der Neue Staat marschiert. Dem Volk zurück, was sich der reiche Kleiderjude zusammengestohlen hat von unserm Geld. Was darf es sein, mein Herr. Ein Frack. Vom Besten nur das Beste. Das Konfektionshaus Rotmaler ist Garantie für Qualität. *Klettert ins Schaufenster.*
EHM: Was habt ihr vor. Er wird uns hören.
ROTTER: Das soll er auch. *Ruft:* Herr Rotmaler. Wir präsentieren Ihre Modenschau.
EHM: Und wenn ein andrer kommt.
ROTTER: Du feiger Hund. Hier hört uns keiner. Die ganze Stadt ist in der Kirche, außer dem da oben.
Er beginnt die Regale des Schaufensters umzustürzen.
Stridde dazu. Sie werfen die Regale auf die Straße.
EHM: Gleich ist die Polizei da. Die werden euch zeigen, was Enteignung heißt. Eine eigene Wohnung mit Innentoilette im Gefängnis hinterm Rathaus.
STRIDDE: Dem Rotmaler geschieht das recht. Unsereinen hat er von so weit oben angesehen, weil man kein Geld hatte, bei ihm zu kaufen. *Zu Rotter:* Er traut sich nicht heraus.

ROTTER *im Abendkleid über der Uniform*: Ein Abendkleid Modell Kerzenschein. Die reine Seide. Für gesellschaftlichen Anlaß. Konfirmationen. Sterbefälle. Hochzeit.

STRIDDE: Vorgeführt von unserem Spitzenmodell Elvira aus Brasilien. Beachten Sie den eleganten Gang. Früher Tänzerin in Rio, heute Mannequin bei uns. Greifen Sie zu, gnädige Frau. Diese Gelegenheit kommt nicht mehr wieder. Gratis ein Kleid für dreitausend Mark. Elvira, bitte, streif das Kleid von deinem edlen Körper und übergib es dieser Dame. Sie friert im Bademantel.

Rotter zieht das Kleid aus und wirft es herunter.

EHM: Ich mache das nicht mit.

ROTTER *laut*: Mein Herr. Lesen Sie keine Zeitung. Wissen Sie nichts von der Rolle der Juden in unserem Land. Weg mit den Händlern, die dem Volk das Fell über die Ohren ziehn.

EHM: Das wird dir teuer zu stehen kommen.

ROTTER *laut*: Wie soll sich etwas ändern in diesem Land, wenn wirs nicht machen, sondern warten immer auf Anweisung. Eine neue Zeit ist da, habt ihrs noch immer nicht begriffen. Oben geht unter und unten steigt auf. Denkt ihr, die machen Witze in Berlin. Lange genug warn wir von Großvätern regiert, jetzt sind die Jungen dran.

STRIDDE: Bravo. *Beginnt zu applaudieren.*

Auf tritt Polizist mit Motorrad.

POLIZIST: Was geht hier vor.

STRIDDE: Enteignung, wenn Sie wissen, was ich meine.

POLIZIST: Ihre Ausweise. Tempo.

Rotter, Stridde und Ehm geben die Ausweise.

ROTTER: Haben Sie noch nichts vom Boykott gehört, Wachtmeister.

POLIZIST: Sie haben Sendepause, junger Mann. Sie haben das Gesetz vor sich.

ROTTER: Das alte vielleicht, das neue nicht.

POLIZIST: Ein Wort mehr, junger Mann, und zu Diebstahl kommt Beamtenbeleidigung. Sie sind Karl Rotter. Sie Jürgen Stridde. Sie Heinz Ehm.

STRIDDE: Und wer sind Sie.

EHM *zu Stridde*: Hör auf Mann. Treibs nicht zu weit.

Polizist *zu Rotter, leise*: Von allen guten Geistern verlassen, Mann. Kommen Sie nicht eben von der Beerdigung. Was soll ich meinen Vorgesetzten sagen.

Rotter *laut*: Jawohl, Herr Wachtmeister, so war es. Wir stehen unter der Laterne. Plötzlich schreit mein Freund Stridde, der da: Feuer im Geschäft. Schon sind wir dran, die Scheibe eingeschlagen, die Sachen auf die Straße, den Brandherd gesucht: alles eins.

Ehm: So wars. Ich hab es dann gesehen: Es war der Widerschein von der Laterne. Da war es schon zu spät.

Auf tritt Rotmaler aus dem Haus.

Rotmaler: Na endlich. Ich hab auf Sie gewartet. Einbruch. Ich hab von meiner Wohnung alles gehört. Dann hab ich angerufen.

Polizist: Eins nach dem anderen. Ihre Personalien.

Rotmaler: Die Staatsmacht. *Lacht, gibt den Ausweis.*

Polizist *liest*: Rotmaler, Jakob.

Rotmaler: Wieviel fehlt. Mein Rechtsanwalt. Die Versicherung muß benachrichtigt werden.

Polizist: Schreien Sie nicht herum. Nichts ist gestohlen. Überzeugen Sie sich selbst und spielen Sie sich hier nicht auf.

Rotmaler: Sie haben die Täter. Hier sind die Scherben und das Diebesgut. Was gibt es noch zu überzeugen.

Polizist: Es gibt keine Täter. Bei diesen drei können Sie sich bedanken. Sie meinten Feuer zu sehen in Ihrem Geschäft und wollten nur retten was zu retten ist. Das ist der Grund für die zerbrochene Scheibe.

Rotmaler *lacht*: Soll das ein Witz sein. Ist Diebstahl eine Heldentat, wenn Täter Uniformen tragen.

Rotter: Uniformen schätzt er nicht. Die kann er nicht verkaufen. *Alle lachen.*

Rotmaler *schreit*: Ihr schätzt sie. Wenn ihr marschiert, müßt ihr nicht arbeiten.

Polizist: Herr Rotmaler, ich muß Sie warnen. Das läuft auf staatsfeindliche Hetze. Sie bestätigen, daß nichts von Ihrem Eigentum abhanden ist.

Rotmaler: Nichts bestätige ich, bevor mein Rechtsanwalt hier ist. Sie meinen, ich durchschau das Spiel nicht. Die drei sind überführt.

Polizist: Ich fordere Sie auf ...
Rotmaler: Eigentum ist noch geschützt in Deutschland. *Schreit:* Und Raub ist immer noch Raub, obwohl die in Berlin den Fall gern anders sähen.
Polizist: Sie sind verhaftet. Beleidigung der Staatsmacht. Sie folgen mir.
Rotmaler: Jawohl. Mit Freuden. Und diese drei bekommen einen Orden für Wachsamkeit.
Polizist *zu Stridde und Ehm:* Sie beide bitte ich, das offene Geschäft zu überwachen.
Zu Rotter: Sie begeben sich als Zeuge auf die Wache.
Zu Rotmaler: Sie nehmen auf dem Sozius Platz. Folgen Sie mir.
Rotmaler: Mein Volk ist zweimal tausend Jahre zu Fuß durch diese Welt getrieben, jetzt schaff ichs bis zur Wache auch ohne Benzin.
Stridde: Rotter, dann kannst du sein Auto behalten. Er brauchts nicht mehr. Die Nation der Wanderer.
Alle, außer Rotmaler, lachen.
Polizist *auf dem Motorrad zu Rotmaler:* Steigen Sie auf.
Rotmaler: Dieses Volk wird büßen. Zweitausend Jahre länger als meins. *Steigt auf.*
Ehm: Der Meister hat gesprochen.

Polizist und Rotmaler ab.

Rotter: Das ist Geschichte, Ehm. *Ab.*
Ehm: Der Hund. Der hat den Bogen raus. Der bringts noch bis zum Präsidenten.

ROTTER UND ELISABETH

1.
Zimmer.
Auf tritt Elisabeth.

Elisabeth: Ich richte das Zimmer, Karl. Bleib wo du bist. Da stehen noch Tassen und Teller herum. *Sie beginnt aufzuräumen.*
Stimme Rotter: Ich warte und kämm mir die Haare.
Elisabeth: Ja, kämm dir die Haare. Was tust du jetzt.
Stimme Rotter: Und du.
Elisabeth: Ich werfe das Kissen auf. Hast du gesehen, wie

sie uns hinterhergestarrt haben, als wir an der Garderobe
vorbeigegangen sind.
STIMME ROTTER: Ich habs nicht gesehen. *Pause.* Elisabeth.
ELISABETH: Was ist.
STIMME ROTTER: Hattest du viele Männer.
ELISABETH: Warum fragst du das. *Pause.* Soll ich dich auch
fragen.
STIMME ROTTER: Nein. *Pause.*
ELISABETH *singt*:
 Es sollte ein Kind zur Schule gehn
 ein Kind von sieben Jahren
 Da kam es längs den Rosenbaumgarten
 wo viele Kaninchen waren.
 Das wurde dem Kind seine Mutter gewahr,
 und wollt die Kaninchen erschießen.
 Das wurden die Herren von Groben gewahr,
 sie ließen das Kind einschließen.
 Das wurde dem Kind seine Mutter gewahr,
 sie schmierte sogleich ihre Schuh,
 sie schmierte ihre Stiefel
 und eilte darauf ihrem Kindlein zu.
 Ach, Herren, ach liebste Herren mein,
 ach schenkt meinem Kindlein das Leben.
 Ich hab sieben Söhne so fein,
 die will ich euch all dafür geben.
 Kennst du das.
STIMME ROTTER: Sing weiter.
ELISABETH: Gefällts dir. *Pause, sie singt weiter.*
 Dein Söhne, die sieben wollen wir nicht,
 die sind ja so fein und bleiben am Leben.
 Es kann ja nicht anders, nicht anders sein,
 dein Kindlein, das müssen dem Henker wir geben.
 Das Kind wohl auf der Leiter war,
 wohl auf der ersten Sprosse.
 Da flehte es die Mutter Gottes an,
 sie sollt es nicht verlassen.
 Das Kind wohl auf der Leiter war,
 wohl auf der dritten Sprosse.
 Da sah es von weit und fern,
 drei Brüder auf ihren Rossen.
 Ach Brüder, ach liebste Brüder mein,

gebt eurem Roß die Sporen.
Wenn zwölfe die Glocke schlägt,
dann wird mein Leib geschoren.
Es flogen drei Tauben übers Galgenhaus,
man meinte es wären drei Raben.
Es waren der himmlischen Engel drei:
„Ach Kindlein, wir müssen dich rauben."
Es flogen drei Raben übers Grafenhaus,
man meinte es wären drei Raben.
Es waren der höllischen Teufel drei:
„Ach Herren, wir müssen euch haben."
Ich hab es von meiner Großmutter gelernt. Was machst du, Karl.

STIMME ROTTER: Nichts.

ELISABETH *beginnt sich auszuziehen*: Sie müssen alle machen, was du sagst, stimmts.

STIMME ROTTER: Ungefähr.

ELISABETH: Was macht ihr.

STIMME ROTTER: Alles. Gräbenausheben hinterm Museum. Geländespiel, Brückenbau. *Pause.*
Elisabeth. Sing die zwei letzten Strophen noch einmal.

ELISABETH: Warum?

STIMME ROTTER: Sing sie nochmal.

ELISABETH *im Bett*:
Es flogen drei Tauben übers Galgenhaus,
man meinte es wären drei Raben.
Es waren der himmlischen Engel drei:
„Ach Kindlein, wir müssen dich rauben."
Es flogen drei Raben übers Grafenhaus,
man meinte es wären drei Raben.
Es waren der höllischen Teufel drei:
„Ach Herren, wir müssen euch haben."
Ich bin im Bett. Du kannst hereinkommen.

STIMME ROTTER: Ich will nicht.

ELISABETH: Was ist los mit dir.

STIMME ROTTER: Ich weiß nicht. Du hättest das Lied nicht singen sollen.

ELISABETH: Aber du wolltest es hören. *Pause.*
Soll ich das Licht ausmachen. *Tut es.*

STIMME ROTTER: Ist es aus.

ELISABETH: Ja.

STIMME ROTTER: Ich hab von deinem Zimmer geträumt. Du hattest dich ausgezogen und hattest ein Fell auf dem Körper. Kaninchenfell. Dann bin ich aufgewacht.

ELISABETH: Wie redest du. Du warst noch nie in meinem Zimmer. *Pause.*
Hast du schon mal mit einer Frau geschlafen. *Pause.*
Du machst mir Angst. Ich denke, du bist einer, der Frauen gern weinen sieht. *Pause.*
Lauter: Karl. *Schreit:* Karl. *Pause.*
Jetzt hab ich Angst.

2.

Feld. Schnee.
Rotter, Elisabeth, exerzierende Soldaten.

ROTTER: Präsentiert das Gewehr. Links um. Im Gleichschritt Marsch.

ELISABETH: Zwei Tage, Karl. Nicht mehr.

ROTTER: Was du für Schuhe anhast. Im Winter.

ELISABETH: Der Doktor meint, es geht.

ROTTER *lacht*: Die elegante Dame, was.

ELISABETH: Jetzt ist es zu spät. Wir wollen nicht mehr drüber sprechen.

ROTTER *lacht*: Zu spät. Und wer hat mich gefragt, als es noch nicht zu spät war.

ELISABETH: Ich bin den langen Weg zu dir gefahren. Ich bin zwei Stunden durch den Schnee gegangen.

ROTTER *schreit zu den Soldaten*: Becker, Kloppenburg. Denkt ihr, ich seh nichts. Dritter Zug, links schwenkt Marsch, geradeaus. Auf der Stelle. Halt. Links um. Becker, Kloppenburg, zu mir.

Beide Soldaten treten vor, salutieren.

Was habt ihr euch dabei gedacht. Rauchen im Glied. Seid ihr vollständig wahnsinnig. Das Land im Krieg. Ist das ein Witz, daß man drei Wochen vor dem Einsatz raucht in der Ausbildung.

BECKER: Wir dachten, Sie hätten ...

ROTTER *unterbricht ihn*: Solche wie ihr rauchen noch im Schützengraben. Beide zehnmal um den Zug im Laufschritt. Soll ich euch an die Front schicken mit nichts im Kopf als Zigaretten und nach zehn Minuten habt ihr eine Kugel unter der Frisur. Wollt ihr das.

KLOPPENBURG: Zu Befehl.
ROTTER: Dritter Zug, links um. Im Laufschritt. Marsch. Bekker, Kloppenburg, zehn Runden um die Einheit.
Sie tun es.
ELISABETH: Karl. *Pause.*
　Hast du mich nicht mehr lieb.
ROTTER: Ich wollte das Kind.
　Lacht: Die Schuhe. Zum Lachen.
ELISABETH: Ich hab sie vor der Fahrt gekauft. Für dich.
ROTTER: Ich kann jetzt nicht mehr reden. Ich schreib dir. Zum Lachen, im Winter solche Schuhe.
ELISABETH: Jetzt weiß ichs. Du hast mich nicht mehr lieb. *Geht, bleibt stehen.*
　Schreib bald, Karl. *Ab.*
ROTTER *schreit*: Becker, Kloppenburg, ins Glied. Die Zigaretten her.
Beide werfen die Schachteln auf den Boden. Rotter zertritt sie.
　So haltbar seid ihr. *Lacht.* Menschengeschlecht aus Pappe.

3.
Abschied.
Bahnhofshalle. Rotter mit Koffer. Elisabeth im Brautkleid, Hauptmann, Frau Rotter, Herr Rotter, Maschke, Klinker, Ehm, Stridde, Fräulein Berthold. Alle mit Bierflaschen auf den Bänken.

MASCHKE *betrunken*: Rotter, was willst du in Berlin. Ich sage dir, die Heimat ist das Schönste. Ich habe mich immer geekelt vor dem Bahnhof. Stimmts, Klinker.
KLINKER *liest an der Wand*: 16 Uhr 30 Zug hält nicht auf diesem Bahnhof. 17 Uhr 20 Zug hält nicht. Was hält hier überhaupt.
MASCHKE: Ich hab dich gefragt. Geh von dem Fahrplan weg. Der macht mich melancholisch.
HAUPTMANN *verächtlich*: Zivilist. Saufen wie die Großen, vertragen wie die Kinder.
HERR ROTTER: Da gebe ich Ihnen recht, Herr Hauptmann. Als ich 1916 zwei Kilometer hinterm Schützengraben ...
FRAU ROTTER: Das interessiert doch heute keinen.
HAUPTMANN: Gnädige Frau, das ist nicht wahr. In diesem Land hat es die Jugend leider zu selten interessiert, was

ihre Väter begriffen haben. Die Spanier, Franzosen, Engländer sind anders. Ich weiß, wovon ich rede. In diesen Ländern ist Tradition kein verächtlicher Begriff. Aber auch das ändert sich hier zum Glück. Auch wenn es leider ein Krieg sein muß, der die Wandlung bewirkt. O Volk, das du so blöde deine eigne Seele leugnest, sagt Hölderlin, o Volk, gedankenvoll und tatenarm.

Maschke: Hölderlein. Jawohl. Ich kenn den Mann. Ich hab ihn nach dem Abitur in meine Abteilung geholt, stimmts, Klinker. *Lachen.*

Rotter: Ich bitte um Ruhe.

Hauptmann: Der zukünftige Gruppenführer spricht. Ruhe bitte. Rotter, du hast das Wort.

Rotter: Liebe Elisabeth, die ich geheiratet habe eben und schon verlassen muß, werter Hauptmann Körner, der Sie mir ein Vorbild waren im zweiten Ausbildungsregiment als Kompaniechef, liebe Eltern, die ihr mich gelehrt habt, was ich im Leben gut verwenden will, wertes Fräulein Berthold, das mir Lesen und Schreiben beigebracht hat in der Schule, Herr Klinker, der sich meiner annahm, als ich zur Bewegung stieß, Herr Maschke, der mir den ersten Posten übertrug ...

Maschke: Wer warst du denn vorher ...

Hauptmann: Reißen Sie sich zusammen, Mann.

Maschke: Ach, Ärzte überall. *Sein Kopf sinkt auf die Brust.*

Rotter: Ehm, Stridde, mit denen ich zusammen die ersten Schritte übte in der Bewegung, ihr seid alle zusammengekommen, um mich zu verabschieden aus meiner Heimatstadt in unsre Hauptstadt. Bitter ist der Anlaß. Unser Volk steht heute im schweren Kampf für eine große Sache. Alle Mächte der Welt haben sich verschworen, dieses Land zurückzustoßen in die Sklaverei, dieses Volk, das den schönen Traum verficht von einer Welt, die keine Grenzen kennt, von einem Weltvolk mit einer Sprache, einer Kultur, einer Regierung. Das ist ein Traum, den Deutschland kämpft in dieser schönen und wahren Stunde gegen die Mächte der Finsternis, des Kapitals, der Zerrissenheit. In eben dieser Stunde trennen sich zwei Menschenkinder, Elisabeth und ich, mit dem Versprechen, einander treu zu bleiben, zum Wohle des Landes. Wie wir, Elisabeth und ich, sollen die Völker, die uns noch bekämpfen, einander treu zur Seite stehn. Was unsre Soldaten vorwärtstragen, ist der gleiche Gedanke, den wir, Elisabeth und ich, einander versprochen haben: Nicht geteilt in Länder, Städte, Menschen sind wir stark, sondern als ein gewaltiger Menschenleib, ein großes Volk von Ost nach West, von Nord nach Süd.

Auf tritt Lackner mit einem Bündel, von den anderen unbemerkt.

Wie Mann und Frau erst als ein Körper vollständig sind, sind es auch die Nationen dieser Erde. Der Kampf den wir heute erleben, ist die Geburtswehe der neuen Welt, das Blut ist der unerläßliche Blutsturz ihrer Niederkunft. Die Schreie sind die Schreie der Gebärenden Zeit wie der gebärenden Frau. Aber schön und weiß wird unser Volk, die Völkergemeinschaft wie ein Kind aufstehen in die bessere Zukunft. *Beifall, Bravorufe.*

ELISABETH: Wie schön du sprechen kannst. *Küßt Rotter.*
HAUPTMANN: Stoßen wir darauf an. *Sie heben die Flaschen.*
LACKNER: Prost, die Herrschaften. Seht an, Herr Rotter geht auf Reisen. *Alle herum.*
HAUPTMANN: Wer ist denn der.
STRIDDE: Was ist mit deinem Auge.
EHM: Laß doch den. Du weißt doch, was das für einer ist.
HAUPTMANN *zu Rotter*: Kennst du den Menschen.
LACKNER: Erklärs ihm, Rotter. Oder kriegst du dein Maul nicht auf.
HERR ROTTER: Lassen Sie diesen Ton, junger Mann. Sie wissen wahrscheinlich nicht, wen Sie vor sich haben.
ROTTER *zum Hauptmann*: Das ist Herr Lackner. Wir waren zusammen in der Schule vor der Lehre. Später haben wir uns aus den Augen verloren.
LACKNER *lacht*: So kann mans auch nennen.
HAUPTMANN: Woher kommen Sie, Mann, und wie erklären Sie Ihr heruntergekommenes Aussehen.
LACKNER: Fragen Sie Rotter, woher ich komme.
ELISABETH: Laß ihn, Karl. Warum sollst du wissen, woher er kommt. Er ist betrunken.
LACKNER: Du bist auch nicht klüger, als du warst, Elisabeth. Oder stellst du dich nur dümmer als du bist.
HAUPTMANN: Mann, ich warne Sie. Ich ...
ROTTER *unterbricht ihn*: Er kommt aus dem Zuchthaus.

HERR ROTTER: Jeder ist für sich selbst verantwortlich.
LACKNER: Los, Rotter. Erklär es ihm. Oder bereust dus.
ROTTER: Ich bereue nie, was ich mit Überzeugung mach. Ich hab ihn angezeigt. Diebstahl und Raub. Er ist in Wohnungen von Verhafteten eingebrochen, nachdem sie von der Polizei versiegelt waren. Die Beute wollte er im Schuppen hinter unserm Organisationslokal verstecken und mich dazu gebrauchen hineinzukommen. Ich hab mich dreimal geweigert, dann hab ich es gemeldet.
LACKNER: Sechs Jahre, Junge, hast du mir verschafft. Herzlichen Glückwunsch.
HAUPTMANN: Die können Sie auf Ihr Konto buchen. Sie hatten Ihren Auftritt. Sie werden nicht mehr benötigt.
LACKNER: Sendepause, Onkel. Hast du nichts zu sagen, Rotter. Willst du mir nicht wenigstens ein Bier anbieten, damit ich auf unser Wiedersehen anstoßen kann.
ROTTER: Laß mich in Ruhe Lackner. In zehn Minuten geht mein Zug.
LACKNER: Die zehn Minuten reichen mir, die Rechnung zu kassieren für das da. *Zeigt auf sein Auge.*
ROTTER: Damit hab ich nichts zu schaffen.
LACKNER: Wer hat mich sonst dahin geschickt, wo sies mir ausgeschlagen haben.
ROTTER *zu Ehm*: Gib ihm dein Bier.
FRAU ROTTER: Du bist zu gutmütig, Karl. Warum schickst du ihn nicht weg.
ROTTER: Sei still.
ELISABETH *leise*: Feigling.
ROTTER: Was hast du gesagt.
LACKNER: Sie hat Feigling gesagt. Gedacht hat sies schon länger. *Stille.*
HAUPTMANN: Noch ein Wort und ich hol die Polizei, Herr Lackner.
LACKNER: Hören Sie doch auf, Großmaul. Sie glauben wohl, er hat mir sechs Jahre eingeschenkt aus Staatstreue, gesellschaftlicher Wachsamkeit. Er hat mich angezeigt, weil ich vor ihm mit der da zusammen war. *Zeigt auf Elisabeth.*
ELISABETH: Du Schwein, Lackner.
ROTTER *springt auf*: Was lügst du. Sag das nochmal.

LACKNER *lacht*: Spiel dein Theater andern vor. Jetzt tut er so, als hätt ers nicht gewußt.
ROTTER: Daß du ein Gauner bist, Lackner, das habe ich gewußt, aber daß deine Fickprotzereien Angabe sind, ist neu.
LACKNER: Du scheinheiliger Affe. Du wußtest es genau. Dein Bier trink ich nicht, Rotter. *Schüttet ihm das Bier ins Gesicht, packt ihn am Anzug.*
FRAU ROTTER: Karl. *Zu Lackner:* Lassen Sie ihn doch.
LACKNER: Komm raus, oder willst du Publikum. *Zerrt Rotter zum Tisch.*
ROTTER *zu Elisabeth*: Ist es wahr.
LACKNER: Hast dus ihm wirklich nicht gesagt, Elisabeth. Noch schlimmer für dich, du Hund. Dann wars nicht Geilheit, sondern Dienstgeilheit. Dann kriegst du das Doppelte. *Zerrt Rotter hinaus.*
HAUPTMANN: Wollen Sie hier sitzen bleiben, während der meinen Mann zusammenschlägt. *Springt auf, die anderen außer Fräulein Berthold und Maschke folgen ihm.*
FRAU ROTTER: Karl, Hans hilf ihm. *Alle ab.*
FRL. BERTHOLD *nach einer Pause*: Er war mein bester Schüler. Ich seh noch, wie er in der letzten Reihe saß, aus dem Fenster sah und träumte. Wenn ich ihn fragte nach dem Entstehen von Kumuluswolken, sah er mich an wie aus einer andren Welt. Dann antwortete er. Leise, aber immer richtig. Verstehen Sie.

Maschke stöhnt, den Kopf immer noch auf der Brust.

Spielerisch. Das ist das richtige Wort. Er lernte wie im Spiel. Er war ein schöner Junge. Jetzt hat er noch ein Auge und war sechs Jahre im Gefängnis. Und ist ein schmutziger großer Mann. Kumuluswolken. 600 bis 2000 Meter Höhe. Niedrigste Schicht. Was war ich für eine Lehrerin.

Auf tritt Rotter blutend. Er hält sich den Kopf, setzt sich.

FRAU ROTTER: Wo sind die anderen. Du blutest. *Zieht ihr Taschentuch heraus, gibt es ihm.*
ROTTER: Ich hab es nicht gewußt. *Wischt sich das Blut ab.* Sie sind ihm hinterher. Elisabeth und meine Mutter sind nach Hause. Telefonieren. Ich will sie alle nicht mehr sehen.

NACHTS SINGEN DIE SOLDATEN

1.
Ein Transformatorenhaus. Nacht. Sterne. Grabow, Kutz, Tetzner mit Gewehren.

GRABOW *streichelt das Gewehr*: Der Schwung im Schaft. Noch weicher als die Hüfte einer Frau. Vom Holz gar nicht zu reden: Glatt wie die Innenseite eines Mädchenschenkels. Nichts geht über diesen Höhepunkt menschlicher Erfindungskunst.
Noch eben eine Frau, verwandelt es sich schon ins Gegenteil:
der Tod. Nichts andres als den Tod halt ich in meiner Hand.
Könnt ihr nicht sehn. Was schlabbern da die Lyriker vom Tod
als Rudermann über den großen Fluß vom hellen Ufer in die Dunkelheit. So sieht er wirklich aus: Poliertes Holz, schimmernder Stahl und in der Mitte die Klitoris. *Spielt am Abzugshebel.*
Das ist entscheidend. Mischung zwischen Mann und Frau ist das Gewehr, weil,
laß ich den Kitzler springen, spritzt der Samen-Strahl als ein
Orgasmus in das fremde Fleisch. Höchste Verbindung zwischen Sinnlichkeit und Industrie und Mann und Frau und Kampf und Lust.
KUTZ: Das Warten macht ihn geil. Schick einen in den Krieg vor er
in einer Frau war, und er verschießt, vor es draufankommt, seinen Samen
in die Hose. Der steckt sich noch den Lauf ins Arschloch und schießt
das Herz sich aus dem Maul. Vorsicht, Tetzner, daß Grabow nicht den ersten besten Feind anfällt und vergewaltigt.
Das wäre gegen das Gesetz zum Schutz von Kriegsgefangenen.
TETZNER: Der wird schnell ruhig, wenn Rotter wiederkommt und ihm, wenn
er ihn so daliegen sieht, aufs Köpfchen klopft. Dann wird

ihm die Natur vergehn. *Ahmt Grabow nach.*
„Ich melde, Gruppe in Bereitschaft.
Keine Feindberührung." Und Rotter tritt ein wenig nach:
„Vom Wahnsinn angefaßt, Mann. Land von drei Armeen fast vollständig besetzt,
und er glotzt an die Sterne. Marsch auf den Baum zur Ausschau."
Dann sollst du sehen, Kutz, wie schnell er auf dem Ast sitzt
und vergißt den Unterschied von Mann und Frau.
GRABOW: Was wißt denn ihr. Jede Minute rinnt euch weg zwischen den Händen
ohne Unterschied. Ihr hockt nur da und laßt das Leben weggehen über euch.
Wenn was passiert, merkt ihrs sieben Jahre später.
Das ist der Graben zwischen euch und mir. Ihr könnt nicht drüber.
TETZNER: Ich weiß, ich weiß. Unendlichkeit klopft zwischen deine Schulterblätter,
wenn du die Sterne anstarrst über dir. Ich kenns schon auswendig.
Der Mensch braucht einen Waffengang, damit er sich auf die Natur besinnt
und widerhallen hört in seinem Schädel ihr Gebrüll.
Ich hab es in der Schule oft genug gehört von dir. *Lacht.*
Natur. Vorm Transformatorhaus. *Zeigt auf das Haus.*
Hier steht deine Unendlichkeit.
KUTZ: Er gibts auch schriftlich. *Zieht einen Zettel heraus.*
Kennst du das, Grabow.
GRABOW: Gib her. Sofort. Kameradendiebstahl ist das. *Versucht ihm den Zettel zu entreißen. Kampf. Tetzner hält ihn fest.*
KUTZ: „Der Krieg" von Werner Grabow. 16 Jahre.
GRABOW: Gemeiner Hund, du.
TETZNER: Lies vor, Kutz.
KUTZ *deklamiert*: Was hetzt mich hin und her. Was hetzt mich atemlos.
Ich bin der Krieg vorwärtsgetrieben schwer mit Schlag und Stoß.
Ich feg die Erde leer. Ich reib die Frauenaugen wund.
Ich stoß die Länder Städte Häuser in den Grund.

Ich reiß die Leiber aus den Träumen hoch in Scharen.
Frei die Maschinen, die gefesselt waren.
Entfesselt Förderband und Bohrwerk, Fluß und Baum.
Aufspringt die träge Welle, hoch mit rotem Schaum.
TETZNER: Bravo, Grabow. Wo hast du das abgeschrieben.
GRABOW: Was versteht denn ihr.
KUTZ *deklamiert weiter*: Ich brech die Wände auf. Ich brech
                        den Himmel frei.

Tetzner lacht.
Die fahlen Götter stürzen nieder mit Geschrei.
Wer hetzt mich hin und her. Wer hetzt mich atemlos.
Wer reißt vom sichren Ufer immer wieder ab das Floß,
treibts schnell ins offne wilde Meer
und stürzt sich hinterher
voll Angst in seinen Adern, voll von scharfer Lust,
mit aufgerissenen Augen, aufgesprengter Brust.
Der Mensch auf diesem Stern: ein unbehaustes Tier,
den Schädel voll, die Sinne leer.
Das frißt sich selbst voll Haß und Gier.
Das hetzt mich atemlos. Das hetzt mich hin und her.
TETZNER: Das hetzt ihn hin und her.
Lacht: Jetzt wissen wirs genau, Grabow. Eine Eins ins
Klassenbuch. Nehmt euch ein Beispiel.
KUTZ: Da hast dus Tetzner. Der Krieg macht nicht nur die
Maschinen frei, er macht dazu aus Schülern Dichter.

2.
Trümmer, Dämmerung. Die Vorigen.

GRABOW: Still. Hört ihr nicht.
KUTZ: Darauf fällt keiner rein, Mann.
TETZNER: Er hat recht. Einer kommt. Deckung.
*Sie verstecken sich. Auf tritt Lackner in Frauenkleidern. Er hetzt
über die Trümmer, sich nach allen Seiten umsehend.*
GRABOW: Stehenbleiben. Halt, ich schieße.
*Schießt in die Luft, Lackner stoppt, hebt die Hände. Grabow, Kutz,
Tetzner aus ihren Verstecken.*
TETZNER: Wohin des Weges, schöne Frau. Zu uns nicht
etwa. Zu viel Ehre.
KUTZ: Vielleicht ist sie geschickt zwecks Verbesserung der
Truppenlaune.
GRABOW: Papiere. Tempo. Woher. Wohin.

LACKNER *leise*: Ich habe nichts getan.
GRABOW: Ich verstehe nichts, Frau. Sprechen Sie lauter.
TETZNER: Ich sage dir, Grabow. Truppenbetreuung. Damit wir uns nicht fürchten in der Nacht.
Hebt mit dem Gewehr den Rock an.
Polier ... Mein Eisen, Kleine.
KUTZ: Sieh dir das an. Stiefel.
GRABOW: Ich verstehe. *Reißt Lackner das Tuch vom Kopf.* Das ist ein Fisch im Netz.
LACKNER: In Ordnung, Jungs, ihr habt es rausgefunden. Jetzt nehmt die Flinten runter.
GRABOW *lacht*: Das könnt dir so passen, Deserteur.
KUTZ: Nicht dumm, der Knabe. Als Lieschen heimwärts.
TETZNER: Vielleicht ist er als Komiker abgestellt fürs Kabarett bis nach dem Endsieg.
Kutz und Tetzner lachen.
LACKNER: Endsieg. Da lach ich auch. *Lacht.*
GRABOW: Papiere. Und zwar schnell. Sonst gehst du an die Wand. *Drückt ihm das Gewehr in die Seite.*
LACKNER *springt über die Trümmer*: An welche Wand. An die hier. Oder die. In diesem Land wirst du wohl keine Wand mehr finden.
Ernst: Jetzt Schluß mit den Witzen. Sie suchen schon den Stadtrand ab.
KUTZ: Wer sucht was.
TETZNER: Er phantasiert.
GRABOW: Er desertiert. Das ist ganz einfach. Darauf steht Todesstrafe. Standrechtlich. *Entsichert.*
LACKNER: Ihr habt zehn Tage lang geschlafen. Der Krieg ist aus. Der Führer ist tot. Deutschland hat ka-pi-tu-liert. Unser Land ist Steppe. Sie tanzen Hopak drauf und Charleston. Jetzt suchen Stoßtrupps die Hauptstadt ab nach geflüchteten Soldaten. Versteht ihr jetzt.
GRABOW: Ich verstehe nur, daß du Witze machst. Vielleicht lacht dort – *er zeigt zum Himmel* – einer drüber.
KUTZ: Ich glaube, er hat recht. Das ist der Grund, warum wir kein Granatfeuer mehr gehört haben.
GRABOW: Du bist ruhig, Kutz.
TETZNER: Wir sollten ihn verhaften und warten, bis Rotter wiederkommt vom Munitionsempfang. Nichts übereilen.
LACKNER: Rotter. Der kommt nicht wieder. Der räumt

schon Trümmer hinterm Hauptquartier. Ich hab ihn selbst gesehen. Er hat sich denen zur Verfügung gestellt. Für die Leichenbergung.
Lacht. Der baut die neue Ordnung auf. Auf den braucht ihr nicht zu warten. Der hat schneller wieder einen Posten, als ihr ein Mittagessen habt.
GRABOW: Halt die Schnauze, Feigling.
KUTZ: Was du vorhast ist Mord, Grabow. Wenn wirklich Frieden ist, steht darauf die Todesstrafe.
LACKNER: Haltet den Irren zurück. Was ich sage ist die Wahrheit.
GRABOW *schreit*: Nichts ist wahr. Rotter kommt zurück.
KUTZ: Mach das allein, Grabow. Du bist verrückt geworden. *Will gehen.*
GRABOW: Bleib stehen, Kutz.
Schreit: Bleib stehen, Mann. Ich schieße.
KUTZ: Das will ich sehen.
Geht weiter, Grabow schießt ihm in den Rücken, er bricht zusammen.
TETZNER: Schwein, Grabow.
Schießt auf Grabow. Grabow bricht zusammen.
LACKNER *reißt einen Stein hoch, schlägt ihn Tetzner über den Kopf*: Da. Bevor der auch noch durchdreht.
GRABOW *kriechend*: Warum hast du das gemacht, Tetzner. Er hat gelogen.
TETZNER: Es tut so weh.
KUTZ: Sterne, Grabow. Jetzt kannst du hin.
Zu Lackner: Hau ab. In deinen Frieden.
LACKNER *bindet sich das Kopftuch um*: Ihr habt ihn. *Ab.*
Grabow, Kutz, Tetzner kriechen sterbend durch die Trümmer zueinander.
GRABOW: Kutz, wo bist du. Gib mir mein Gedicht zurück. *Stirbt.*
KUTZ: Tetzner, ich sterbe. *Stirbt.*
TETZNER: Gib ihm sein Gedicht zurück. *Stirbt.*

3.
Tag. Die Alten Kinder ziehen Grabow, Kutz und Tetzner aus und waschen sie.

DIE ALTEN KINDER: Geh jetzt nicht weiter, Rotter. Bleib stehen und sieh dich um. Mit Fratzen aus Stein starren deine Jahre dich an. Geh jetzt nicht weiter. Zeig uns den Weg ins Leere. Dreh dich um. Was dort im Dunkel gähnt wie ein blutiges gelangweiltes Maul ist der Schoß, aus dem du schreiend gekrochen bist. Was da in der Dämmerung hinter dir flüstert, sind die Stimmen, mit denen du geschrieen hast. Sag jetzt nichts. Geh jetzt nicht weiter. Zeig uns den Weg ins Leere. Was dort in der Dämmerung vor dir gähnt wie ein schwarzer gelangweilter Schoß ist das Loch, in das sie dich schmeißen werden, wenn dir dein Atem stehenbleibt, ist das Loch in diesem Planeten, der nicht aufhört, sich zu drehen. Bewege dich jetzt nicht. Atme jetzt nicht, Rotter. Du fängst an, du hörst auf. Laß dich fallen. Warum suchst du einen Halt. Klammere dich nicht an den Leib, der neben dir liegt. Er kann aufstehen und weggehen. Er kann niederfallen und aus sein. Laß ihn. Laß deine Arbeit liegen, Rotter, oder mach weiter. Gib deine Aufgabe auf, oder gib sie nicht auf. Geh jetzt nicht weiter. Bleib stehen. Zeig uns den Weg. Geh ihn mit uns. Krall deine Zehen unter die Füße, schlag deine Nägel zwischen die Schenkel. Hör auf das Summen in deinen Adern, hör auf das Rauschen in deinen Ohren. Du hast keine Aufgabe. Du hast keinen Nachbarn. Hör nicht auf die Stimmen, die sagen, daß du eine Aufgabe hast. Du bist die Aufgabe. Du bist die Lösung. Laß deine Arbeit, bevor sie zu Ende getan ist, stoß den Leib weg, bevor er dich nicht mehr losläßt, spring in die Grube, bevor du gestoßen wirst. Geh nicht weiter, bevor du gestanden hast, Rotter. Warum bleibst du nicht stehen. Warum zeigst du uns nicht unseren Weg. Wohin sollen wir gehen ohne dich. Du hast nichts gesehen. Du hast nichts gehört. Über dir hat sich der Himmel um Zentimeter gesenkt. Unter dir hat sich die Erde einen Spalt weit geöffnet. Geh weg. Geh weiter. Du bist nicht stehengeblieben. Du hast uns den Weg nicht gezeigt ins Leere. Wir kennen dich nicht mehr.

Die Geister von Grabow, Kutz und Tetzner stehen auf. Die Alten Kinder stützen sie bei ihren Gehversuchen. Alle zusammen ab.

WASSER

Baubüro. Dehler am Schreibtisch. Rotter davor.

ROTTER: Du kannst reden, was du willst, du redest dich nicht raus. Ich hab es nach oben weitergemeldet. Du hast ihnen Urlaub gegeben. Meiner Brigade über meinen Kopf.

DEHLER: Sie warn zum Schichtbeginn zurück. Mehr kann ich nicht verlangen. Beim besten Willen. Und wenn dus zehnmal weitermeldest.

ROTTER: Ich kenne deinen besten Willen. Der reicht bis hierher.
Holt unter dem Schreibtisch eine Schnapsflasche hervor und stellt sie darauf.
Bis an die nächste Flasche Korn. Anordnung ist: Kein Urlaub an den Wochenenden. Wie oft hab ich verlangt: Schachspiel, Exkursionen, alles, was du willst, aber kein Urlaub. Ich bin verantwortlich für vierzehn Leute, du für 100. Sind das 100 zuviel.

Auf tritt Sekretärin.

SEKRETÄRIN: Sie sind jetzt da, Kollege Rotter. Soll ich sie reinschicken.

DEHLER: Wer ist da.

ROTTER: Das klärn wir später.
Zur Sekretärin: Sie sollen warten. Zehn Minuten. *Sekretärin ab.*
Dehler, du hast den Überblick verlorn hinterm Schreibtisch.

DEHLER: Überblick.
Lacht. Sie laufen uns weg, Rotter, wenn ich ihnen keinen Urlaub geb. Der Bauer läßt Leine, wenn er nur Hilfe hat. Dann stehn wir beide hier im Hemd. Exkursionen, Schachspiel.
Lacht. Damit hältst du keinen. Sie brauchen Luftveränderung, verstehst du nicht. Es sind junge Männer. Ich habe ihnen gesagt: Fahrt in die Stadt, morgen abend seid ihr wieder hier. Sie habens mir versprochen. Ich habs geglaubt. Das war mein Fehler. Ich bin nicht nachts in die Baracken gekrochen, nachspionieren, ob sie wieder da sind. Ich habe nicht gesehn, daß sie erst Montagmorgen

angekommen sind und gleich vom Bahnhof in den Steinbruch gerannt. Du hasts gesehen. Bravo. Du bist der Größte. Und noch was. Der Korn ist meine Sache, wenn die Arbeit stimmt. Ich bin nicht Jesus, ich brauche mehr als Wasser, wenn ich predigen soll. Besonders, wenn es Wasser ist, was ich predige. Und andres hab ich nicht zu bieten. Verstehst du das. Ich werde ihnen wieder Urlaub geben nächstes Wochenende. Ich werd mich wieder mit der Flasche Korn in mein Büro setzen nächstes Wochenende, und du wirst dich wieder beschweren wie jede Woche. Setz dich, Rotter.

ROTTER: Ich will mich nicht setzen.

DEHLER: Dann bleib stehen. Vielleicht verstehst dus besser so. Und daß du es verstehst ist wichtig. Ich sage es nur einmal. Ich bin jetzt 50 Jahre alt. Ich habe eine Frau, die ich liebe und die für mich ihr blaues Kostüm anzieht, wenn ich sie darum bitte. Ich habe eine Frau, die Fische verkauft seit 25 Jahren. Ich habe eine Frau mit der ich einschlafen will und aufwachen auch. Aber ich bin hierhergegangen, eine Talsperre bauen. Ich schlafe allein ein und wache allein auf. Und ihr geht es nicht anders, ich hoffe es jedenfalls. Ich bin nicht hergekommen, weil im Rundfunk gesagt wurde: Das Land braucht Trinkwasser, das Volk vollbringt die große Tat an dieser Stelle. Ich bin hierhergegangen, weil meine Frau gesagt hat: Geh zur Talsperre, Werner, da lernst du was, bleibst die letzten 15 Jahre nicht Maurer, wirst Polier vielleicht, wenn es auch schwer ist für uns beide. Wir haben beide was davon, wenn du zurück bist. Du kriegst das Doppelte jeden Monat, und deine Frau bleibt zu Haus und stinkt nicht mehr nach Fisch. Das hat sie gesagt und ich bin hierhergekommen zum ersten großen Volksbau nach dem letzten großen Krieg, wie du es ausdrücken würdest. Ich bin nicht Polier geworden. Hier wird keiner Polier. Hier werden Steine aus dem Berg gerissen und gewaschen und aufeinandergeschmissen wie in der Urzeit im Neandertal. Und ich sitz drüber, verteil Barackenplätze, bestelle Butter, Decken und schreib Urlaubsscheine aus. Das nennt man Einsatzleiter. Hier gibt es nichts zu lernen für einen, der Maurer gelernt hat. Was zu lernen gibt es erst, wenn ich hier überflüssig bin. Dann kommen Ingenieure für

Elektrotechnik. Wasserwirtschaft: Spezialisten. Und ich kann gehen. Wohin. Zum nächsten kahlen Fleck auf der Landkarte, auf den ein Werk hin soll. Decken, Butter, Urlaubsscheine. Und schlafe wieder allein ein und wache wieder allein auf. Warum mach ich es wieder, Rotter. Du wirst es nicht verstehn. Ich sag es dir: Weil ich nicht vor meiner Frau im Flur stehen will und sagen: Da war nichts mit Polier, geh weiter deinen Fisch verkaufen, schrubb dir den Gestank weiter von den Händen, wenn du nach Hause kommst, ich habe nichts dazugelernt. Ich bleibe Maurer, du mußt mitverdienen, es bleibt bei unserer kleinen Lüge vom Polier. *Lacht.* So haben wir beide, sie und ich, einen Grund für unsere Arbeit.

ROTTER *nach einer Pause*: Deine Frau ist kein Grund, daß du meinen Jungen Urlaub gibst. Sie kommen aus dem Tritt, der Bau kommt aus dem Tempo.

DEHLER: Du hast nichts verstanden. Ich will nicht, daß es ihnen geht wie mir. Sie sollen tanzen in der Kreisstadt bis sie umfallen, auch wenn das auf die Leistung schlägt am Wochenanfang. Sie sollen unterm Mond spazierengehen mit blonden Mädchen in leichten Kleidern. Das machts mir leichter, wenn ich mit meiner Flasche Korn am Schreibtisch sitz und dreihundert Kilometer von hier Hilde mit ihrem Kirschlikör am Küchentisch. Ich will, daß sie für drei Mark zwanzig Eintritt mehr von ihrem Leben haben als ich von meinem.

ROTTER: Ich hab dich reden lassen, Dehler. Lange. Ich hab dir zugehört, jetzt wirst du mir zuhören. Und eins hörst du vor allem andern: Du bist abgesetzt. Das ist Beschluß vom Kreis. Wenn du aus dieser Tür gehst, gehst du zum Grabenschaufeln. Ich übernehme deinen Platz und meinen übernimmt Koslowski. Ich sag dir gleich den Grund dazu: Du bist falsch für den Posten, weil du recht hast. Ich habe hier gestanden, dich angesehen und gedacht: Ich würd sie auch in Urlaub schicken für den Sonntag, in die Kreisstadt tanzen. Solln sie von ihrer Jugend mehr haben als Steine waschen. Wenigstens am Wochenende. Ich hab dir weiter zugehört, als du von deiner Frau mit ihrem Kirschlikör erzählt hast und von deinem Schnaps, mit dem du Wasser predigst. Da wurde mir die Kehle trocken und ich wollt was trinken. Wasser oder Korn, mir wars

egal. Ich hätte fast den Hörer aufgehoben vom Telefon und die Kantine angerufen: Bringt was vorbei, der Einsatzleiter sitzt im Trockenen. Ich habe es nicht getan. Warum, Dehler. *Pause.*
Kannst dus mir sagen.

DEHLER *steht auf, geht zum Fenster, sieht hinaus*: Such dir ein anderes Rateteam. Ich bin nicht schlau genug für deine Sprünge.

ROTTER *schreit*: Laß deine Sprüche, Dehler. Hier gehts um mehr als um Theater oder Kirschlikör. Hier sitzen mehr im Trockenen als ein Einsatzleiter. Ein ganzes Volk hat Durst, begreifst du das immer noch nicht. Ein ganzes Volk hat sich den Atem aus der Brust gehetzt in einem Kampf um eine bessere Zukunft. Und. Es ist beschissen worden. Jetzt stehts da vor einem Loch, die Zunge hängt ihm aus dem Hals. Zerschlagen die Fabriken, Häuser, Felder. Jetzt braucht es Wasser für die Kehlen, für die Stromversorgung. Für Maschinen. Jetzt muß es wieder hoch und aus dem Loch in der Geschichte reißen einen Berg. Und du. Schickst meine Jungs in Urlaub und Montagmorgen schlafen sie ein über den Steinen. Willst du dafür einen Orden.

DEHLER: Ich dachte, du hättest mehr verstanden, Rotter.

ROTTER: Ich habe mehr verstanden. Die Geschichte von deiner Frau und ihrem Fisch hat mir die Tränen in die Augen getrieben. Bis hierher. *Zeigt auf die Schläfen.*
Aber weiter nicht. Erzähl sie jemand anders.
Reißt den Hörer vom Telefon. Ruf Hitler an. Erzähl dem was von deiner Frau und ihrem blauen Kostüm. Sag ihm, er soll die Uhr zurückdrehn sechzehn Jahre. Na los. Weißt du die Nummer nicht.

Auf tritt Sekretärin.

SEKRETÄRIN: Sie warten immer noch, Kollege Rotter. Ich wollte sie erinnern.

ROTTER *schreit*: Ich rufe, wenn es soweit ist. Sie sollen warten. *Legt den Hörer zurück.*

SEKRETÄRIN: Natürlich, Kollege Einsatzleiter. Ich sag es ihnen. *Ab.*

DEHLER *lacht*: Sie weiß es schon. Ein Wunder, daß du es mir überhaupt gesagt hast. Du wußtest vorher schon, was nachher rauskommt, wenn wir miteinander reden.

ROTTER: Nichts wußte ich. Du hast es mir gesagt. Aber jetzt wirst du staunen.

Ruft: Koslowski. Komm rein. *Setzt sich hinter den Schreibtisch.*

Auf tritt Koslowski, Härtel, Hagen. Die letzten mit Koffern.

ROTTER: Mein Mittel gegen Urlaub, Dehler. Was sagst du dazu. Weiber. Setzen Sie sich, meine Damen. Wie war die Fahrt. Hat der Kollege Koslowski Ihnen den Bau gezeigt.

KOSLOWSKI: Ich bin noch nicht dazu gekommen. Wir sind direkt vom Bahnhof her.

ROTTER: Du wirst es nachholn, wenn wir fertig sind. Wie ist Ihr Name.

HÄRTEL: Härtel, Inge.

ROTTER: Woher kommen Sie. Was haben Sie gearbeitet vorher.

HÄRTEL: Ich hab studiert an der Ballettschule 14 Monate lang. Dann ist mir die Sehne gerissen. Ich wollte zur Schauspielschule. Die Prüfung habe ich nicht bestanden. Sie haben mir gesagt, ich soll zuerst das Leben kennenlernen hier, dann soll ich wieder vorsprechen. So bin ich hergekommen.

ROTTER: Sehr gut. Sie müssen wissen, wir haben keine Frauen hier bis jetzt. Jetzt kommen Sie und sind ein Beitrag noch dazu zur Freizeitgestaltung. Sie können Gedichte aufsagen zum Beispiel, wenn wir ein Kulturprogramm veranstalten am Wochenende. Was haben Sie gespielt in der Schauspielschule.

HÄRTEL: Shakespeare. Maß für Maß. Die Isabella.

ROTTER: Könnten Sie uns nicht eine Probe davon geben.

HÄRTEL: Hier. Jetzt. Das kann ich nicht.

ROTTER: Nur Mut. Hier versteht keiner was davon. Zum Beispiel ich war 15 Jahre nicht mehr im Theater.

HÄRTEL: Ich kann es nicht. Zum Spielen brauche ich eine Umgebung.

ROTTER: Aber ein Gedicht. Das braucht keine Umgebung.

HÄRTEL: Ich weiß nicht. *Pause.* Ich versuchs. *Deklamiert:* „Prometheus" von Johann Wolfgang Goethe.

„Bedecke deinen Himmel, Zeus, mit Wolkendunst und
übe dem Knaben gleich, der Disteln köpft an Bergen dich
und ..."
Ich kann nicht weiter. *Weint:* Ich habs vergessen.
ROTTER: Nicht schlecht, soweit ich es beurteilen kann.
DEHLER: Und das kann der Kollege Zeus.
ROTTER *überhört den Satz*: Sie werden nach der Arbeit das
Laientheater leiten in der Kantinenbaracke. Jetzt zu Ihnen. Ihr Name. Warum sind Sie hergekommen.
HAGEN: Helga Hagen. Ich bin gekündigt worden. Dann bin
ich hergefahren, als ich gelesen habe, daß es hier doppelte Butterration geben soll.
DEHLER: Doppelt ist hier manches andre mehr, Mädchen.
ROTTER: Kollege Dehler, wollen Sie jetzt bitte gehen. Unsre
Dinge sind besprochen, denk ich. Er steht ab heute unter
deiner Leitung, Koslowski.
KOSLOWSKI: Dehler, ich habe nichts dafür getan, ich
hab ...
DEHLER *unterbricht ihn*: Er hat recht, Koslowski. Ich gehe
schon, Rotter. Aber weiter, als du denkst. Hier ist mein
Arbeitsvertrag.
Zieht ihn raus, wirft ihn auf den Tisch.
Bau deine Talsperre allein und schick mir eine Ansichtskarte vom Richtfest. *Geht zur Tür.*
Damit ich weiß, daß du noch lebst. Lebst du noch, Rotter. *Ab, wirft die Tür hinter sich zu.*
ROTTER *nach einer Pause*: Wir waren stehengeblieben bei Ihrer Kündigung, Fräulein Hagen.
HAGEN: Ich bin mit meiner Mutter umgesiedelt nach dem
Krieg und habe Stellung gefunden bei einem Möbelhändler als Mädchen fürs Haus. Vierzehn Stunden am Tag.
Dann kam einer von der Gewerkschaft und hat gefragt:
Arbeitsbedingungen, Entlohnung und so weiter. Ich hab
ihm alles erzählt. Plötzlich sagt er: Das ist ungesetzlich.
Das werd ich ändern. Zwei Wochen später hat der Möbelhändler mich gekündigt.
ROTTER: Wir werden einen passenden Platz für Sie finden,
Fräulein Hagen. Kollege Koslowski wird Ihnen beiden den Bau zeigen. Das meiste werden Sie noch nicht
sehen. Vergiß nicht, ihnen zu sagen, daß die Sperre
640 Meter hoch werden soll. Und sag der Sekretärin

draußen, ich will nicht gestört sein in der nächsten Stunde.
KOSLOWSKI *zu Härtel und Hagen*: Kommen Sie.
Härtel und Hagen ab.
　Da haben wir zwei Fische an der Angel.
　Lacht. Gratuliere, Rotter. *Ab.*
ROTTER *nimmt die Flasche vom Tisch, geht ans Fenster, öffnet es.*
　Damit sie nicht ersaufen. *Gießt die Flasche aus.* Und ich dazu.

PAUSE

IST DENN KEIN MITTEL

Park. Eine Bank. Frau Rotter und Elisabeth. Kinder spielen.

DIE ALTEN KINDER *singen*:
　Ziehe durch, ziehe durch
　durch die goldne Brücke,
　sie ist entzwei, sie ist entzwei
　wir wolln sie wieder flicken.
　Mit was. Mit Gras,
　mit einerlei, mit steinerlei.
　Der erste kommt, der zweite kommt,
　der dritte muß gefangen sein.
FRAU ROTTER: Er ist gestern angekommen. Ich hab dich gleich angerufen im Kindergarten, aber sie haben gesagt, du hast früher Feierabend.
ELISABETH: Schon gut.
FRAU ROTTER: Soll ich ihn vorlesen, oder willst du selbst.
ELISABETH: Wie es dir Spaß macht.
FRAU ROTTER: Elisabeth. Er ist dein Mann.
ELISABETH: Er ist dein Sohn.
FRAU ROTTER: Bist du ganz aus Stein, daß du einer alten Frau nicht eine Freude machen kannst. Und wenn es mit einer Lüge ist.
ELISABETH: Lies.
FRAU ROTTER: Sind wir nicht beide allein. Müssen wir nicht zusammenhalten.
ELISABETH: Lies.
FRAU ROTTER *zieht den Brief heraus*: Was für eine Zeit.
　Liest: „Liebe Mutter. Ich komme erst heute zum Schrei-

ben, weil wir erst gestern mit dem Aufstellen der Barakken für den Bau des Stahl- und Walzwerkes fertig geworden sind. Meine Karten aus Polen und Berlin wirst du sicher schon bekommen haben. Vielleicht haben sie dir einen kleinen Eindruck von den schönen Erlebnissen vermittelt, die ich dort hatte. In Polen haben wir den Erbauern des Hüttenwerkes viele unserer Erfahrungen mitgeteilt, die wir beim Bau der Talsperre gesammelt haben, in Berlin haben wir die Bauten für das große Weltjugendtreffen errichtet, von dem du sicher viel in der Zeitung gelesen hast. Es wurde später ein riesiges Fest, bei dem Jungen und Mädchen aus allen Ländern sich getroffen haben und miteinander gesprochen. Ich habe mir oft gewünscht, daß du das sehen könntest. Besonders oft habe ich daran gedacht, daß es schön gewesen wäre, wenn Lisa auch dabei gewesen wäre, die ja immer großes Interesse an fremden Ländern hatte. So fiel auch ein Wermutstropfen in die Freude. Ich möchte, daß du Lisa das sagst, und wenn sie will, ihr diesen Brief auch vorliest. Sie antwortet mir schon lange nicht mehr, wie du weißt."

ELISABETH *ruft zu den Kindern*: Michael, laß die Blumen stehen. Ich habe es euch dreimal gesagt. Oder wir gehn zurück.

FRAU ROTTER *wiederholt*: „Sie antwortet mir schon lange nicht mehr, wie du weißt. Meine Gefühle für sie haben sich aber nicht geändert. Lisa, du mußt mir das glauben, auch wenn ich es dir nicht sagen kann, wenn ich dir gegenüberstehe und in dein liebes Gesicht sehe. Als wir beim Weltjugendtreffen auf dem Abschlußball getanzt haben und ich am Rand saß, und ich sah die bunten Kleider, habe ich daran gedacht, daß es schwer für dich ist, mit einem Mann zusammenzusein, der dich so allein läßt, der jeden Gedanken an seine Arbeit denkt. Lisa, du mußt mich verstehen. Ich bin an diesem Abend allein in unsre Unterkunft gegangen durch all die Fröhlichkeit, und ich habe gedacht, daß wir zwei Blätter sind von einem Baum, die der Wind abgerissen hat und herumtreibt, jedes auf seine Bahn. Und doch sind wir vom gleichen Baum."

ELISABETH *weint*: Er soll Gedichte schreiben. Kitsch. Vielleicht druckts einer.

FRAU ROTTER: „Und doch sind wir vom gleichen Baum.

Liebe Mutter. Nun habe ich doch den Brief an Lisa geschrieben. Entschuldige. Du wirst mich verstehen. Ich muß jetzt schließen, weil die Bereichsleiter zur Besprechung kommen. Ich küsse dich vielmals. Zeig Lisa den Brief. Dein Karl."

ELISABETH *ruft zu den Kindern*: Michael, ich sag es nicht nochmal. Bleibt von den Blumen weg.
Springt auf, läuft zu den Kindern, schlägt Michael.
Hab ich dir nicht dreimal gesagt, du sollst von den Beeten wegbleiben.

FRAU ROTTER: Elisabeth. Nimm dich zusammen.

ELISABETH *zu Frau Rotter*: Wenn ichs mache, seh ich am Ende aus wie du. Dein großartiger Sohn bügelt dir die Falten nicht glatt, die dir dein Mann ins Gesicht geschrieben hat.

FRAU ROTTER *steht auf, geht*: Was weißt denn du. Wörter. *Ab.*

MICHAEL: Ich sag das meiner Mutter, daß Sie mich geschlagen haben. Das ist verboten. Meine Mutter ist beim Gericht. Sie weiß Bescheid.
Zu den anderen: Ihr habt es gesehen.

ELISABETH: Damit du dirs besser merkst. *Schlägt ihn noch einmal, schreit:* Aufstellung. *Kinder stellen sich auf.* Abmarsch.

DIE ALTEN KINDER:
Ziehe durch, ziehe durch,
durch die goldne Brücke,
sie ist entzwei, sie ist entzwei,
wir wolln sie wieder flicken ...

ELISABETH: Ruhe. *Pause.*
Zwei Blätter von einem Baum. *Lacht, alle ab.*

STREIK

Halbfertiger Bau mit Gerüst.

1.
Arbeiter umringen Krüger und Bertin. Bertin trinkt Eier.
Abseits auf dem Rücken liegend Lackner mit Kofferradio.

ARBEITER *im Chor*: Zweiundvierzig, dreiundvierzig, vierundvierzig.

1. ARBEITER: Gib auf, Bertin, hundert schaffst du nie. Vorher platzt dir die Hose. Das Geld ist dir sicher, Krüger. Fünfundvierzig.
KRÜGER: Meinst du, ich wär sonst auf die Wette eingegangen. Zehn Wochen Verpflegungsstufe B und keine Frau. Dann 50 Eier in den vollen Sack und in den leeren Bauch. Das hält der stärkste Bulle nicht aus.
Arbeiter lachen.
2. ARBEITER: Sechsundvierzig. Siebenundvierzig. Ich setze zehn, er schaffts. Lackner, gehst du mit. Was setzt du gegen.
LACKNER *richtet sich auf*: Laßt mich in Ruhe und spielt weiter Doofenschule. Heute hundert Eier und morgen Klee fressen, wie die Kühe auf der Weide. *Legt sich wieder auf den Rücken.*
2. ARBEITER: Gemolken wirst du nicht schlechter als wir, Kollege Oberschlau. *Alle lachen.* Wer geht mit, zehn Mark sind geboten.
3. ARBEITER: Achtundvierzig. Ich setze zehn dagegen. Er schaffts nicht.
BERTIN: Gebt mir den Eimer.
1. ARBEITER: Jetzt kotzt er alles wieder aus. Ich setze zehn Mark gegen Bertin.
KRÜGER: Bringt ihm den Eimer, schnell.
3. Arbeiter stellt einen Eimer vor Bertin. Bertin beginnt die Eier in den Eimer zu schlagen.
2. ARBEITER: Rationalisierung. Bravo. Er säuft sie alle zusammen.
KRÜGER: Das war nicht abgemacht.
BERTIN *schlägt weiter die Eier in den Eimer*: Hundert Eier ist die Wette. Wie ich sie reinbringe, ist meine Sache.
1. ARBEITER: Er hat recht, Krüger. Auch wenns gegen mein Interesse geht.
2. ARBEITER *schlägt auch Eier in den Eimer, zu Bertin*: Auf einen Zug. Nicht absetzen oder der gelbe Ekel kommt dich an.
3. ARBEITER: Keine Ratschläge, oder er ist disqualifiziert.
1. ARBEITER: Ich zieh zurück. Ich setze zwanzig gegen Krüger.
3. ARBEITER: Das sieht dir ähnlich. Einmal hin, einmal her, rundherum, das ist nicht schwer.

1. Arbeiter *lacht*: Elftes Gebot: Du sollst nicht dümmer sein als deine Brieftasche.
Bertin *hält den Eimer hoch*: 52 Eier. Siehst du, Krüger.
Krüger: Bis jetzt seh ich dich nur dein Maul aufreißen.
Bertin: Paß auf, daß du deins wieder zukriegst. *Setzt den Eimer an, beginnt zu trinken.*
1. Arbeiter: Langsam, Bertin. Gut schlucken. Du hast Zeit.
3. Arbeiter: Mir kommts schon hoch beim Zusehn.
2. Arbeiter: Das ist Beeinflussung, damit ihm schlecht wird. Hör nicht hin, Bertin.
Krüger: Er schaffts nicht.
Bertin *setzt den Eimer ab, würgt*: Mein Bauch.
1. Arbeiter: Mehr als die Hälfte. Jetzt keine Pause. Zwanzig Mark stehn auf dem Spiel für mich.
2. Arbeiter: Tief durchatmen. Nicht in den Eimer sehen.
Krüger: Wenn ers auskotzt, hat er verloren.
Bertin setzt den Eimer wieder an, trinkt.
1. Arbeiter: Jetzt schafft ers.
Pause. Bertin trinkt. Er setzt ab, stülpt den Eimer um: Er ist leer.
2. Arbeiter: Gewonnen. *Reißt Bertin die Arme hoch.* Sieger nach Punkten: Bertin.
3. Arbeiter *zum 1. Arbeiter*: Zwanzig Mark sind fällig.
1. Arbeiter: Wenn ers jetzt rausbringt, zahlst du sie.
Bertin fällt auf den Boden, windet sich.
Krüger: Was ist mit dir, Bertin.
Bertin: Mein Bauch. Der platzt. Wie Steine.
2. Arbeiter: Dem reißt der Darm.
Lackner: Beruhigt euch. Mit vollem Magen stirbt sichs leicht.
1. Arbeiter: Er muß zum Arzt.
Krüger *kniet*: Kannst du aufstehn.
Bertin: Ich versuchs. *Tut es, Krüger hilft ihm.*
Radio: Wir unterbrechen unsere Musiksendung für eine wichtige Nachricht: In Berlin haben unverantwortliche Gruppen von Bauarbeitern die Arbeit niedergelegt und sich zu Demonstrationen gegen die Regierung versammelt. Ihr Aufruf zum Generalstreik ist von einzelnen Baustellen der Republik in provokatorischer Absicht übernommen worden. Die Arbeitsniederlegungen stellen

einen Versuch dar, den friedlichen Aufbau zu stören und die alte Ordnung wiederherzustellen.

BERTIN *stöhnt*: Ich platze. *Er versucht zu laufen. Krüger stützt ihn.*

3. ARBEITER: Hört ihr nicht. Streik in Berlin.

KRÜGER: Er muß ins Krankenhaus.

3. ARBEITER *schreit*: Bring ihn ins Krankenhaus oder sonstwohin. Lackner, mach das Radio lauter.

KRÜGER *spuckt aus*: Der verreckt und ihr hört Radio. Komm, Bertin. *Stützt ihn, beide ab.*

LACKNER: Haltet endlich die Fressen. *Stellt das Radio lauter.*

RADIO: Nachdem die Erhöhung der Normen zurückgenommen wurde, haben Provokateure auf den Baustellen versucht, die Situation aufs neue aufzuheizen mit übertriebenen Forderungen. Elemente der besiegten Ordnung spielen dabei die Rolle der Scharfmacher. Polizei und Sicherheitskräfte sind dabei, die Lage unter Kontrolle zu bringen. Die Gewerkschaften und die Regierung warnen jeden vor dem Versuch, sich der ungesetzlichen Aktion anzuschließen. Wir werden in wenigen Minuten eine Erklärung des Präsidenten zu den Ereignissen übertragen.

Musik. Lackner stellt das Radio ab.

LACKNER: Jetzt kann ich mich endlich einmal richtig ausschlafen.

Auf treten Monteure.

1. MONTEUR: Jetzt gehts los. Seid ihr dabei.
2. MONTEUR: Fast alle Baustellen stehen still. Jetzt gehts den neuen Herren an die Wäsche.
3. MONTEUR *tritt gegen den Eimer, er fliegt im hohen Bogen*: So sollen sie jetzt fliegen lernen. In Berlin fordern sie schon Absetzung der Regierung, Arbeiterräte und Amnestie.

1. Arbeiter will gehen.

1. MONTEUR: Wo willst du hin, Mann. Hast du die Hose voll.
2. ARBEITER: Ich bin dabei. Ich kenn den neuen Staat: Er ist der neue Text zur alten Melodie. Ab heute wird das anders. Jetzt spielen wir die erste Geige.
2. MONTEUR *auf 1. Arbeiter*: Der will nicht mitsingen. Der macht sich dünn.

1. Arbeiter: Was ihr vorhabt, ist gegen das Gesetz. Ich mache mich nicht mitschuldig. *Ab.*
1. Monteur *lacht*: Kollegen.
3. Arbeiter: Der ist als Arschloch geboren. Jetzt ist er Krüger und Bertin nach, seinen Anteil an der Wette zu kassieren.
2. Monteur: Was ist: Legt ihr die Arbeit nieder, schließt ihr euch den Forderungen an. Kommt mit zu den Elektrikern.
Lackner: Ich hab noch keine Forderung gehört von euch als die, die ihr gehört habt aus Berlin.
2. Monteur: Wer ist der Vogel.
3. Arbeiter: Lackner heißt er, hält sich für was Besonderes. Hört nicht auf den. Wir gehen mit.
Zum 2. Arbeiter: Oder.
2. Arbeiter: Mich brauchst du nicht zu fragen. Ich gehe mit. Ich sage: Der Krug geht so lange zum Wasser, bis er bricht. Aus abgeschabten Knochen wächst kein neuer Staat. Die Losung heißt: Wie wir heute essen, werden wir morgen arbeiten, nicht umgekehrt. Zusatzration für uns, Abzug bei der Verwaltung, mehr Decken in die Baracken, Dienstwagen abschaffen und so weiter.
2. Monteur *zu Lackner*: Reichen dem Herrn die Forderungen. Oder will er mehr.
Lackner: Du stehst mir in der Sonne, Monteur.
3. Monteur: Laß den. Wir müssen los. Die machen mit, das ist die Hauptsache.
1. Monteur: Und der arbeitet weiter. Das ist kein Streik. Entweder alle oder keiner.
3. Arbeiter: Lackner, komm mit, Mann. Willst du uns in den Rücken fallen. Ich kenn dich anders.
Lackner *hoch*: Du kennst mich. Du. Woher. Du kriegst den Kopf nicht hoch über der Mischmaschine, du siehst nicht links und nicht rechts beim Eckenmauern. Nach Arbeitsschluß glotzt du ins Bier, danach ins Kissen. Wer kennt hier wen.
Zu den Monteuren: Streik. Was reißt ihr euer Maul so auf. *Lacht.* Amnestie, Arbeiterräte, Decken für die Baracken, kein Auto für den Kaiser. Da habt ihr eurer Phantasie mal Lauf gelassen. Was ist herausgekommen. Der alte Schnee. Der schmilzt auch weg im nächsten Frühjahr.

Was bleibt, brauch ich euch nicht zu sagen: Die alte Schinderei mit Zuckerguß versilbert. Seht euch doch an: Lahme Gäule vorn Karren gespannt habt ihr ihn in den Dreck gezerrt, jetzt zerrt ihr ihn auf eine höhere Ebene. Da capo. Mit oder ohne Zusatzration im festen Zaum. Euer Streik interessiert mich wie Dreck unterm Fingernagel.

2. MONTEUR: Was schlägst du vor.
Lacht. Abschaffung der Arbeit. Nehmt Platz in den Höhlen. Auf daß der Mensch zum Urmensch werde. Wie hat sich der Neandertaler hierher verirrt.

2. ARBEITER: Er war im Knast zweimal. Diebstahl vor dem Krieg, Vagabundiererei danach. Hier ist er zur Bewährung. Sie haben ein großes Auge auf ihn. Und wenn sies schließen für eine Minute, ist er ihnen wieder durch die Maschen.

1. MONTEUR: Dann bist du doch einer von uns, Mann.

LACKNER: Schon gut. Ich weiß: Wer nicht für uns ist, ist gegen uns. Er hat schon jetzt die gleichen Sätze im Gebiß wie die, denen er auf den Zahn schlagen will. Ich bin einer von mir, hast du das nicht verstanden.
Lacht. Die freien Männer bei doppelter Beköstigung. Absetzung der Regierung. Was ändert sich. Weniger als nichts. Der neue Hut auf eine alte Glatze. Amnestie. Mir mußt du davon nichts erzählen. Aus einem kleinen Knast in einen großen. Freiheit im Leistungslohn, bis daß der Tod euch scheide. Geht los! Du stehst mir noch immer in der Sonne, Monteur.

2. MONTEUR: Schluß mit den Volksansprachen. Steckt ihn ins Fundament vom Schornstein und zementiert ihn ein. Dann sind wir sicher, daß er tatsächlich nur die Sonne anstarrt und den Streik nicht bricht.

Alle auf Lackner, zerren ihn nach hinten zum Schornstein, stecken ihn hinein.

LACKNER: So macht man Helden.

Sie beginnen, ihn mit Mörtel und Ziegeln einzumauern.

Auf tritt Rotter.

ROTTER *schreit*: Was ist hier los. Ist das die neue Art sich warmzuhalten für die Arbeit. Die Pause ist seit zehn Minuten überschritten.

3. Monteur: Der Einsatzleiter persönlich. Willst du dich am Streik beteiligen. Du kommst gerade recht. Nimm dir eine Kelle und hilf mit Streikbrecher lahmlegen.
Lackner: Grüß dich, Rotter. So sieht man sich wieder.
Rotter: Lackner, Mann. Ich wußt nicht, daß du hier bist.
2. Monteur: O, die Herren kennen sich.
Lackner: Das kann man sagen.
Lacht. Ich wußte nicht, daß du schon soweit oben angelangt bist. Wie gehts Elisabeth. Ist sie schon Frau Direktor.
1. Monteur: Soll das ein Kaffeekränzchen werden oder Streik. Holt Mörtel, damit wir dem das Maul stopfen.
Rotter: Was heißt hier Streik. Ich hab es nicht geglaubt, als euer Kollege es mir melden kam. Jetzt seh ich selbst: Ihr seid verrückt geworden. Schluß mit dem Volksfest. Holt Lackner aus dem Schornstein, geht an eure Arbeit oder in zehn Minuten ist die Polizei hier.
2. Monteur: Ihr habt Kollegen: Der Westentaschenchristus hier ein Jugendfreund des Einsatzleiters.
Rotter *zu Lackner:* Das rechne ich dir hoch an.
Zu den Arbeitern: Begreift ihr nicht: Der Bau gehört uns allen. Wer braucht den Stahl, der fließen wird. Wer andres als wir braucht die Maschinen, die aus dem Stahl gemacht werden im nächsten Jahr.
Auf Lackner: Sogar der hats jetzt begriffen.
Lackner: Bleib du mir von der Wäsche, Rotter. Daß ich mit denen nicht in einem Boot sitz, heißt noch lange nicht, daß ich mit dir jetzt Dampfer fahre.
3. Arbeiter: Der Mörtel ist gleich hart. Was soll jetzt werden.
1. Monteur: Was abgemacht ist.
Auf Rotter: Den Sprücheklopfer mauern wir gleich mit ein. Dann los zu den Elektrikern.
Rotter: Es reicht. Vielleicht lernt ihr die Arbeit wieder vor Gewehren. *Will gehen.*
Lackner *lacht:* Der große Streik. Am Ende schon, bevor er richtig angefangen hat.
1. Monteur: Er hat recht. Los, hinterher.
Alle auf Rotter, zerren ihn zu Boden. Lackner befreit sich aus dem Schornstein. Kampf Rotter gegen Arbeiter/Monteure.
2. Arbeiter: Leuteschinder.
3. Arbeiter: Anscheißer.

1. Monteur: Zum Schornstein.
Sie schleppen Rotter zum Schornstein.
Lackner: Rotter, ich habe dir mein Plätzchen frei gemacht.
2. Monteur: Lackner macht sich dünn.
3. Monteur: Laßt den laufen. Der ist nicht wichtig.
Lackner: Hörst du Rotter, ich bin nicht wichtig. Das ist mein Vorteil. Jetzt schlagt euch um die große Politik. Ich weiß was Besseres. Mich seht ihr hier nicht wieder. *Ab.*
Rotter *während die Arbeiter und Monteure ihn einmauern*: Lackner, komm zurück. Das hat keinen Sinn. Immer weg kann keiner.
3. Arbeiter: Der hört dich nicht mehr. Von dem hast du nichts zu erwarten.
2. Monteur: Dein Aussichtsturm ist fertig. Hier hast du guten Überblick über die historischen Ereignisse. *Alle lachen.*
Rotter *versucht sich zu befreien*: Laßt mich hier raus. Soll ich krepieren.
1. Monteur: Sei stolz Kollege Prometheus, dann stirbst du in einem Bau, der allen gehört, und steckst im Fundament des eigenen Werkes. *Lachen.*
2. Monteur: Jetzt los zu den Elektrikern.
3. Arbeiter *zu Rotter*: Und du kannst zur Regierung beten, daß dieser Streik nicht zu lang dauert, damit du wieder raus kannst. *Alle ab.*
Rotter *schreit hinterher*: Laßt mich hier raus. Ihr schlagt euch auf den eignen Kopf.

2.
Rotter im Schornstein. Er schläft. Auf treten die Alten Kinder. Sie nehmen die Werkzeuge auf, klettern auf den Bau und beginnen zu arbeiten.

Die Alten Kinder: Schläft er. Er schläft. *Sie singen:*
Ein Mann wird abgerissen. Ein Werk wird aufgebaut.
Die Knochen schlagen laut im Sack aus Haut.
Stürzt nieder Arm und Kopf und Bein.
Wascht den Mann. Wascht den Stein.
Während sie arbeiten wiederholen sie den Vers, bis der Bau fertig ist. Dann reißen sie, was sie erreicht haben, wieder ein und gehen lachend ab.

Auf treten nackt marschierend die Geister von Kutz, Tetzner und Grabow.

KUTZ *salutiert*: Gruppenführer Rotter, ich melde: Soldaten Kutz, Tetzner und Grabow zur Stelle. Wir suchen Sie seit acht Jahren. Besondere Vorkommnisse: Wir sind tot. Keine Feindberührung. Wir erwarten neuen Marschbefehl.
ROTTER *im Schlaf*: Wohin hinaus.
 Nach rechts und geradeaus.
TETZNER: Hast du verstanden, Grabow.
GRABOW: Geradeaus hat er gesagt.
KUTZ *auf Rotter*: Neue Anweisungen im Fall der Feindberührung.
ROTTER *im Schlaf*: Schlagen sich auf ihren eignen Kopf.
KUTZ: Zu Befehl, Gruppenführer. Der eigne Kopf.
 Zu Grabow und Tetzner: Stillgestanden. Rechts um. Schlagt den eignen Kopf. Im Gleichschritt marsch.
Sie marschieren ab.

3.
Rotter im Schornstein. Nacht.

ROTTER: Butter, LKWs, Kino, Schränke, Stiefel. Und und und. Ich. Ich. Ich kann nicht weinen. *Versucht es, lacht.* Ich kanns nicht. *Schreit:* Hört mich denn keiner. *Flüstert:* Wer lacht da über mich. *Schreit:* Kauft euch einen Spiegel. Schreck kann heilen. *Heult:* Grabow, Tetzner, Kutz. Zurückkommen. Sofort. Ich gehe mit. *Bricht zusammen.*

Auf treten zwei Streikposten.

1. STREIKPOSTEN: Wie spät.
2. STREIKPOSTEN: Zu spät, wie immer in diesem Land.
1. STREIKPOSTEN: Ich meine, wieviel Uhr.
2. STREIKPOSTEN: Zu viele Uhren zeigen zuviel verschiedene Stunden an. Die frühen Uhren schlagen fünf nach Mitternacht, die späten ticken einen neuen Tag.
1. STREIKPOSTEN: Ich habe dich gefragt, wie lange stehn wir noch auf Posten für den Streik.
2. STREIKPOSTEN: Bis der Streik für uns auf Posten geht. Nicht länger, nicht kürzer.
1. STREIKPOSTEN: Je länger deine Antworten, je später dein Verstand.

2. Streikposten: Je früher deine Fragen, je kürzer dieses
Land. *Beide ab.*
Rotter: Wer hält seinen Kopf denn hin. Ich, immer ich.

4.
Nächster Morgen.
1. Arbeiter befreit Rotter, indem er Ziegel vom Schornstein schlägt.

1. Arbeiter: Dann kamen die Panzer. Sie hätten sehen sollen, wie die gerannt sind. Lautsprecher überall. Man konnt es hören bis in die Stadt: In Berlin der Streik niedergeschlagen, die Führer verhaftet. Wie geht es Ihnen jetzt, Herr Rotter.
Rotter *kriecht aus dem Schornstein*: Ich lebe noch.
Versucht zu gehen, fällt um, 1. Arbeiter hilft ihm hoch.
Das Laufen lern ich wieder.

Auf treten zwei Polizisten mit vorgehaltenen Gewehren, 2. und 3. Arbeiter und die drei Monteure abführend.

1. Monteur: Der Einsatzleiter und sein Knecht beim Frühsport. Rotter, du hattest recht. Alles gehört allen, und wir gehören der Polizei.
Rotter *zu den Polizisten*: Wo wolln Sie hin mit meinen Leuten.
1. Polizist: Wo Gesetzbrecher hingehören.
Rotter: Die gehören an die Arbeit. Die Termine sind auch ohne Streik schon vier Tage überschritten.
2. Polizist: Halten Sie sich raus, Besserwisser, oder Sie kommen mit. Auf einen mehr oder weniger kommts nicht mehr an.
1. Monteur *lacht*: Befehl ist Befehl, Rotter. Du müßtest das doch wissen.
Rotter *zu Polizisten*: Wem nutzen die, wenn sie im Kittchen Tüten kleben.
1. Polizist: Soll ich mir deinen Kopf zerbrechen.

Auf treten Bertin und Krüger.

Krüger: Es ging nicht früher, entschuldigt. Sie haben ihm den Magen ausgepumpt, dann mußte er liegen. Ich wollte ihn nicht alleine lassen. Was macht der Streik. *Sieht die Polizisten.*

2. Arbeiter: Volksfest, wie du siehst.
3. Arbeiter: Das Geld von der Wette kannst du dir bei mir im Knast abholen.
1. Polizist: Vorwärts.
Polizisten stoßen sie mit den Gewehren nach vorne. Sie setzen sich in Bewegung.
2. Arbeiter *ruft zurück*: Krüger, Bertin, so geht es manchmal. Ihr habt eine deutsche Revolution verpaßt. *Alle lachen, ab.*
1. Arbeiter *auf Krüger und Bertin*: Glück habt ihr gehabt, mehr nicht. Sonst wärt ihr jetzt bei denen.
Rotter *schreit*: Halt die Schnauze. An die Schaufeln.

ZWISCHEN BERG UND TIEFEM TAL

Leeres Zimmer, eine Stehlampe, Rotter. Elisabeth in Trauerkleidung.

Rotter: Ich konnte nicht früher weg.
Elisabeth: Sie war deine Mutter, nicht meine.
Rotter: Elisabeth.
Elisabeth: Ich muß zur Arbeit.
Rotter: Sie haben mir eine Wohnung zugewiesen im Dorf, neben dem das Erdölkombinat stehn wird. Für die Dauer des Baus. Wir können zusammenwohnen. *Pause.*
Hast du gehört.
Elisabeth: Ich bin 48 Jahre alt.

Auf tritt Pfarrer.

Pfarrer: Entschuldigen Sie die Störung, Frau Rotter.
Auf Rotter: Sie sind der Sohn. Nicht zu verkennen. Herzliches Beileid. Ihre Mutter war ... Entschuldigen Sie. Sie hat sich in den letzten Jahren der Kirche sehr verbunden. Alles Inventar hat sie uns übereignet. Ich bin ganz durcheinander, Sie jetzt hier zu sehen.
Elisabeth: Er kommt die Lampe holen. Es ist besprochen.
Rotter: Da steht sie.
Pfarrer: Es ist mir peinlich. Diese Situation. Wir haben uns um Ihre Mutter sehr besorgt. Sie war die Seele der Gemeinde.
Nimmt die Lampe. Ihre Frau hat uns gesagt, Sie waren ver-

hindert, rechtzeitig zu kommen zum Begräbnis. Es tut mir leid.

ROTTER: Die Züge.

PFARRER: Sie hat viel von Ihnen gesprochen in den letzten Tagen. Sie war stolz auf ihren Sohn. Sie müssen das wissen. Er hälts nicht aus an einem Platz, hat sie gesagt, immer wieder ein neuer Anfang, frei wie ein Vogel am Himmel. Das hat sie gesagt. *Pause.*
Jetzt muß ich gehn. Auf Wiedersehen.

ROTTER: Danke für die Mühen.

PFARRER: Menschenliebe ist keine Mühe, Herr Rotter. *Ab.*

ROTTER: Lisa, komm mit. Die Wohnung hat drei Zimmer.

ELISABETH: Fahr wieder weg, Karl.

ROTTER: Ich konnte wirklich nicht früher kommen. Glaubst du mir nicht. *Pause.*

ELISABETH: Glauben. *Sie lacht.* Das einzige was ich noch glaube, sind Geschichten, die nicht meine sind. Das war mein Leben dreißig Jahre lang: Am Tag die Kinder, nachts ein Buch nach dem anderen. So bin ich in der Welt herumgekommen. *Lacht.* Ein Leben aus Papier. *Pause.*
Einmal hab ich sogar was über dich gelesen: In einem Land, ich weiß nicht mehr in welchem, haben sie eine Stadt gebaut im Tal. Der König saß im Stuhl auf dem Gipfel und war die Aufsicht. Die Männer spürten seinen Blick und machten keine Pause. Nach fünfzig Monaten, als der König spürte, daß er sterben würde, rief er die Minister und sagte ihnen: Bindet mich in diesen Stuhl, wenn ich tot bin, damit im Tal nicht auffällt, daß die Aufsicht fehlt. Der König starb, die Männer merktens nicht, sie sahen ihn hoch oben thronen. Die Stadt wurde fertig unter der Leiche. Keiner ist eingezogen in die Häuser. Und als der Mann im Stuhl zerfallen war, zerfiel die Stadt im Tal. *Lacht.* Das war vor 2000 Jahren, Karl.

ROTTER: Was ist los mit dir. Wie redest du. Haben dich die Buchstaben krank gemacht im Kopf.

ELISABETH *geht zur Tür*: Fahr wieder weg. Und schreib nicht.

ROTTER: Ich versteh das nicht, Lisa. Ich brauche dich. *Pause.*

Ist es dein letztes Wort.
ELISABETH: Weißt du ein besseres. *Pause.*
ROTTER: Warum hast du das Kind abgetrieben damals. Sag mir nur das noch.
ELISABETH: Kannst du nicht einmal in deinem Leben aufhören zu reden.
ROTTER *schreit*: Ich werds dir sagen. Weil du nicht wußtest, obs von mir ist oder von Lackner.
Elisabeth ab.
Komm zurück. Du hast nicht mal geweint.
Weint: Wo ist der Grund.
Schreit: Wo ist der Grund.

DIE AUSZEICHNUNG

Tribüne. Sonne. Mikrophone. Becker, Rotter, die Ökonomische Kommission. Marschmusik aus dem Lautsprecher. Stille.

BECKER: Ab heute fließt Öl aus unserm Erdölkombinat.
Beifall.
Zu diesem Anlaß haben sich versammelt die Erbauer, *zeigt nach unten:* die Ökonomische Kommission,
zeigt auf die Tribüne: und ich als ihr Leiter, einen der Besten zu ehren: den Kollegen Rotter hier. Füllt ihm das Glas und verlest die Begründung für den Orden.
1. Mitglied der Ökonomischen Kommission füllt das Glas.
ROTTER: Ich erhebe das Glas auf unser neues Werk.
2. MITGLIED: Vor zwanzig Jahren, als das Land befreit war von seiner Kriegsregierung und als Haufen Trümmer dalag, stellte der ehemalige Ausbilder Rotter sich dem Aufbau des Neuen Staates zur Verfügung.
Beifall.
BECKER: Deiner Kaderakte entnehme ich hier, daß du eine Gruppe Jugendlicher in den Kampf um die Hauptstadt geführt hast, die den Krieg verlorengeben wollten und an diesem historischen Irrtum schließlich umgekommen sind. Du hast die Gruppe aber verlassen, bevor es dazu kam. Ich lese hier: Du hast damit bewiesen, daß du die Zeichen der Geschichte verstanden hast. Füllt dem Kollegen Rotter das Glas und verlest weiter die Begründung.
1. Mitglied der Ökonomischen Kommission tut es.

Rotter: Ich erhebe mein Glas auf die, die mir in jener Zeit Gelegenheit gaben, meine Fehler wiedergutzumachen und meine Kraft einer richtigen Sache ganz zur Verfügung zu stellen. *Trinkt.*
3. Mitglied: Zwei Jahre nach dem Krieg, das Land braucht Wasser und Elektrizität, ging Kollege Rotter zum Bau der Talsperre im Süden.

Beifall.

Becker: Deiner Kaderakte entnehme ich hier, daß du den Posten übernommen hast von einem, der unser Land später verraten und verlassen hat, daß du ihn bloßgestellt hast vor den Kollegen und von einigen von ihnen dafür niedergeschlagen wurdest, aber ihre Namen nicht angegeben hast vor der Kommission, die wir zur Untersuchung beauftragt hatten. Du hast sie später angegeben, lese ich hier, als sie Sand in den Motor des Baggers geworfen haben. Füllt dem Kollegen Rotter das Glas und verlest weiter die Begründung.

1. Mitglied der Ökonomischen Kommission tut es.

Rotter: Ich erhebe mein Glas auf die, die verhindert haben, daß unser Aufbau gestört wurde von seinen Feinden. *Trinkt.*
4. Mitglied: Im Juni floß das Wasser in die Talsperre. Das Land brauchte jetzt Walzstahl, und Kollege Rotter ging nach Norden zum Bau des neuen Eisenhüttenwerkes.

Beifall.

Becker: Deiner Kaderakte entnehme ich hier, daß du als Einsatzleiter verletzt wurdest, als beim Streik im Sommer alle vom Gerüst gestiegen waren und Steine nach dir warfen, als du die Arbeit fortsetzen wolltest. Du hast Steine ins Fundament gemauert, lese ich hier, und nach dem Streik hast du den Bauleiter abgelöst, der dich ein Nichts genannt hat, vom Staat aufgeblasen. Füllt dem Kollegen Rotter das Glas und verlest weiter die Begründung.

1. Mitglied der Ökonomischen Kommission tut es.

Rotter: Ich trinke auf das Nichts, das ich aus ihm gemacht habe. *Trinkt.*
4. Mitglied: Acht Jahre später floß der Stahl, aber das Land brauchte jetzt Öl, und wieder ging Kollege Rotter in die Baracke in den Wald und stellte sich dem Aufbau des ersten Erdölkombinats zur Verfügung.

BECKER: Deiner Kaderakte entnehme ich hier, daß du beim Aufbau dem Kollegen Kloppenburg begegnet bist, den du auch kennst, wie mich, aus dem Ausbildungslager vor dreißig Jahren. Wie du weißt, wird er das Kombinat jetzt übernehmen aus deinen Händen. Du hast es aufgebaut, er wird es leiten. Du hast ihm, les ich hier, ins Gesicht geschlagen und gesagt: Ihr habt studiert, als wir gefroren haben. Jetzt setzt ihr euch ins Warme. *Lacht, schlägt Rotter auf die Schulter.*
Du bist der gleiche geblieben, der du immer warst. *Füllt dem Kollegen Rotter das Glas und verlest das Ende der Begründung.*
1. Mitglied der Ökonomischen Kommission tut es.
ROTTER: Auf das nächste Werk, das ich bauen werde. *Trinkt.*
5. MITGLIED: Er war, wo er gebraucht war. Jetzt fließt der Strom, das Öl, der Stahl. Deshalb wird ihm verliehen heute der Held der Arbeit.
Beifall.
BECKER: Rotter, ich gratuliere dir. *Heftet Rotter den Orden an.*
ROTTER *füllt sein Glas*: Auf das nächste Werk, das ich baue. *Trinkt.*
BECKER: Jetzt, Rotter, wird nicht mehr gebaut. Wir müssen in den Werken arbeiten, die du errichtet hast. Hör auf zu trinken.
ROTTER *füllt sein Glas*: Auf den nächsten Wald, der gerodet wird. Becker, eine neue Autobahn muß her, ein Werk für Sonnenenergie. *Trinkt.*
BECKER: Bleib ruhig. Wir werden eine Arbeit für dich finden. In deinem Beruf vielleicht. Was hast du gelernt.
Sieht in die Akte. Fleischer. Lehre nicht abgeschlossen, unmöglich also. Vielleicht schreibst du ein Buch über dein Leben. Das Finanzielle soll nicht deine Sorge sein. Unsere Unterstützung hast du. Die Jungen sollen wissen, wie schwer es war in deinen 55 Jahren.
ROTTER *füllt sein Glas*: Auf die nächste Baracke, in der ich schlafen werde. *Trinkt.*
BECKER: Die Auszeichnung ist beendet. Ich bitte den Kollegen Kloppenburg auf die Tribüne zur Übernahme des Werkes.

Auf tritt Kloppenburg, Rotter stößt ihn zur Seite, reißt das Mikrophon an sich.

ROTTER *schreit*: Ihr stoßt mich nicht zur Seite. Wir bauen weiter.

BECKER *zum 1. Mitglied der Ökonomischen Kommission*: Er ist besoffen. Stell die Mikrophone ab.

1. Mitglied der Kommission tut es.

ROTTER: Vor dreißig Jahren habt ihr JA geschrieen, als es hieß: Wollt ihr den totalen Krieg. Wollt ihr jetzt den totalen Frieden.

KLOPPENBURG: Rotter, beruhig dich. Es hört dich keiner.

ROTTER *schreit*: Alle hören mich. Du mußt mir keine Ratschläge geben, du nicht. Ich hab mein Leben nicht verbraucht für solche wie dich. Ich werde weitermachen. Eine Autobahn im Süden, ein Atomwerk im Osten, ein Riesenhaus für alle Werktätigen in der Mitte und alles wieder ganz von vorn auf dem Mond.

BECKER: Er ist verrückt geworden. Bringt ihn von der Tribüne.

Mitglieder der Ökonomischen Kommission packen Rotter, schleppen ihn ab.

ROTTER *schreit*: Verhaftet sie, alle.

Stößt sie zurück: Mein Herz.

Bricht zusammen. Steht auf. Ich. Wir. *Ab.*

BECKER *schaltet das Mikrophon ein*: Wir bitten um Entschuldigung. Der Kollege Rotter ist von seiner Auszeichnung benommen. Außerdem: Jede Zeit braucht ihre Helden, und Rotter war ein Held in unserer, das soll nicht bestritten sein, trotz dieses Zwischenfalls.

Beifall. Becker winkt. Marschmusik.

TODTRAUM

1.

Undeutliche Gegend. Die Alten Kinder. Sie hocken auf der Erde, summen, jammern, heulen, schreien, rufen: Rotter, Karl, Karl Rotter usw. Auf tritt Rotter. Er taumelt, fällt, steht auf, fällt wieder.

ROTTER: Geister. Erscheinungen. Kommission. Untersuchung. Ich weiß nicht, was ich rede. Ich weiß nicht, wen ich sehe. Wer seid ihr, Kollegen.

Die Alten Kinder: Wer wir sind, ist nicht wichtig. Wichtig ist, daß wir zu dir sprechen, Mann, wenn keiner mehr zu dir spricht.
Wer was sagt, ist nicht wichtig.
Wichtig ist, daß einer was sagt, Mann.
Rotter: Aber es kann auch sein, daß ich frage, wo ich mich eigentlich aufhalte. In welcher Landschaft oder welchem Schädel, in welchen gesellschaftlichen Verhältnissen oder welchem Traum. Aber es kann auch sein, daß ich nicht mehr spreche, wie ich spreche, aber wie ein anderer. Es muß ein Schluck Doppelkorn her, damit ich weiß, woher der Wind weht. *Er trinkt.*
Die Alten Kinder: Wo du bist, ist nicht wichtig.
Wichtig ist, daß du überhaupt noch da bist, Mann.
Rotter *schreit, dreht sich um:* Ich hab ein Messer am Hals gemerkt. Wer ist mir auf der Spur. Jungs und Weiber.
Lacht lange, krümmt sich. Sie wolln was lernen, Rotter, sie wolln von dir was lernen. Gib ihnen was auf ihren Lebensweg. Erzähl ihnen deine Geschichte, damit sie ihre eigene für ein paar Stunden wenigstens vergessen. Also, Lage, Kollege Rotter: Unbekanntes Gebiet von Fratzen mit offenen Mäulern umstellt. Aufgabe: Kehr dein Inneres nach außen, bis die Herrschaften überdrüssig sind, dir zuzuhören, und dir den Weg freigeben in die Wirklichkeit. Wer jetzt schon gehen will, soll gehen. Aber, wie ich euch kenne, geht keiner, wenn man ihn darum bittet. Ich fleh euch also an. Bleibt hier, seht euch mein Drama an. Ihr geht noch immer nicht. Ihr starrt noch immer her.
Schreit: Ihr Arschlöcher, ihr Blutsauger. Seht euch doch selber an.
Die Alten Kinder lachen.
Die Alten Kinder: Ein Monolog, Rotter, sprich einen Monolog über dein Leben. Nie war die Gelegenheit so günstig, Mann. Wirf deinen Kopf in deinen Nacken und glotz die Sterne an. Denk nach. Fetz deine stumpfen Nerven aus. Sprich einen Monolog.
Rotter: Das hört ein Mensch gern, daß sich andre die Stimmbänder ausschrein nach seiner Meinung von sich selbst. Da könnt ich mich selbst zur Erde reißen vor Freude über so einen Text, der sagt: Ich bin gefragt. Wer fragt da noch, wer fragt. Mich geht nicht an, wer da nach

mir geschrien hat. Wir sind doch alle Spieler an der Strippe. Schreit nochmal, ich hör es gern.

DIE ALTEN KINDER: Wirf deinen Kopf in deinen Nacken und glotz die Sterne an. Sprich einen Monolog.

ROTTER: Das schreit mir durch und wieder durch.

Wirft sich in Positur. Die Jahre springen auf die Jahre und hecken wie Karnickel neue Jahre. Mein Leben ist ein dunkler Sack, in dem ich hock und zitter wie im Keller, wo die Ratten wohnen. Seht: Ich stell mich auf den Kopf. *Tut es.* Wer bin ich. Bin ich einer oder träumt da was von mir. Bin ich die Ratte, die ins Kanalloch springt und singt: Mein Name ist Rotter, ich hab geträumt, ich bin ein Mensch. Ich kann nicht raus aus meiner Rolle, Jungs, gebt eure Betriebsausweise ab, ihr seid entlassen ins gesellschaftliche Massengrab. Ich kann nichts sagen, wenn mich einer fragt. Fragt nicht mehr.

DIE ALTEN KINDER: Wo ist dein Monolog, Großfresse. Wir hören.

ROTTER: Aaaaa.

2.

Rotter auf dem Boden. Auf treten 1. und 2. Filosof.

1. FILOSOF: Die Existenz
ist eine Sache mit Konsequenz.
Leben heißt, sagen wirs knapp:
Der Fall vom Mutterleib ins Grab.
Ich entsinne mich vergangener Tage –
da war das alles keine Frage.
Ich muß es wissen:
Ich sah Helden vom Pferd gerissen.

ROTTER: Es ist leicht, so leicht.
Wie alles von mir weicht:
Ich fliege, Mama. Grüß Gott, Jesus Christ.
Was ist eine Frau, Lackner. Was ist.

1. FILOSOF: Das ist die Gegend, von der ich in meiner letzten Vorlesung sprach, werter Professor. Hier sagen sich die Gesetze von Natur und Gesellschaft „Gute Nacht". Vergangenheit o Vergangenheit.

2. FILOSOF: Stangeneid o Stangeneid. Meine subjektive Wahrnehmung ist zur Zeit nicht funktionstüchtig, lieber Kollege, weil mir die Augen auf dem Weg aus dem Kopf

gefallen sind über so viel objektive Realität, wie sie befindlich ist. Vielleicht können Sie mir mit Ihren erkenntnistheoretischen Werkzeugen aushelfen, Herr Kollege.
1. FILOSOF *nimmt seine Augen aus dem Kopf, gibt sie dem 2. Filosof, tappt blind zu Rotter*: Dieses ist das von mir angekündigte Individuum, Herr Professor. Werfen Sie bitte einen Blick in sein gesellschaftliches Bewußtsein.
2. FILOSOF: Folge Realität wird von mir subjektiv wiedergespiegelt: Fleischerei. Individuum, offensichtlich ablebend, wegsterbend, abmattend und so weiter. Um wen handelt es sich.
1. FILOSOF: Sein Name ist Rotter. Ich erwähnte ihn in meiner Vorlesung den Typus des Neuen Menschen betreffend.
2. FILOSOF *nachdenklich*: Rotter. Rotter. Historische Epoche? Objektiver Materialist? Subjektiver Idealist? Objektiver Subjektivist? Subjektives Objekt? Plusquamperfekt, Prädikat, Klassenzugehörigkeit?
1. FILOSOF: Dürfte ich für einen Augenblick um meine Augen bitten, um Ihnen einen Blick in besagtes gesellschaftliches Bewußtsein zu ermöglichen.
2. steckt dem 1. die Augen in den Kopf. 1. bohrt Rotter mit dem Finger ein Loch in die Schädeldecke, steckt die Augen 2. zurück in den Kopf. 2. beugt sich über Rotter und starrt in dessen Schädel.
2. FILOSOF: Spontan eruptive Ideologie. Unterentwickeltes soziales Bewußtsein. Schmale aufgepfropfte Individualität, verdrängte Klassenzugehörigkeit. These: Ein Nichts, das an sich selber irre wird.
1. FILOSOF: Antithese: Ein Held, wenn er gebraucht wird. Der Neue Mensch. Ständig einsatzbereit, ohne hemmende Individualität im bürgerlichen Sinn.
2. FILOSOF: Gehen Sie mir vom Hals mit Ihrem Neuen Menschen. Das hier ist der Stoff, aus dem man Werkzeug macht. Ein leeres Blatt, auf das ein Lebenslauf geschrieben wird von der jeweils führenden Klasse. Sowas führt Leute zum Städteaufbauen, sowas führt Leute zum Städteeinreißen, vorausgesetzt, es hat den Befehl dazu. Ein Instrument, ein funktionierendes, nicht Individuelles. Das da braucht ein Ideal, weil es an sich selber nicht genug hat. In welcher historischen Epoche halten wir uns eigentlich auf.

STIMMEN *singen*:
> Vorwärts, vorwärts schmettern die Fanfaren.
> Vorwärts, vorwärts Jugend kennt keine Gefahren.
> Heimat du wirst leuchtend stehn,
> mögen wir auch untergehn.

1. FILOSOF: Wirklichkeit im Anmarsch. These: Umbruchsituation wann auch immer.
2. FILOSOF: Vorschlag, Herr Kollege: Flucht. Wir sind, wie immer, in der deutschen Geschichte die Minderheit.
1. FILOSOF: Darf ich Sie um meine Augen bitten, Herr Kollege.
2. FILOSOF: Borgen Sie sich Ihre Augen bei Ihrem Neuen Menschen. *Flieht ab.*
1. FILOSOF *hinterher*:
> In diesem schönen grünen Land
> ist unsre Wissenschaft bekannt
> als aller Dichter liebstes Kind:
> zum Schreien komisch, aber blind.

Rotter marschiert im Gleichschritt. Auf treten Kalin, Balin.

ROTTER: Sieg heil, Sieg heil. Wir werden weiter marschieren, bis alles in Scherben fällt. Halten Sie sich gerade, du Schwein. Sieg heil, Sieg heil. Achtung, stillgestanden. Unsere Epoche heißt Sieg. Die Reihen fest geschlossen, im gleichen Schritt und Tritt. Sieg heil, Sieg heil.
Dahinter Bombengeräusche, MG-Feuer usw., Steinregen, der Rotter unter sich begräbt, er kriecht blutend unter den Steinen heraus.
Hände hoch. Stehenbleiben. Die Geschichte hat ein Loch.
Heult. Was mach ich jetzt. *Marschiert weiter mit steifen Armen und Beinen.*
KALIN: Die schöne Zeit des friedlichen Aufbaus ist wieder angebrochen. Balin. Jetzt heißt es: Weg mit den Trümmern und was Neues hingebaut, um uns selber müssen wir uns selber kümmern. Was macht der denn da.
BALIN: Dem haben sie ins Gehirn geschissen. Der hat nicht verstanden, daß eine schöne neue Zeit angebrochen ist und die Sonne der neuen Gesellschaft über uns aufgegangen ist. O Kalin, was hat die alte Gesellschaft aus den Menschen gemacht.

ROTTER: Sieg heil, Sieg heil. Unser Herz ist aus Stahl. *Heult wieder.* Liebe Herren. Eine neue Gesellschaft ... Sieg heil, Sieg heil.

KALIN: Werter Herr. Ich will Ihnen nicht drohen, aber ich will Ihnen Ihren neuen lebenslänglichen Wohnort zeigen für den Fall, daß Sie so weiter militarisieren.

Auf tritt das Gefängnis. Es reißt das Maul auf.

ROTTER: Meine Herren. Ich flehe Sie an, Sieg heil, Sieg heil, zeigen Sie mich nicht an. Mein Mund, aus Erz die Faust, die unsern Feind zerschlägt, mein Mund arbeitet gegen mich, alle meine Körperteile arbeiten gegen mich. Ich bin das Opfer der Verhetzung. *Er marschiert dabei weiter, versucht, seine Arme und Beine zu krümmen, was ihm nicht gelingt.*

BALIN: Er zeigt keine Einsicht, Kalin.

KALIN: Er zeigt nicht die Andeutung einer Einsicht.

ROTTER: Ich kann nicht, werte Herren. Sehen Sie doch selbst, hören Sie doch. *Singt:*
„Vorwärts, vorwärts, schmettern die Fanfaren."

BALIN: Es gibt nur eine Hilfe für diesen Mann.

KALIN: Nur eine Hilfe.

ROTTER: Ja, ja. Helfen Sie mir. Lassen Sie das Gefängnis wieder verschwinden.

Balin gibt ein Zeichen. Das Gefängnis verschwindet.

BALIN: Deine Beine, die hier durch die friedliche Landschaft marschieren im kriegerischen Marsch, sind hiermit zum Tode durch den elektrischen Stuhl verurteilt.

Kalin reißt dem Rotter die Beine aus. Auf tritt der elektrische Stuhl. Balin stellt die Beine darauf.

KALIN: Vollstreck das Urteil, Balin.

Balin schaltet den Stuhl ein. Die Beine verschmoren.

BALIN: Deine Arme, die sich noch immer an die Hosennaht legen, obwohl schon keine Beine mehr darin stecken, und die sich weiter in der kriegerischen Ehrenbezeigung zum Himmel strecken, sind hiermit zum Tod durch den Strang verurteilt.

ROTTER: Womit soll ich denn jetzt den friedlichen Weg entlanggehen. Sieg heil, Sieg heil. Wie soll ich denn ohne Arme den Schaden wiedergutmachen, den der Krieg angerichtet hat.

KALIN: Er hat recht. Die neue Ordnung braucht keine Leiden, sondern Aufbauer.
BALIN: Auch daran ist gedacht. Hier sind hervorragende bewegliche Holzarme und Holzbeine, die wir an die Stelle dieser feindlichen Glieder einsetzen werden.

Er schraubt ihm die Holzbeine ein. Rotter bleibt liegen. Von oben werden zwei Stricke heruntergelassen. Balin reißt Rotter die zwei Arme aus.

KALIN: Vollstreck das Urteil, Balin.

Balin erhängt die beiden Arme.

ROTTER: Was soll aus mir noch werden. Ich ... und stählern schlägt unser Herz für den Sieg, ich ...
KALIN: Sein Herz schlägt noch immer für die alte Ordnung. Ich verurteile deinen Rumpf, in dem noch immer ein Militärherz schlägt, zum Tod durch Erschießen. Balin, vollstreck das Urteil.

Balin reißt Holzbeine und -arme aus dem Rumpf und reißt Rumpf vom Kopf. Er stellt den Rumpf an die Mauer und erschießt ihn.

ROTTERS KOPF: Ihr müßt mich wieder zusammensetzen. Habt ihr keinen Holzrumpf auf Lager.
BALIN: Er hat recht, Kalin. Wir brauchen ihn. Geh den Holzrumpf holen und setz ihn zusammen.

Kalin tut es.

ROTTER: Aber ich kann, Sieg heil, vorwärts, auf, auf zum Kampf, ich kann mich nicht bewegen.
KALIN: Daran haben wir nicht gedacht. Das ist ein Fehler in unserer Rechnung.
BALIN: Ich habe daran gedacht, lieber Kalin.

Gibt ein Zeichen. Vier Stricke werden von oben herabgelassen. Er befestigt sie an Armen und Beinen von Rotter. Sie werden von oben bewegt. Die Rotterpuppe wird auf die Beine gestellt und ausprobiert.

ROTTER: Ich danke euch, Sieg heil, kein Zagen, wie aus einem Guß, nach vorn, Blut, ihr habt mich vor dem schlimmsten ... Sieg heil ...
KALIN: Dein Kopf denkt immer noch den alten Dreck, und dein Mund sagt die alten Worte. Ich verurteile deinen verbrecherischen Kopf zum Tod durch das Beil. Balin, vollstreck das Urteil.

Balin reißt Rotter den Kopf aus, schlägt ihn mit dem Beil in zwei Hälften und setzt dem Rotter dann einen Holzkopf auf.

ROTTER ALS PUPPE *wird von oben an die Trümmer bewegt und beginnt, Steine zu räumen. Aus dem Schnürboden die Stimme der Puppe, während ihr Mund sich öffnet und schließt. Singt:* Bau auf, bau auf, bau auf, bau auf, freie deutsche Jugend bau auf, für eine bessere Zukunft bauen wir die Heimat auf.

TOD

1.
Tunnel. Rotter und Lackner.

ROTTER: Gib mir die Tropfen.
LACKNER: Was ist es. Das Herz.
ROTTER *schreit*: Gib mir die Tropfen.
LACKNER: Tatsächlich, das Herz. Ich hab nie gedacht, daß du auch sowas hast.
ROTTER *lacht*: Wer sagt das, Lackner, daß ich nicht heule. Ausgerechnet du. Mein ganzes Leben geht auf deine Rechnung. Immer, wenn mein Herz zu schlagen anfing, hast dus zerdrückt mit beiden Händen. Du warst mir hinterher, wo ich auch hingegangen bin. Und jetzt sprichst du von meinem Herz. Gib mir die Tropfen.
LACKNER *lacht*: Ich dir hinterher. Ich hab in meinem Leben ein einziges Mal an dich gedacht. Im Knast. Da wurde mir speiübel. Von diesem Tag an hab ichs gelassen.
ROTTER: Du lügst. Verfolgt hast du mich, wie ein Spürhund sein Opfer. Jetzt hast du mich, wo du mich immer haben wolltest. Jetzt willst du mich krepieren sehen. Mit deinem ekelhaften einen Auge. Was glotzt du so. Ich hab es dir nicht ausgeschlagen.
LACKNER: Ich hab mit einem Auge mehr gesehen als du mit zweien. Hier hast du deine Tropfen. *Wirft sie ihm hin.* Leb weiter bis du grün bist.
ROTTER *hebt einen Stein auf*: Aber ohne dich. *Schlägt ihn Lackner auf den Kopf, Lackner bricht zusammen.*
LACKNER: Das nutzt dir auch nicht. Drei Jahre von meinem Leben sind besser als deine fünfzig Jahre Sterben. *Stirbt.*
ROTTER *kniet auf Lackner, legt seinen Kopf auf dessen Brust*: Eins, zwei, eins, zwei. Jetzt langsamer. Eins, zwei, eins.

Jetzt ist er hin. *Hebt die Tropfen auf, wirft sie weg.*
Die brauch ich nicht mehr.

2.
Rotter und Lackner. Rotter liegt stöhnend am Boden. Am Tunnelausgang die Alten Kinder. Sie spielen Blinde Kuh. Dahinter die Geister von Kutz, Tetzner und Grabow.

ROTTER: Gib mir die Tropfen.
LACKNER: Was ist es. Das Herz.
ROTTER: Sie habens lahmgelegt, Lackner, was haben sie aus uns gemacht. Zwei alte Männer.
LACKNER *hebt Rotters Kopf an, flößt ihm die Tropfen ein:* Sei still.
ROTTER: Geh nicht weg. Wen hab ich außer dir. Und du bist immer weggegangen.
LACKNER: Wir hatten Fieber. Das war unsre Zeit. Jetzt kommt Papier. Das zählt nicht mehr. *Lacht.* Ein schöner letzter Satz.
Die Alten Kinder beginnen zu lachen. Sie stürzen sich schreiend über Rotter und Lackner, reißen Lackner von Rotter weg, treiben ihn von der Bühne.
GRABOW: Rotter, steh auf.
KUTZ: Wir haben dich gesucht. Zwanzig Jahre.
TETZNER: Du mußt uns führen.
ROTTER *steht auf*: Grabow, Tetzner, Kutz. Wo kommt ihr her.
DIE ALTEN KINDER: Du mußt sie führen, Rotter. Dorthin.
ROTTER *beginnt zu gehen*: Kommt. Wir fangen neu an. Da. *Er beginnt zu laufen.* Los. Wir fangen neu an. Reißt alles ein. Es muß ein Anfang her. *Schreit:* Von vorn.
Die Alten Kinder, Kutz, Grabow, Tetzner folgen ihm schreiend.
Unten nach oben, oben rückwärts.
Alle durch den Tunnel ins Leere.

Frauen · Krieg · Lustspiel

Personen

DARSTELLERIN DER ROSA
DARSTELLERIN DER KLARA
PANDARUS
SOUFFLEUR
1. NEGER
2. NEGER
3. NEGER
4. NEGER
5. NEGER

1.
ZEIT DER SPIELE

Darstellerinnen der Rosa und der Klara inmitten eines mannshohen Schachspiels.

DARSTELLERIN DER KLARA: Wasn wasn so gehts aber nich
  überhaupt nich gehts so wenns so gehn würde
  na ja zum Lachen
DARSTELLERIN DER ROSA: Klar geht das so iss doch mein
                                                      Turm
  mit dem kann ich hin wo ich hinwill
  Schließlich und endlich
DARSTELLERIN DER KLARA: Und wer steht dann
  schließlich und endlich
  im Schach tief drin bis über beide Ohren hier
  Siehste nich so gehts nich Da mußte dir schon
  was Neues ausdenken Was Neues Nimm dochs Pferd
                                                      hier
DARSTELLERIN DER ROSA: Finger raus aus meine Figuren
                                             aber schnell
  S Pferd bleibt wos iss Haste verstanden
  Laß es stehn sag ich dir Klara und zwar
  jetz nehm ich den Läufer hier und was sag ich Schach
  sag ich Schach und was sagste nu
DARSTELLERIN DER KLARA: Aaaaja Schach sagste aaaja
                                               also Schach
  iss berechtigt Mit voller Berechtigung
  Dann nehm ich dann nehm ich n Bauern nich zu
                                                 verachten
  den stell ich mal einfach auf Schwarz wie die Nacht
  einfach n Bauern vom König und schon stehste blaß
  was machstn jetz Sag mal was
DARSTELLERIN DER ROSA: Sagn sag ich überhaupt niks aber
                                        machen mach ich was
  nämlich den Läufer den hier
  schick ich in die Rente na siehste
  ein Tritt von mein Pferd und krach
  biste wieder Schach
DARSTELLERIN DER KLARA: Mitn Pferd also mitn Pferd Das
                                                  liebe Tier
  und der Bauer nützt mein König garniks

    wenn er bloß so rumsteht Und weggehn
    also weg kann er auch nich steht die Dame da
    in voller Pracht Also muß der König sich bewegen
    und wie kann er das Zieht sich einfach Stück zurück
    Und hier hat er noch ne Ecke Das iss Glück
Darstellerin der Rosa: Hoppelhoppel sagt mein Pferd
                                      und bespringt
    dein Bauern Fußvolk muß sich legen
    Natur iss stärker Wieder iss dein König einen los
Darstellerin der Klara: Issn blöder Bauer bloß
    Macht mir garniks Hab ich drauf gewartet regelrecht
    weil jetz marschiert mein Turm
    Schöne Zeiten brechen an wenn die Türme Beine kriegen
    und schon seh ich deinen König tief im Keller liegen
Darstellerin der Rosa: Garnicht schlecht Breitet sich
                                      Dunkel aus
    hier unten Feindseliger Akt
    sagt mein König und steht nackt
    Und die tumben Bauern stehn im Weg
    hab ich hängen lassen unvorsichtig
    Muß man immer in Bewegung halten Merks dir
    Sonst nutzen sie überhaupt niks Aber Krieg iss Krieg
    Stehn bloß rum Tote Leichen
    Muß der König wieder alle Arbeit selber machen
    Nimmt die feste Drohnung an
    und kriecht hier an sein Pferdchen ran
    Stop Zurück zurück So geht das nicht
Darstellerin der Klara: Was gesetzt iss iss gesetzt
    Wennde einen anfaßt mußte ihn auch ziehn
    Hier hat er gestanden und hier kommt er wieder hin
Darstellerin der Rosa: Finger raus ich sags nich
                                        dreimal So
    jetzt steht er wieder da Haste deinen Willen
    Kann der Mensch nich zweimal überlegen
    Fehler macht man
    daß man sie zurücknehm kann
    Hab ja bloß angefaßt
Darstellerin der Klara: Und das reicht eben
    So iss nun mal das Leben
    Jetzt bin ich dran und ganz elegant
    springt dir meine Dame in dein Hinterland

Darstellerin der Rosa: Jaja Meinste das hab ich nich
                                                gesehn
  Alles wegen diesem blöden Fehler
  Hättste nich mal ne Ausnahme machen können
  Aber iss wohl nich deine Stärke Scheiße
  Kannste mir mal sagen Wo ich jetz noch hinsoll
  Hier nich da nich So jetzt macht die Bombe bum
  und ich schmeiß die ganze Chose um. *Wirft alle Figuren
  um.*
Darstellerin der Klara: Hab ich mir gedacht, daßde das
                                                machst
Darstellerin der Rosa: Haste dir gedacht, daß ich das
                                                mach
Darstellerin der Klara *singt*: Kopf hoch, Sofiechen, so
                                                heul mir doch nicht,
  kriegst böse Augen und runzlig Gesicht
  und die Tränen die können nichts nützen.
  Kopf hoch, Sofiechen, so schwer es auch fällt,
  dein Liebster ist fort, doch er kämpft als ein Held,
  und der Herr wird den Helden beschützen.
Darstellerin der Rosa: Singstn da
Darstellerin der Klara: Hörst du doch
Darstellerin der Rosa: Woher kannstn das
Darstellerin der Klara: Vom schwarzen König Der da
                                                liegt
Darstellerin der Rosa: Jetzt hört die schon das Holz
                                                singen
  Von wegen schwarzer König
  Nicht mal n Bauern haste dringehabt
  halbes Jahr
  Kein schwarzen und kein weißen
Darstellerin der Klara: Und dir ist deiner abgehaun
  Weil du ihm nich das Pferd gemacht hast
  Oft genug
  ‚Ich will eine Dame sein
  ich laß nur einen König rein'
Darstellerin der Rosa: Von wegen: Vor einer Woche
  habe ich einen Brief von meinem König bekommen, der
  Johannes heißt und in unserer Wäscherei die Wäsche
  ausgefahren hat, bevor er in den Krieg eingezogen
  wurde. In diesem Brief bittet er mich, die Arbeit in der

Wäscherei liegenzulassen und zu ihm zu kommen, weil er fürchtet, mich niemals wiederzusehen, denn dieser Krieg, schreibt er, wird ihn töten in seinem Unterstand. Weil ich nicht allein reisen wollte, habe ich meine Freundin Klara gebeten, die auch in der Wäscherei arbeitet, mich an die Front zu begleiten. Jetzt sind wir beide angekommen. Nach langer Suche habe ich meinen Mann Johannes, der Angst hat und auch nicht wagt, aus dem Schützengraben zu flüchten, gefunden. Ich sage: Guten Tag Johannes.

DARSTELLERIN DER KLARA: Ich sage garnichts.

DARSTELLERIN DER ROSA: Ich sage: Du hast mir diesen Brief geschrieben und jetzt bin ich da. Auch meine Freundin Klara ist da, die in dich verliebt war, die dich aber nicht bekommen hat, weil du in mich verliebt warst. Wir waren drei Tage und Nächte unterwegs und haben nicht geschlafen. Stimmt das Klara.

DARSTELLERIN DER KLARA: Und Klara sagt: Das ist wahr, Rosa.

DARSTELLERIN DER ROSA: Endlich habe ich dich, haben wir dich gefunden, und jetzt sagst du garnichts. Bist du mir böse.

DARSTELLERIN DER KLARA: Ich antworte nicht.

DARSTELLERIN DER ROSA: Liebst du mich denn nicht mehr.

DARSTELLERIN DER KLARA: Ich antworte nicht.

DARSTELLERIN DER ROSA: Ich werfe mich über dich und beginne zu weinen, weil du mich nicht mehr erkennen willst, aber du siehst mit leeren Augen in den Himmel. Was kann ich nur tun, Johannes, daß du mich wahrnimmst, nachdem ich, nachdem wir den langen Weg hierher unternommen haben.

DARSTELLERIN DER KLARA: Ich sehe mit leeren Augen in den Himmel.

DARSTELLERIN DER ROSA: Warum.

DARSTELLERIN DER KLARA: Weil ich tot bin.

DARSTELLERIN DER ROSA: Ich weine lange und um mich her detonieren die Geschosse, aber ich habe keine Angst.

DARSTELLERIN DER KLARA: Dann sagt meine Freundin Klara: Nimm ihm den Ring vom Finger. Dein Name steht darauf. Dann wollen wir gehen.

Darstellerin der Rosa: Wohin, frage ich sie.

Darstellerin der Klara: Nach Hause, antwortet Klara.

Darstellerin der Rosa: Ich will nicht mehr nach Hause, sage ich, sagt Rosa. Ich nehme Johannes den Ring vom Finger und stecke ihn ein. Wir wollen irgendwo hinter die Front gehen und eine Scheune suchen, um zu schlafen, denn wir sind müde.

Darstellerin der Klara: Ja, sagt Klara, laß uns gehen. So gehen wir, aber nach einer Stunde stoßen wir in einem Wald auf Polizeisoldaten, die nach Plünderern suchen. Der Polizeisoldat hält mich am Arm fest und sagt:

Darstellerin der Rosa: Wer sind Sie und was tun Sie hier hinter der Front. Weisen Sie sich aus.

Darstellerin der Klara: Ihr Name ist Rosa Gabler. Ich bin ihre Freundin Klara. Wir waren auf der Suche nach ihrem Mann Johannes, den sie geheiratet hat, als er in den Krieg mußte, und der gefallen ist. Jetzt sind wir auf dem Weg ins Hinterland, eine Scheune zu finden, in der wir uns ausschlafen können, denn wir waren drei Tage und Nächte unterwegs.

Darstellerin der Rosa: Ich habe strenge Anweisung, jeden Herumstreunenden zu verhaften, denn es wimmelt von Leuten, die Leichen fleddern oder sich anderweitig bereichern. Wer zum Beispiel sagt mir, daß dieser Ring, den Sie da in der Hand halten, wirklich der Ihre ist und Sie ihn nicht einem Toten abgenommen haben, um ihn in der Etappe zu verkaufen.

Darstellerin der Klara: Hier steht ihr Name. Johannes hat ihn ihr geschenkt, als sie sich verlobt haben. Als er weggegangen ist, hat sie ihm den Ring gegeben, damit er ihren Namen bei sich trägt. Sie haben zusammen in der Wäscherei der Frau Kolbe gearbeitet.

Darstellerin der Rosa: Auch meine Freundin Klara, die mich begleitet hat und alles bezeugt. Stimmts, Klara.

Darstellerin der Klara: Das kann alles wahr sein oder nicht. Ich werde ein Nachsehen haben und Sie beide zum Lazarett führen, wo Sie zuerst einmal schlafen können und später machen Sie sich nützlich, denn jede Kraft wird gebraucht in dieser Zeit, in der das Blut in Strömen fließt.

DARSTELLERIN DER ROSA: Aber ich habe keine Erfahrung in dem Beruf einer Krankenschwester. Das muß vorher gesagt sein. Was meinst du, Klara.

DARSTELLERIN DER KLARA: Wenn man uns braucht, Rosa, sagt Klara.

DARSTELLERIN DER ROSA: Dann gehen Sie voraus, sagt der Polizeisoldat zu Klara.

DARSTELLERIN DER KLARA: Warum, fragt Klara.

DARSTELLERIN DER ROSA: Ich bin Ihnen keine Erklärung schuldig. Diese Person hier wird untersucht und folgt Ihnen dann zum Lazarett.

DARSTELLERIN DER KLARA: Bis gleich, Rosa.

DARSTELLERIN DER ROSA: Bis gleich, Klara.

DARSTELLERIN DER KLARA: Leibesvisitation. Die Frage ist, ob Sie noch andere Gegenstände als besagten Ring bei sich tragen. Na dann mal los. Ist das Ihr Auto.

DARSTELLERIN DER ROSA: Das ist das Auto unseres Königs.

DARSTELLERIN DER KLARA: Das ist unser Wäschereiwagen, Rosa. Erinnerst du dich nicht. Wie wir die Wäsche zusammen ausgefahren haben, nachdem du sie gewaschen und gemangelt hast. Wir beide ganz allein in dem Wäschereiwagen von Frau Kolbe.

DARSTELLERIN DER ROSA: Johannes. Liebster. Du lebst.

DARSTELLERIN DER KLARA: Vielleicht. Wie das war. Wie war das.

DARSTELLERIN DER ROSA: Du hast mich so zwischen die Wäsche gelegt. Nein so. Und alles hat nach der frischen Wäsche geduftet, sogar du, und ich hatte Angst, daß uns einer sehen könnte mitten auf der Straße in dem Wagen von Frau Kolbe.

DARSTELLERIN DER KLARA: Aber uns hat keiner gesehen, Rosa. Bist du Jungfrau.

DARSTELLERIN DER ROSA: Sieh doch nach.

DARSTELLERIN DER KLARA: Liebe.

DARSTELLERIN DER ROSA: Liebe. Bis du wieder schläfst. Ja so. Oder so.

DARSTELLERIN DER KLARA: Oder so.

DARSTELLERIN DER ROSA: Liebe

DARSTELLERIN DER KLARA: Liebe

DARSTELLERIN DER ROSA: Liebe Nasowas

Darstellerin der Klara: Muß noch die Fuhre in die Twachtmannstraße bringen.

Darstellerin der Rosa: Hab ich alles durchgemangelt und allein ausgehängt auf der Wiese. Daß du nur aufpaßt.

Darstellerin der Klara: Frauen machen müde.

Darstellerin der Rosa: Schläfst du.

Darstellerin der Klara: Ich will nicht mehr tot sein. Ich will nicht mehr Johannes sein, der Mann aus der Wäscherei, der Mann im Schützengraben, der Mann, dem du den Ring vom Finger ziehst.

Darstellerin der Rosa: Du redest wieder irre, Klara. Seit wir hier im Lazarett sind, schlägt dir einiges ins Gemüt. Ich frage mich schon lange: ist es der Krieg oder liegt das in deiner Natur

Darstellerin der Klara: Wenn hier einer was ins Gemüt geschlagen ist, bist du das wohl, Rosa. Für dich ist der Krieg die Vergnügungsreise. Ach, das und alles andere. Kein freier Tag ohne einen fremden Kerl hinter den Sträuchern. Neben dem Casino. Ich seh dich immer verschwinden. Sträucher Casino. Dahinter. Die Beine breit, als ich oder Johannes keine zwei Stunden tot war. Und jetzt auch noch zusehn, wenn du die zerrißnen Kerle von unten aus dem Saal zu uns ins Zimmer abschleppst. Das bißchen Leben, das noch drin ist, ausquetschst zwischen deinen Schenkeln.

Darstellerin der Rosa: Was weißt du denn davon. Eine kleine Feier mitten im großen Krieg.

Darstellerin der Klara: Dir selber machst du eine, nimm doch dein Maul nicht voll als wärst du hier angestellt als Engel der Verwundeten. Schon als wir in der Wäscherei warn, konntest du nicht genug haben. Alle zwei Stunden ab auf die Toilette. Meinst du, ich weiß nicht, was du da gemacht hast. Ich habs gesehen durchs Schlüsselloch, wie du die Messingkugel abgeschraubt hast unterm Fenster und dann nichts wie untern Rock damit und rauf und runter.

Darstellerin der Rosa: Tust mir einfach leid, Klara. Mehr ist nicht.

Darstellerin der Klara: Steigen Sie in diesen Wagen. Ich habe Befehl, Sie ins Feldbordell zu bringen. Weiterverbreitung von Geschlechtskrankheiten, damit Zersetzung der Wehrkraft. Paar Spritzen, dann sind Sie ausgeheilt und stehn zu allgemeiner Verfügung.

Darstellerin der Rosa: Die Tochter aus besserem Haus.

Darstellerin der Klara: Was bitte.

Darstellerin der Rosa: Hat mich einer angezeigt oder wie sind Sie auf mich gekommen.

Darstellerin der Klara: Eine Klara ichweißnichtwie hat Sie zur Meldung gebracht. Kennen Sie sie näher.

Darstellerin der Rosa: Meine beste Freundin.

Darstellerin der Klara: Die möcht ich nicht zur Feindin haben. Ich habe die Meldung selbst gelesen. Was man über einen Schlechtes sagen kann, steht drin.

Darstellerin der Rosa: Wußt ich doch. Schon als die Tür abgeschlossen war. Ist das Ihr Auto. Schöner Wagen.

Darstellerin der Klara: Beschlagnahmt. Bei einem, der ne Fabrik hat hier in der Gegend. Sonderanfertigung. Konnt er garniks machn. Krieg iss Krieg. Da gibts kein privates Auto mehr. Da iss garniks mehr privat, hab ich ihm gesagt, als ich den Wagen abgeholt hab. Nichtmal er selber. Hat er vielleicht dumm gekuckt.

Darstellerin der Rosa: Waren Sie immer schon Soldat.

Darstellerin der Klara: Vorm Krieg war ich arbeitslos. Hab mich dann gemeldet freiwillig noch bevor es losging. War mir nichts, immer nur zu Hause sitzen und ausm Fenster glotzen.

Darstellerin der Rosa: Iss doch schön. Muß man nicht arbeiten.

Darstellerin der Klara: Sie ham ne Ahnung Wennse
                                                  jung sind und
ham das Leben vor sich und plötzlich sehn Se
alles freie Zeit Ich red nichmal davon
wies finanziell iss Nur die freie Zeit
Macht einem Angst Sechzig Jahre freie Zeit
Kann der Mensch nich Muß was machn Egal was
Sonst geht er rund im Hirn

Darstellerin der Rosa: Wollnwer nicht ma anhalten
Könns uns doch bequem machn hier im Wagen

Darstellerin der Klara: Hab mein Befehl Laß ich mich
                                               nicht ablenken
Soll kein schlechter Wille sein oder böse Aber

muß sie abliefern Weiß schon was sie wolln
Geht nich Außerdem Sind Se noch nicht ausgeheilt
DARSTELLERIN DER ROSA: Hab n Gummi hier Dann iss kein Problem
DARSTELLERIN DER KLARA: Meinen Sie die wissen nicht warum ich dann zu spät komm
DARSTELLERIN DER ROSA: Wenigstens was
DARSTELLERIN DER KLARA: Aussteigen Und Sie melden sich gleich beim Sanitäter Da kriegen Se ne Spritze und dann kommen Se in die Baracke Nichts für ungut.
DARSTELLERIN DER ROSA: Warum hamse mich gesiezt die ganze Zeit
DARSTELLERIN DER KLARA: Warum nicht Sind ja schließlich ne Frau
Hat man Achtung vor Da geht nichts drüber
Iss doch kein Kumpel oder sowas wie man selber
DARSTELLERIN DER ROSA: Wie wer
DARSTELLERIN DER KLARA: Wie man selber
DARSTELLERIN DER ROSA: Wer soll n das sein Man selber
DARSTELLERIN DER KLARA: Fragstn da
DARSTELLERIN DER ROSA: Biste doch wer anders.
DARSTELLERIN DER KLARA: Bevor ich, Johannes Gabler, zurückgehe an die Front Zwei Tage Urlaub stelle ich mich an in der Reihe vor dem Bordell mit meinem Gutschein Fünfzehn stehen noch vor mir an der Baracke vierzehn Zwei „Glied vorzeigen" Sagt der Unteroffizier Löffler in die Baracke Steck ich den Ring weg als ich eintrete Warum steck ich den Ring weg auf dem der Name meiner Frau steht, mit der ich in der Wäscherei Kolbe gearbeitet habe und der ich einen Brief geschrieben habe, in dem steht, daß sie mich besuchen soll, wenn sie mich noch ein letztes Mal sehen will.
DARSTELLERIN DER ROSA: Du brauchst den Ring nicht wegzustecken, Soldat. Laß die Hose runter. Du hast drei Minuten. Fang an.
DARSTELLERIN DER KLARA: Sie öffnet die Beine. Ich heiße Johannes, sage ich. Wie heißt du.
DARSTELLERIN DER ROSA: Das tut nichts zur Sache. Du hast deinen Gutschein und drei Minuten. Fang an. Hier ist der Gummi.
DARSTELLERIN DER KLARA: Ich hab so ein Gefühl, sage ich,

daß ich draufgeh heute. Ich habe meiner Frau einen Brief geschrieben, aber sie ist nicht gekommen.

Darstellerin der Rosa: Zwei Minuten.

Darstellerin der Klara: Darf ich dich Rosa nennen und du sagst Johannes zu mir.

Darstellerin der Rosa: Sag, was du willst. Aber die hinter dir warten nicht.

Darstellerin der Klara: Rosa.

Darstellerin der Rosa: Was ist los.

Darstellerin der Klara: Ich hab so ein Gefühl.

Darstellerin der Rosa: Das hast du schon mal gesagt. Eine Minute.

Darstellerin der Klara: So geht das nicht.

Darstellerin der Rosa: Sie schlagen schon gegen die Tür. Steh auf.

Darstellerin der Klara: Ich stehe auf und verlasse die Baracke. Ich gehe zum Sanitäter, der mir das Zäpfchen hineinsteckt, ich reihe mich ein in meine Kompanie. Ich marschiere zur Front.

Darstellerin der Rosa: Taktaktaktaktaktaktaktak

Darstellerin der Klara: Ich laufe los. Ich streife mir den Ring wieder über den Finger. Ich laufe. Neben mir fallen welche. Ich laufe weiter. Tiutiutiutiutiutiutiutiu

Darstellerin der Rosa: TAKTAKTAKTIUTIUTIUTIU-WUWUWUWUWUWUBUMM

Darstellerin der Klara: Bumm Jaaaaaaaaaaa Ich wußtes ich wußtes ich wußtes ich wußtes Hilfehilfehilfehilfe mein Bauch Feuer nicht hauen bittebitte nicht hauen Wasser Wasser Laß doch den Motor an Wir müssen noch in die Twachtmannstraße Die warten auf ihre Laken Mein Bauch Ich brauche Wasser Den ganzen Zuber Rosa Laß die Wäsche doch drin Ich spring einfach rein in den Zuber leg mir das nasse Laken drauf oder die Tischdecke Ich sauf den Zuber aus Nein Frau Kolbe Ich muß nur schnell was trinken Dann fahr ich los Ich nehm dich mit Rosa Das ist ja alles rot Halt mich fest Ich verbrenne Ich ertrinke Laß doch den Motor an Warum holt mich denn keiner ab hier Rosa Das war garnicht mein Auftrag Das hätte Johannes machen sollen Fahr mich doch zurück An die Wasserleitung Warum holen die mich denn nicht ab Dauert das denn ewig Mal macht er ne Pause zwei Stun-

den zehn Jahre dann geht er weiter Frontwechsel Wir
ziehen um Inne neue Wohnung Nehmen Sie doch Platz
Haben Sie Nachrichten gehört Es soll wieder losgehen
Aber er springt nicht an Dann müssen wir warten Ausm
Fenster kucken zwei Stunden Zehn Jahre Ausm Fenster
kucken Ich brenne

Darstellerin der Rosa: Du sollst das Zeug nicht fressen

Darstellerin der Klara: Das ist doch alles nicht wahr
Gleich wach ich auf mitten im tiefsten Frieden Legen Sie
doch das Laken auf den Tisch O die Tischdecke ist ja
ganz blutig, du Jungfrau, gib mir zu essen auf einem blutigen Tischtuch, du blutige Jungfrau für 50 Mark, gib mir
zu essen, du Jungfrau vom blutigen Fünfzigmarkschein,
das ist doch deine Arbeit, gib mir doch endlich zu essen
und dann fahren wir los, aber das Verdeck mußt du aufmachen, ich hab garkeine Luft und einen Wasserhahn
müssen wir noch einbauen lassen Schach Iwo die Front
ist ganz woanders Verlaufen einfach verfahren Kann dich
auch kaufen, wenn du mich liebst, weil ich warte zehn
Jahre auf den Verkehr, seh ich aus deinem Fenster, da
stehst du wieder mit Wassereimern Nicht in den Zuber
nicht in den Zuber

Darstellerin der Rosa: Der Ring. Was willst du damit
noch anfangen. Das ist meiner. Kann ich beweisen. Aber
die Augen muß ich dir zumachen. Die müssen zusein.
Jetzt biste wieder tot endlich. Wie am Anfang.

2.
TROJA THEATER TOD

*Der blinde Pandarus und der ihn auf der Mauer entlangführende
Souffleur. An der Mauer zur Erschießung aufgestellt fünf junge
schwarze Soldaten mit verbundenen Augen.*

Pandarus: Hier wohnt die Wüste, dort schweigt der Krieg:
Still steht dazwischen die Mauer.
Hier nennt die Niederlage sich Sieg,
dort heißt das Festmahl sich Trauer.
Hier nennt sich Troja belagerte Stadt,
dort heißen die Griechen sich Heer,
das Trojas Mauern umzingelt hat,

doch nirgends bewegt sich nichts mehr.
Ach, wer nennt Krieg diesen endlosen Schlaf,
und wer heißt Helden die Schläfer,
ich nenn, was hier sich zum Kämpfen traf,
fluglahme Vögel und todmüde Käfer.
Und so beschloß ich in dieser Stadt
ein leuchtendes Feuer zu legen,
dem Mann zu geben, was eine Frau nötig hat,
und hoffte: Ein Krieg wird sich regen.
Zusehn, ja zusehn, daß endlich was brennt:
Wenns schon kein Land ist, das brennen muß,
dann doch zwei Leiber, ach daß ich sie fänd,
wollt ich entfachen, ich, Pandarus,
Mann und doch Frau, den Troja verkennt
als ungeilen Greis voller Verdruß,
Zuschauer war ich, und geiler Agent
der Kämpfe der Körper, des Kriegscoitus.
Jetzt wollt ich sein, was ihr Spielführer nennt:
Jetzt wollt ich aufführen meinen Genuß,
trieb zwei Körper in eins bis zum End
Cressida sie, er Troilus ... *Er hat den Text vergessen.*

SOUFFLEUR *souffliert*: Nur das reine Gefühl hatt ich im Sinn
als ich der Stute zuführte den Hengst ...

PANDARUS *wiederholt die letzten Sätze, dann*: Du soufflierst
schon wieder falsch. Das ging anders. Ach, je öfter ich
meinen Text sage, desto mehr vergesse ich ihn. Schon
eine Schande, daß ich einen Souffleur bezahlen muß,
um die Botschaft durch die Zeiten zu bringen. Ich
werde mir selbst ganz fremd, wenn einer mir vorsagt.
Aber das Alter. Kriege immer wieder, in die ich mein
Anliegen rufe: „Liebet euch, statt euch zu töten. Diese
Mauer, durch die Zeiten, die trennte Trojaner und
Griechen, und solche und andere, soll ewige Mahnung
euch sein."

SOUFFLEUR: Das kommt doch erst zum Schluß:
erinnern Sie sich, Pandarus.
Der Mittelteil vom Monolog
erzählt, wie Cressida den Prinz betrog.
Die Quintessenz, die Konsequenz
am Anfang schon? That makes no sense.

PANDARUS: Dir geh ich nicht auf deinen Leim

>   ich zahl dich nicht für eignen Reim.
>   Wie kannst du ungeschriebne Sätze wagen
>   Souffliern heißt, flüsternd vorzusagen,
>   wenn Helden kommen aus dem Text
>   drum frag ich dich nochmal: What's next?
> SOUFFLEUR *soufliert*: „Ihr, die ihr geilen Kuppler mich
>   nennt, dem der Pfahl
>   nur beim Zusehn sich aufstellt, hört, was ich sag:
>   Bemühend mich um eine Liebe im Krieg, löst ich aus
>   Krieg in der Liebe zwischen den beiden ..."
> PANDARUS *spricht nach, dann*: ... und mußte der Zeuge sein
>   ihrer Entzweiung
>   herbeigeführt durch den Riß zwischen der Pflicht
>   und der Neigung. Troilus ließ Cressida gehn
>   ins feindliche Lager als Tausch für den Staat
>   und sie zahlte ihm heim seine Weigerung,
>   sie zu halten, und gab sich den Feinden
>   ohne Scham und mit Schenkel. So ging der Krieg,
>   der stillstand zwischen Griechen und Troja,
>   weiter als Krieg zwischen Frau und Besitzer
>   und ich hatte ausgelöst diesen Streit,
>   diesen Krieg, diesen falschen, im Frieden,
>   im Stillstand der Waffen, ach hätte ich ...
> 1. NEGER: Wann hält dieses Arschloch endlich die
>   Schnauze? Hast du ne Ahnung, wann die uns endlich
>   abknallen? Ich kann dem sein Zeug nicht mehr
>   hören.
> 2. NEGER: Ich hatte mir schon n paar schöne letzte
>   Gedanken ausgedacht.
> 2. NEGER *singt*: Mein letzter Gedanke, das ist doch klar,
>   wenn die Kugel mein Herz zerreißt:
>   Wie ein Weib die Schenkel spreizt wunderbar,
>   dann gebe ich auf meinen Geist.
> ALLE: Ja, der Tod macht den Menschen kenntlich,
>   wie das Leben ihn undeutlich macht.
>   Darum ist der Mensch auch endlich
>   und sich selbst sehr unverständlich,
>   schreit, wenn er auf die Welt gebracht,
>   weil er sieht, wie ihm sein Ende schon lacht.
> 1. NEGER *singt*: Das letzte, was durch meinen Schädel
>   streicht,

ist mein toter Bruder, der kauert
  am Ufer, das er vor mir schon erreicht.
  O, Schrecken, wie er auf mich lauert.
Alle: Ja, der Tod macht den Menschen kenntlich,
  wie das Leben ihn undeutlich macht.
  Darum ist der Mensch auch endlich
  und sich selbst sehr unverständlich,
  schreit, wenn er auf die Welt gebracht,
  weil er schon sieht, wie ihm sein Ende schon lacht.
3. Neger *singt*: Ich hab mir zu viele Gedanken gedacht,
  ach, ich wollte ein einzigartiges Bild:
  Darum hab ichs auch nie zum Maler gebracht,
  mit mir wird ein Dilettant hier gekillt.
Alle: Ja, der Tod macht den Menschen kenntlich,
  wie das Leben ihn undeutlich macht.
  Darum ist der Mensch auch endlich
  und sich selbst sehr unverständlich,
  schreit, wenn er auf die Welt gebracht,
  weil er schon sieht, wie ihm sein Ende schon lacht.
4. Neger *singt*: Ich seh, wie ich in den Himmel stürm
  und trete Herrn Gott seine Eier zu Brei
  für alles, was er uns Menschengewürm
  tuen läßt, antut und grinst noch dabei.
Alle: Ja, der Tod macht den Menschen kenntlich,
  wie das Leben ihn undeutlich macht.
  Darum ist der Mensch auch endlich
  und sich selbst sehr unverständlich,
  schreit, wenn er auf die Welt gebracht,
  weil er schon sieht, wie ihm sein Ende schon lacht.
5. Neger *singt*: Ich sage Euch nicht, wie ich sterben will,
  dann werd ich der einzige sein,
  der zwar blöd, aber furchtsam und still
  zieht in seine neue Wohnung ein.
Alle: Ja, der Tod ...
3. Neger: Na legt schon an. Wie lange solln wir denn noch warten. Erst macht ihr n großes Geschrei wegen Fahnenflucht und dann laßt ihr uns hier die Beine in Bauch stehn. *Kommandiert:* „Legt an. Feuer frei."
Pandarus: Wer sind diese Ungehörigen?
Souffleur: Einige junge Herren aus den Ersatzheeren. Import. Afrika oder so. Haben den Dienst verweigert. To-

desurteil. Warten auf Vollstreckung.
PANDARUS: Gehts immer noch um Troja? Ich dachte, wir wären weiter. *Zu den schwarzen Soldaten:* In wessen Dienst standet ihr und habt ihn verweigert?
4. NEGER: Ne Sache in Europa *Zum 5.:* So heißt doch wohl die Gegend hier?
5. NEGER: Keine Ahnung. Ich sehe ja nichts. Iss mir auch scheißegal. Wenn die mal endlich zur Sache kämen. „Feuer frei."
1. NEGER: Vielleicht sind wir schon lange tot und haben das Schießen nicht gehört, weil dieses Arschloch so laut gequatscht hat.
2. NEGER: Wenn ich mich bloß erinnern könnte, an was ich mich erinnern wollte.
PANDARUS: Standet ihr also im Dienst der Herren
von Troja oder Athen? Strittet ihr also
für Hektor, Achill, Diomed und Ulyss,
an Stelle dieser gelangweilten Weißen.
Ist Helena endlich frei nach diesem
nichtendenwollenden Kampf durch die Jahrtausende?
Sagt, was wurde aus Troilus und
seiner untreuen Liebe.
3. NEGER: Kenn ich keinen von. Hektor? Ulyss? Sind das die, die uns die Knete nich rausrücken wollten, die versprochen war. Erst machen wir ihre Arbeit und dann werden die geizig. *Zum 2.:* Oder haben eure drüben euch was gezahlt?
2. NEGER: Ich kann mich an garniks erinnern. An Geld erst recht nicht. *Weint.* Ich will nach Hause. Oder in Himmel.
4. NEGER *zu Pandarus*: Können Sie nicht mal ein gutes Wort beim Exekutionskommando für uns einlegen. Die sollen abdrücken oder uns ne Rückfahrkarte nach Afrika besorgen.
5. NEGER: Oder n paar Weiber. Dann würd ich noch bleiben. Sowas Weißes in der Hand wär schon was wert. *Zu Pandarus:* Wie hieß die Kleine, die ihr Treulos oder wie der hieß, beschissen hat. Du hast doch gesagt, die treibts mit jedem. Auf der einen Seite der Mauer und auf der andern. Haste gesagt. Aber so ne Dame kriegt ihr Geld wahrscheinlich postwendend auf de Hand. Im Gegensatz

zu uns. Iss doch ne Kollegin, vielleicht macht sies fürn Kollegen gratis.
PANDARUS *zum Souffleur*: Warum erlöst die Unglücklichen keiner. Strafe muß sein. Aber Warten ist unmenschlich. Warum werden sie nicht erschossen?
SOUFFLEUR *flüstert*: Weil keiner da ist. Das Hinrichtungskommando ist nach Verdun abgestellt. Dann muß es noch nach Stalingrad und dann kommt erst Troja dran. Ich habs aus erster Hand. Vielleicht machen sie auch noch Zwischenstation in Berlin. Da sind n paar Alabamaneger in Zehlendorf ausgeflippt und wollten abhaun. Alles Kollegen von denen hier. Haben alle ihre Gage nicht gekriegt.
PANDARUS: Du sprichst es aus. Ich hatte es vergessen.
Zwar bin ich nicht aufs Zahlmittel versessen,
doch fordert Friedensarbeit auch nen Lohn,
wahrscheinlich harrt man meiner an der Kasse schon.
Erlöse du die armen ausgeliehenen Streiter.
Ich hol mein Geld, dann predigen wir weiter. *Ab.*
SOUFFLEUR *schneidet einem Soldaten nach dem anderen die Kehle durch, jedem den Mund zuhaltend; dazwischen*: Er hat wieder mal ein paar Sätze vergessen. Wie immer. Also: „Frieden ist schön." „Liebe ist Arbeit." „Zukucken macht Spaß."
Zum Publikum: Mein Beruf ist nicht mehr, was er war. Sie sehen es. Jetzt muß man schon selber Hand anlegen, statt Mund vorsagen. Und noch dazu auf offener Bühne. Ich gehöre in den Kasten. Nirgends sonst hin. Wie sagt die Dienstordnung für Souffleure: „Der Souffleur hat zur Ausübung seiner Pflichten einen Raum zu verlangen, der ihn technisch nicht behindert und seine Gesundheit nicht gefährdet." Das Sufflieren außerhalb des Souffleurkastens, insbesondere auf der Bühne, ist durch schlechte Akustik, eingeschränkte Bühneneinsicht, schlechte Lichtverhältnisse und räumliche Einengung, sowie durch Bühnenscheinwerfer, Stromkabel, Bühnenstaub, Auf- und Abbauten der Technik und Auftritte und Abgänge der Darsteller mit gefährlichen Requisiten (brennenden Kerzen, Lanzen, heißen Getränken, Tieren usw.) für den Souffleur nicht nur eine technische Behinderung, sondern bedeutet auch eine erhöhte Gesundheits- und Unfallgefahr. Da sich jedoch die Ausnahme-

fälle an vielen Theatern inzwischen zu Regelfällen entwickelt haben, muß ich für die Souffleure erneut die Forderung nach dem Souffleurkasten stellen. Den Arbeitsplatz für Souffleure präzise festzulegen, um die Effektivität ihres Einsatzes für die darstellenden Kollegen nicht zu beeinträchtigen und darüber hinaus eine Gesundheits- und Unfallgefährdung zu vermeiden. Der Berufsstand der Souffleure wird durch den Abbau des Souffleurkastens und damit ihres Arbeitsplatzes menschlich und künstlerisch diskriminiert. Wenn der Kasten von der Bühne verschwindet, so bedeutet dies eine negative Veränderung des Bühnenraumes. Aufhebung eines uralten Theaterbrauches und die Vernichtung eines Theaterarbeitsplatzes. Für den Souffleur ist es eine Zumutung, wenn er von der Bühne aus, womöglich noch in Kostüm und Maske, wenn man einen Vertrag „mit Spielverpflichtung" hat, soufflieren muß. Den Schauspielern hilft es ebensowenig, da der „Blickkontakt" fehlt und akustisch das Soufflieren nicht zu verstehen ist. Soufflieren soll eine unauffällige künstlerische Hilfe sein und auch vom Publikum nicht bemerkt werden. Ich hoffe, Sie unterstützen meine Überzeugung, in der ich von dem Bühnenschriftsteller und -darsteller Klaus Pohl bestärkt wurde, der mich bat, sie hier vorzutragen. *Geht in den Kasten, sieht noch einmal aus dem Kasten heraus.* Er hat noch zwei Sätze vergessen: „Versuchen Sie mal einen Wolf in einen Stuhl zu setzen" und „Das Land können wir nicht ändern, ändern wir also das Thema".

3.
WUT TUT GUT

eine waschküche, darstellerin der rosa arbeitet: wäscht, mangelt, legt die wäsche aus, hängt sie auf, bügelt, stapelt die wäsche etc.

DARSTELLERIN DER KLARA: da. jetzt. wieder. hast dus nicht gehört. hörst du. schritte auf der treppe. jetzt sind sie da. gleich klopft es an der tür. hast du keine ohren, klara. sie kommen mich verhaften. wenigstens jetzt ein blick von dir. wenigstens *pause* nein, die gehn nach oben. also immer noch nicht. also weiter warten, also, alles nochmal durchgehn, daß ich keinen fehler mach, denn der eindruck ist das wichtigste, schließlich sind das männer, die davon was verstehen. schließlich bin ich nicht die erste, die sie abführen. also die gedanken zusammenhalten. einen nach dem andern durchgehen. und auf jede frage vorbereitet sein. nicht so viel herumlaufen. das macht die gedanken im kreis. *pause* und die haarnadeln nicht vergessen. merken: die haarnadeln. nicht, daß das im eifer des gefechts untergeht. haarnadeln müssen sein, die verhaften jeden tag fünf, aber bei mir ist es schließlich die premiere. und da muß ein eindruck gemacht werden. sonst denken die gleich, sie wissen was sie für eine vor sich haben. da ist alles von bedeutung, jeder schritt, jedes wort. und nicht so viel rumgehen, stillestehen, nachher kannst du auch nicht von der stelle. jedenfalls nicht mehr in der zelle. *pause* jedes wort auf die goldwaage. und jetzt nochmal von vorn. ja, klara, du altes huhn, das ist so nach deinem geschmack, wie du deine kleine rosa hier im kreis gehen siehst, oder. mußt ja nicht so tun. man fällt eben tiefer, als man vorher denken kann, aber darum geht es nicht. nur ein paar tips, ob das so seine richtigkeit hat. nein, ich meine nicht, ob es wahr ist, nur daß ich es im richtigen licht hab. hättst du mir nicht zugetraut, stimmts. tröste dich, ich mir auch nicht. manchmal passiert eben was mit einem und danach steht man ganz anders da. aber davon verstehst du ja nichts. mit deiner oberhand. also stillstehen. und jedes wort auf die goldwaage. und den kittel zu, damit es seine ordnung hat. aber gut im fleisch meine herren. *lacht* das kann bestätigt werden. sie brauchen sie nur als zeugen vorzuladen, jedenfalls haben sie das fast alle gesagt und man merkt es ja auch, ob ihnen das fleisch in der hand liegt, oder nicht, wenn sie so drüber wegfahren. da springen die funken oder eben garnicht. und bei mir springen eben die funken. das kann sogar klara hier bestätigen. oder willst du das verleugnen. sogar dir sind doch die funken gesprungen, aber jetzt willst du mich ablenken. *pause* mich macht mein eignes fleisch ganz traurig, daß ich es blankscheuern will, bis auf die weißen knochen. *pause* wie ein echo. und was ist es warm hier unten. stille sein und dir selbst ein leid antun. so geht das ins schöne. *pause* jetzt ist mir leichter. merken: in den spiegel sehen, bevor wir losfahren. *pause* hinsetzen, aufstehen und die stimme ruhig halten. gleich vom ersten verhör an. „nein, ich bekenne mich nicht schuldig." nein, anders: „unschuldig". nicht gut. das macht den falschen eindruck. viel zu sicher. muß mehr durcheinander klingen. schließlich haben sie eine vor sich, die 26 ist und zum erstenmal dasteht. also: „ich gebe zu, daß ich mein kind ertränkt habe, in dem Zuber da. in der kiste da liegt es unter den laken ... sie haben es ja gefunden ... aber das geschah ... ich wollte nicht ... was mir hier zur last gelegt wird, sieht so aus." nicht schlecht. mehr die sätze durcheinanderbringen, aufgeregter sein. noch einmal: „ich gebe zu, daß ich mein kind getötet habe, aber das geschah ... ich wollte nicht ... was mir hier zur last gelegt wird, sieht so aus." nie das eine wort vergessen. in den kopf schreiben ganz groß, nur dies eine wort, denn das ist der seidene faden. nur dies eine wort: unzurechnungsfähig. un-zu-rech-nungs-fä-hig. un-zu-rech-nungs-fä-hig. irre bist du, rosa, irre. nicht ganz richtig hinter der tapete. *lacht* kleines sprünglein in der schüssel. mäuse unterm dach juchhee. vielleicht ist es doch besser ohne haarnadeln. glaubhafter. eine, die nicht auf sich hält, verwildert. aus der unteren klasse, völlig durcheinander. gar nicht schlecht. mehr auf das soziale gehen: armes mädchen mit der freundin fremd in der großen stadt und den männern hilflos ausgeliefert. schon als kind die ersten anzeichen. „hiermit stelle ich den antrag, meinen bruder als zeugen vorzuladen. der kann auch bestätigen, daß ich schon als kind schwere träume hatte. wir schliefen in demselben zimmer und am morgen hat er mir oft erzählt, wie ich nachts aufgestanden bin im schlaf und mit offenen augen am fenster gestanden habe und auf den hof gesehen." *wiederholt es in anderer haltung, pause* schlecht: wenn ich das selber beweisen will, sagen die, die will den paragraphen. völlig klar bei verstand, stellt sie anträge, die beweisen sollen, daß sie irre ist. das muß alles in den lebenslauf, mehr wie zufällig. müssen sie selber draufkommen. nur nicht dick auftragen, der eindruck ist das wichtigste. *pause* nicht nachdenken, nicht fallenlassen. jedes wort aussprechen. anders kannst du es nicht beurteilen, als wenn du es selber hörst. auf jedes wort hö-

ren, als obs eine andere sagt. nicht schon wieder. finger weg, auch wenns schwerfällt. konzentration. *pause* oder garnichts sagen. wie vom schlag getroffen dasitzen. unfähig zu einem wort. weinen. *versucht zu weinen* viel zu aufdringlich. mehr nach innen. *weint* ich kann doch nichts dafür. ich will nicht tot sein. *weint, hört plötzlich auf* gar nicht schlecht. aber irgendwie auch wie ein geständnis. dafür gibts mitleid aber nicht unzurechnungsfähig. das können sie deuten, wie sie wollen, aber das dürfen sie nicht. stimmts, klara. du besuchst mich doch auch lieber in der klapsmühle als auf dem friedhof. da gibts wenigstens was zu lachen. stimmts, klara, du mistvogel, meinst du doch auch: garnichts sagen ist ein risiko. daran hängen sie mich auf. also weiter. oder mal eine kleine pause, ohne denken. *pause, dann singt sie:*
kopf hoch, sofiechen, so heul mir doch nicht,
kriegst böse augen und runzlig gesicht,
und die tränen, die können nichts nützen.
kopf hoch, sofiechen, so schwer es auch fällt,
dein liebster ist fort, doch er kämpfet als held
und der herr wird den helden beschützen.
„stehen sie gerade, und hören sie auf zu singen. kopf hoch. name, wohnort, lebenslauf." „ich heiße rosa gabler, geborene pohfahl und wurde am 2. Mai 1894 in strelitz geboren. mein familienstand ist verwitwet. zur zeit meiner festnahme wohnte ich in berlin c2 kleine alexanderstraße 4." das muß noch leiser sein, so mit den gedanken woanders. „mein name ist rosa gabler. ich wohne in der alexanderstraße 4 geboren wurde ich in strelitz als tochter des maurers karl pohfahl und seiner frau elisabeth. seit dem 6. juni 1916 bin ich witwe. an diesem tag ist mein mann ..." gatte ist besser. das klingt seriöser. „an diesem schrecklichen tag ist mein gatte johannes gabler bei verdun gefallen. zu diesem zeitpunkt war ich zwanzig jahre alt. meine kindheit verlief behütet. zwar hatte mein vater besonders im winter oft keine arbeit, aber das nötigste war immer vorhanden.
kopf hoch, herr nachbar, ja freilich, 's ist wahr,
die zeiten sind ernst und das geld manchmal rar,
und mancher hat kummer und sorgen.
indessen, was hilft es euch, wenn ihr euch grämt

und das schwere immer viel schwerer noch nehmt, hofft doch auf ein besseres morgen.
meine drei geschwister und ich halfen unserer mutter bei der hausarbeit und als älteste hatte ich die aufgabe, meinem vater, wenn er in stellung war, sein essen zum bau zu bringen. dies tat ich gern, auch weil die jungen maurer auf der baustelle oft mit mir ihre späße machten. betreffend der sexuellen entwicklung war ich früher gereift als meine freundinnen aus der klasse. dieses machte sich bemerkbar, indem oft jungen an meine ..." brust oder busen, was meinst du, klara. *pause* „an meinen busen faßten. desgleichen auf den baustellen, wo ich meinem vater das essen brachte, wie ich bereits erwähnt habe. dies zog viel ärger nach sich und im alter von dreizehn jahren mußte ich die schule verlassen. ich ging danach in stellung auf die wäscherei der frau kolbe. wir arbeiteten in einer großen küche und es waren viele frauen dort, mit denen ich mich gut verstand. einige von ihnen aber nahmen mich unter einen schlechten einfluß, was die geschlechtliche seite angeht." stimmts, klara, entschuldigung, klara, nichts für deine ohren. deshalb bleibst du ja draußen und ich muß rein. du weißt ja nicht wie das ist. ab ins klosett. abschließen. und der kleine griff vom deckel genauso dick wie mein kleiner finger ohne riegel dreißig zentimeter lang oder an die messingkugel unten an der tür. drüberstreichen, immer wieder, was weißt du denn, klara. du bleibst draußen und was hast du schon davon. bist ein halber mensch, tust mir richtig leid. brauchst dir nicht die Ohren zuzuhalten. poch poch poch poch. ganzer Bauch voller bienen, sammeln honig, in mein bauch. dicker weißer honig. wohin mit dem honig, wohin mit dem ganzen honig. und dann plötzlich ganz matt und erschöpft, wie der ärmste feldsoldat nach dem langen marsch. was verstehst du davon, klara. trockner ast am toten baum. *pause* „ja ich fahr schon fort, herr polizist. ich war nur in gedanken. manchmal komm ich so in gedanken, daß ich nicht mehr weiß, wo ich bin und dann fällt in meinem kopf alles durcheinander. ich war stehengeblieben in der wäscherei von frau kolbe. hier lernte ich auch meinen späteren mann johannes gabler kennen, der die wäsche ausfuhr der die wäsche ausfuhr der die wäsche ausfuhr la-

ken kissen wäsche weiße wäsche frisch wie die leuchtet
in der sonne und das duftet in die nase auf dem wagen
wenn die wäsche duftet auf dem wagen in der sonne und
ich halte deinen schönen hals in die wäsche und du legst
dich an meine schulter wäsche weiß ach mein kleines
hirn wie du dich versteckst da oben jetzt gehts wirklich
durcheinander und ich muß dich doch zusammenhalten
und der motor läuft noch immer brummt und wir stehen
mitten auf der straße mit dem auto mußt doch noch die
fuhre in die twachtmannstraße bringen brummt der motor
und die wäsche duftet hab ich alles durchgemangelt
ganz allein und ausgehängt auf der wiese nur daß keine
flecken kommen auf die wäsche daß du aufpaßt das wär
ja wohl noch schöner daß die kriegen ihre laken mit flekken
wieder wolln doch selber welche reinmachen flecken
überall große dunkles blut auch blut siehst du nimm mir
meine schuld wie du mir genommen hast meine unschuld
kann ich denn nicht alles waschen weg auch das
rote männer wecken dich im krieg und ersticken dich im
frieden männer nehmen deine unschuld mit dem blut
und mit blut zahlen sie dir deine unschuld wieder zurück
aber dann ist das blut ihres und klebt an meinem finger
wie meins an deinen klebt.
kopf hoch, frau meisterin, was macht der gemahl,
er liegt noch im dörfchen am marnekanal,
ich laß ihm viel grüße bestellen.
bei mir zu hause, drum komm ich vorbei,
gibts zu flicken und nähen für euch allerlei,
schickt mir doch mal euern gesellen.
so kann das nicht in die twachtmannstraße müssen wir
austauschen alles o wie ich denke so geht das nicht so
kann ich mich nicht vorbereiten auf den lebenslauf für
morgen unzurechnungsfähig rosa gabler einweisung ins
irrenhaus nicht verantwortlich nicht im besitz ihrer sinne
also nicht schuldig aber einzuweisen und dann bin ichs
plötzlich wirklich dann geben sie mich frei vom fallbeil
mit gutem recht dann bin ich die ich spielen will brauch
ichs garnicht spielen aber jetzt noch nicht das ist verfrüht
jetzt alles noch zusammenhalten oder eine irre sieht auf
der polizeistation aus als wär sie ganz normal *lange pause*
wenn mir das nachher passiert: garnicht schlecht, so gut

ausdenken kann sich das keiner. oder was meinst du, klara, du hast doch den kühlen kopf. jedenfalls versuchst dus. aber bei johannes hat es dir nicht viel geholfen. meinst du, er hat mir nicht alles erzählt. wie du immer zufällig beim wäscheauslegen warst, wenn er die stapel zum auto getragen hat. und wie du den hintern rausgestreckt hast, wenn du dich gebückt hast, aber rausstrekken reicht nicht, klaramäuschen. bißchen schwung muß schon rein in die hüfte. so, guck mal. so und so und aufgehen und abgehen. „entschuldigung herr richter, das ist nur, weil klara, ich meine fräulein klara viebeg, mit der ich angestellt war bei frau kolbe, mich oft gehänselt hat betreffs meiner intelligenz. ich muß oft an sie denken, weil sie in ihrem leben alles richtiger gemacht hat als ich und nie in die schuld gekommen ist. *pause*
kopf hoch, ihr freunde, was blickt ihr so bang.
nana, ich glaube, die zeit wird euch lang,
ihr wollt die entscheidung schon sehen.
vielleicht ist es doch nur ein kinderspiel,
eilt selbst an die front und viel rascher zum ziel
wird die ganze geschichte dann gehen.
am 10. september habe ich johannes gabler vor dem standesamt strelitz und vor dem pfarrer pyka geehelicht. johannes hatte zwei tage vorher seinen gestellungsbefehl erhalten. bevor er in den krieg mußte, wollten wir mann und frau sein, damit alles seine richtigkeit hat, obwohl unsere beziehung zu diesem zeitpunkt schon nicht mehr die liebevolle war wie am anfang. oft lag ich ohne schlaf neben ihm und tat wieder all das unrechte, wovon ich ihnen schon berichtet habe, daß ich es auf der toilette in der wäscherei tat. ich weiß nicht … vielleicht habe ich es auch nicht gesagt, nein ich habe es nicht gesagt, ich habe mich geirrt, aber es ist sicher auch nicht von interesse. *schreit* ich wollte ihn einfach vom hals haben. geh doch bloß weg, du fischkopf, du saufsack, schnarch dich aus in deinem schlafzimmer. mir egal, daß du jetzt schon da bist, wo sie mich erst hinhaben wollen. da kannst du aber noch eine ganze weile warten. das schaffen sie nicht, oder über meine leiche. *lacht lang* nur über meine leiche kriegen die mich tot. *wälzt sich unter lachen auf dem boden, das lachen geht in weinen über; dann stille, sie steht auf* „sehr

wohl herr richter. mein mann. mein gatte fiel am 6. juni 1916 bei verdun. zwei wochen später meldete ich mich mit meiner freundin, fräulein viebeg, zum hilfsdienst an die front. fräulein viebeg überzeugte mich davon, daß in dieser schweren stunde für unser volk keiner abseits stehen dürfe und zwei frauen gerade ausreichten, den einen gefallenen, sie meinte meinen gatten, mühsam zu ersetzen. wir wurden in die etappe gent nach belgien überstellt, wo wir im dortigen lazarett als krankenschwestern tätig waren. ich wohnte mit fräulein viebeg in einem zimmer und half ihr damals oft, weil sie den anforderungen in nervlicher hinsicht häufig nicht gewachsen war, was sie ihnen sicher in ihrer aussage auch bestätigen kann." oder ist das nicht wahr, du rührmichnichtan, gekotzt hast du alle zwei stunden, wenn neue eingeliefert waren. *ahmt klara nach* „ich kann nicht, rosa, ich kann nicht, das viele blut, setz du für mich den gummischlauch ein, da für den, dem ist er aus dem hals gerutscht, dem läuft die suppe aus dem hals. ich kann nicht, rosa, mach dus, dir macht das doch nichts aus, und der da, dem hat es unten alles weggerissen, das eitert so, verbind ihn für mich, kriegst heute abend auch meine ration schokolade." hab ich ihm nicht den gummischlauch wieder in den hals gedrückt, klara, bin ich nicht jede nacht, wenn du dienst hattest, an deiner stelle in den saal nach unten. und du. verpfeifst mich dafür an die polizei und machst die zeugin gegen mich. *schreit* ist das denn dein kind da unter dem laken. schon johannes hat immer gesagt: „das ist eine freundin, die möcht ich nicht zur feindin haben." ich werd dich nicht ein einziges mal ansehen im gericht, das sag ich dir schon jetzt. mit deinem braunen kleid wirst du da reinkommen. ich seh es richtig vor mir. *ahmt klara nach* „ich habe die menschliche beziehung zur angeklagten schon verloren, als wir zusammen im lazarett waren. häufig mußte ich mitansehen, wie sie soldaten in unser gemeinsames zimmer brachte und mit ihnen dem geschlechtsverkehr nachging." ich hoffe, daß du das wort wenigstens rauskriegst. du warst dir ja zu fein. von mir hatten sie wenigstens noch was, bevor sie abgekratzt sind. ja beine breit so und so, kannst ruhig tun, als hörst dus nicht, hören tust dus sowieso, kuck doch her, wie seine augen leuchten, wie ich ihn festhalte, hier, klara. noch breiter die beine und den hintern hoch, daß er mir die bienen still macht in meinem bauch und der honig läuft, was ist daran dreckig du falsches mensch, wenn eine ihren hunger stillt und ein andrer feiert seine letzte feier. sags ruhig auch vor gericht dann, einer ist mir gestorben zwischen meinen schenkeln. und. ist das nicht besser als allein unter der notbeleuchtung unten im saal, wenn sie flüstern keiner hört: mama, ich will nach hause und er hat nichts außer der notbeleuchtung über sich, weißt du noch, klara, die gelbe lampe da über der tür. und dadrunter sterben soll besser sein als an meiner brust und mein letztes wort im ohr. das soll grausam sein. du bist grausam, klara, nein, nicht weil du mich angezeigt hast – was geht dich mein kind an, ob es lebt, oder nicht, oder wer es mir gemacht hat – nein, nicht weil du mich angezeigt hast und weil du gegen mich aussagen wirst: „keine menschliche bindung, frau gabler ging mit den patienten ins bett in unserm zimmer, später auch mit einem arzt und dann ging sie ins offizierskasino jeden sonnabend, jeden dienstag, jeden mittwoch und man sprach von ihr als einer ..." kriegst du „hure" auch nicht raus, sicher nicht „und dann mußte frau gabler weg vom lazarett, weil sie sich angesteckt hatte" – tripper, klara, tripper heißt das, aber das wirst du nicht sagen, weil du das wort in den mund genommen hast und du nimmst doch nichts in den mund, grausame klara, wasch ruhig alles weiß und schweige, grausam, weil du hast kein mitleid, nicht mal mit dir selber und als er tot war und ich zieh dir die decke vom kopf, sollst ihn mit mir runtertragen in den saal, daß keiner merkt, wo er gestorben ist, sagst du: „machs doch selber" und ich schleif ihn durch die flure, ganz allein und weiß nicht mal, ob nicht jede sekunde der oberarzt um die ecke kommt von der nachtwache oder ob er unten ist im saal und mich sieht mit dem toten durch die türe kommen und plötzlich fällt mir nicht mehr ein, was ich ihm sagen soll: „wo kommen sie mit dem mann her" und ich schlepp ihn durch die gänge und er starrt mich an, weil ich in der eile ganz vergessen hab, ihm die augen zuzumachen und vorbei am operationssaal, aber im gleichen augenblick schreit einer im saal, ist aufgewacht aus der narkose, nachdem sie ihm sein bein abgenommen haben, ich noch mit dem toten auf dem flur, leise, schreit der plötzlich: „mein bein, mein bein. wo ist mein bein. daß alles zusammenbricht, ihr schweine. gebt mir mein bein wieder. ihr habt mich hergeschickt, was hatte ich hier zu suchen. ihr wolltet doch, daß ich hergehe. mein bein." und die andern schrein mit: „weil sie den rachen nicht voll genug kriegen können. weil die maschinen laufen müssen, daß wer dran verdient ..." und so schrein sie, ich aber mit dem toten auf dem flur, schnell in die besenkammer, weil schon überall die türen aufgehen von den ärztezimmern, in die besenkammer und da hab ich gehockt, klara, fast zwei stunden und sie haben es bemerkt, daß einer fehlt und ich hörte sie vorbeirennen an der besenkammer: „schütze fritsche nicht im bett." erst als es schon hell wurde, hab ich mich wieder rausgetraut, klara, du feiges stück, nur weil du mir nicht geholfen hast. aber ich krieg den paragraphen, sag ich dir, auch wenn du die balken aus dem himmel lügen wirst. ich erzähl die geschichte selber dem gericht. aber anders. mehr verwirrt. so: *erzählt die geschichte noch einmal, diesmal lachend* unzurechnungsfähig, nymphoman, wie es der oberarzt mal gesagt hat, das macht irre, wenn man nie genug haben kann. als obs das wäre. aber sollen sie es glauben, umso besser. und du wirst mir dabei helfen, klara, ohne daß dus weißt. arme unschuldige klara. aber zur vollstreckung bei dem armen kerl aus cottbus bist du doch hin. reine klara. und erzählt hast dus mir. wort für wort und schuß für schuß, wie sie ihn auf dem marktplatz hingeführt haben und er hat geschrien: „ich bleib dabei, für paar banken haben sie den krieg losgelassen. für paar zinsen, daß die produktion rollt und wir hier bombardieren, was neu gebaut werden muß. Dies ist der maschinenkrieg und der hört nicht auf bevor alle aufhören, die daran verdienen. glaubt bloß nicht, daß der aufhört, pause wird er machen, stillestehen, zwanzig stunden mal, mal zwei jahre oder wird weitergehen an ner andern ecke. neue bündnisse, neue verträge und maschinen auch neu, aber wird nicht aufhören bis diese ordnung nicht aufhört, die nur funktioniert, wenn das geld in bewegung ist, wie das blut durch die adern." hab ichs mir gut gemerkt, klara. hast es mir ja auch gut erzählt. kielholz hieß er, jetzt fällts mir wieder ein und du hast gesagt, ganz voll pickel war sein gesicht. eklig. aber. aber hingekuckt hast du trotzdem, da hast du dir keine decke übern kopf gezogen, wie einer plötzlich durchgedreht hat vom hinrichtungskommando und schoß ihm in den bauch, wie er auf den boden fiel, wälzte sich vor schmerzen und die andern neun warteten nicht mehr auf „feuer frei" und schossen auf ihn los in die arme, beine, immer nur daneben und der eine traf irgendwann endlich die gehirnschale, daß alles rausspritzte, bis dem feldwebelhauptmann auf die stiefel. und wie sie die teile dann zusammengesammelt haben, warum hast du da nicht weggesehen. nachträglich tuts mir leid, daß ich nicht dabei war, das gäbe ne gute begründung für den paragraphen. meinst du nicht, klara, aber dich kuck ich gar nicht an, in deinem braunen wollsack, wie du mich nicht ansehen wolltest im schwesternzimmer: *darstellerin der rosa verschwindet hinter einer tür* nein, nein, geh nicht weg, klara. schließ dich nicht ein. ich spiel dir doch nur alles vor, damit ichs besser hinkrieg bei der polizei. *hämmert gegen die tür* klara. sei mir nicht böse, bitte. laß mich nicht allein. ja, ich weiß, ich rede nur und du machst die ganze arbeit. ja, ich weiß ja, was du denkst: ich bin wirklich irre oder spiels, weil ich mich vor der arbeit drücke. und daß du sagst, alles habe ich aus dem tagebuch von meiner oma, die ganze geschichte mit johannes und dem krieg. ja, ich weiß, klara, daß dus immer wieder sagst: ist gar kein totes kind hier, weil ich nie eins hatte, aber immer eins wollte. komm doch raus, klara. willst du dich umbringen. ist doch egal, wer die wahrheit sagt. klara. *darstellerin der rosa kommt heraus*

DARSTELLERIN DER ROSA *klopft an der tür*: ich komme. einen augenblick. *sie kommt heraus* hast du nicht gehört. es hat geklopft. geh mir aus dem weg. du sollst mich zur tür lassen. kundschaft. die gablers, die wollen ihre wäsche bringen.

DARSTELLERIN DER KLARA: nicht öffnen. bitte. das ist die polizei. sie wollen mich holen. sie werden mich verurteilen. sie werden mich hinrichten. bittebittenichtöffnen. *klopfen. dann schritte, die sich entfernen* du weißt es doch ganz genau. *weint* du willst mich nur loswerden. darum hast du mich auch angezeigt.

DARSTELLERIN DER ROSA: die gablers warens. *schreit* wovon sollen wir denn leben klara, wovon, wenn du mich nicht wenigstens die tür öffnen läßt. wo du schon nichts tust, als dir deine gehirnkrankheit auszudenken. im internat hättst du bleiben sollen. da passen deine geschichten hin. zu den höheren töchtern mit den weißen händen, die nichts zu tun haben. aber die feinen jungen damen sehen wohl runter auf dich. auf eine, der die schwester das schulgeld zahlt. die schwester, die andern leuten die wäsche macht. damit eine aus der familie es zu was bringt. wo die eltern tot sind. damit eine französisch lernt und es mal weiter bringt als ich mit meinen dicken pfoten. damit du mich eines tages ernähren kannst, wenn du frau doktor bist oder sonst was. aber sogar zum lernen bist du zu faul. darum der faule zauber. von wegen polizei. von wegen totes kind, von wegen krieg. nicht mehr ins internat willst du zurück, das ist alles. jedesmal das gleiche, wenns ans zurückfahren geht. bis du dirs eines tages selber glaubst und wirklich irre bist. das willst du doch: daß ich dich bis ans ende bekochen und bewaschen muß, als wärst du meine tochter. damit ich keinen kerl mehr rein lasse. das einzige was mir noch freude macht. jawohl. hör dirs ruhig an, auch wenn du alles umdrehst. bloß weil dich keiner haben will mit deinem überschnapp. fürs bett überhaupt nicht. drum ist bei dir jetzt 1920.

DARSTELLERIN DER KLARA *schreit*: und woher kann ich französisch. nicht von dem leutnant, mit dem ich schwimmen war in der marne, als du grippe hattest. von welchem internat redest du hier. es gibt kein internat, in das ich fahren kann. du denkst dir alles aus, damit du hier die tür aufmachen kannst und mich ans messer liefern. das kind ist tot. ich bin rosa und du hast den schaden im gehirn. so wirds überhaupt nichts, so glaubt mir keiner, deinen sprung in der schüssel. *pause* du mußt die schlacht unterbringen. irgendwann. möglichst an der falschen stelle, wenn sie dich nach was ganz anderm fragen. wenn sie dich fragen, warum du von einem etappenort zum andern gegangen bist, nachdem sie dich aus dem lazarett geschmissen haben. und das werden sie dich fragen. ob du geld genommen hast. warum manchmal ja und manchmal nein. dann mußt du plötzlich auf die knie fallen und zu schreien anfangen. *tut es* „ich kann nicht mehr. da oben der scheinwerfer, das licht, die luftschiffe, hilfe, hilfe. wie alles dröhnt und alle rennen. halt. rotes kreuz. ich bin nur vom verwundetentransport. der himmel wird ganz hell, spuckt feuer, ich muß hier raus, raus." das könnte gehen, aber es muß ganz plötzlich sein. *lacht* ja feuer und alle stürzen in den fluß, als wärs der hellste tag und lustig. zweie, die sich ineinanderkrallen am ufer und einer beißt dem andern sein kinn aus dem gesicht, schlägt ihm den kolben übern kopf und steht dann da, das fremde kinn im mund und grinst mich an. *lacht* das war doch so, frau gabler, geborene pohfahl, das brauchst du gar nicht zu erfinden. das träumst du doch fast jede nacht. du mußt nur einfach alles sagen, wie es war, aber immer an der falschen stelle, daß sie dir nicht dahinterkommen. besser ohne haarnadeln und immer ein wenig so als ob du träumst. vielleicht träumst dus ja wirklich bloß und morgen wachst du auf, neben johannes und war überhaupt kein krieg und bist auch noch gar nicht verheiratet und papa lebt noch und stehst auf, machst kaffee, nimmst dein fahrrad und sagst „morgen, frau kolbe. nein nicht gut geschlafen. hab geträumt, kommt krieg und ich mittendrin. komische träume hat man manchmal. jaja ich geh gleich an die mangel." und lauf auf das klosett und nehm den messingknopf und abends sag ich johannes, geh mit klara auf die kirmes, sie ist in dich verliebt, ich nicht und hab sie beide vom hals auf einen schlag. *gelächter* an einem tag im schönen juli 14. *weint, dann scharf* „angeklagte, warum sind sie nach der entfernung aus dem lazarett nicht in ihre heimstadt strelitz zurückgekehrt, sondern haben sich hinter der front herumgetrieben und ihr leben mit gewerbsmäßiger unzucht finanziert." „ich konnte nicht mehr meiner mutter unter die augen treten, denn in strelitz waren die vorkommnisse von gent bekanntgeworden." „sie sind bereits aktenkundig geworden, als eine streife sie an der marne auf einem hügel, genannt toter mann höhe 307, mit einem fernrohr aufgriff, sie am tag des waffenstillstands beobachteten, wie gerät und tote abtransportiert wurden, können sie erklären, was sie dort zu suchen hatten." „ich habe zugesehen, ich weiß nicht, wie ich da hinkam und was ich dort wollte." was soll ich erklären, ich hab hingesehen, wie sie alles eingesammelt haben, die mit den roten und die mit den grauen hosen. und plötzlich waren alles leere bilder. nichts anderes mehr, nur leere bilder wie im kino. mein kopf die leinwand und die männer hampelmänner auf dem jahrmarkt, die toten und die, die sie wegtrugen und hatte sie doch geliebt, alle, nicht nur im bauch, nein wirklich, wirklich und wenn es nur für eine stunde war oder zwei tage. wie geht denn liebe. scheuert schneller durch als ihre laken und muß doch leicht sein wie daunenfedern. aber plötzlich war es leergewaschen. was bin ich müde, ach johannes, nicht daß ich froh gewesen wäre, als ich den brief bekam: „der schütze gabler ist gefallen bei verdun" drei tage lang hab ich geheult dann kam die wut, was lachst du klara, du weißt genau, daß mich nicht einer angefaßt hat, als er zur front gegangen war, nicht einer und hätte doch möglichkeiten genug gehabt, aber ich war seine, auch wenn er mir so oft nicht ausgereicht hat. jetzt war ich meine und das war ganz neu und plötzlich war es weg. als ich da saß und sah sie krepieren, die beine sich ausreißen und die arme und daliegen wie puppen mit denen keiner mehr spielen will, außer den fliegen. *pause* hab ich alles aufgezählt. „nein herr richter, nach dem krieg bin ich keiner regelmäßigen arbeit nachgegangen. ich hab es zweimal versucht, wäschereien in pankow und in lichterfelde, aber bin jedesmal nach zwei wochen weggelaufen. auch auf die vorhaltungen von fräulein viebeg, zu der ich in die wohnung gezogen war, habe ich nichts gegeben. ich hielt mich in dieser zeit oft auf s-bahnhöfen auf. in der wohnung hielt ich es nicht aus. da tobte der frieden. nein, ich habe mich von keinem mann ansprechen lassen auf dem bahnhof. ich habe nur so dagesessen und zugesehen wie sie eingestiegen sind und abgefahren und angekommen und weggegangen. ich wollte nicht nach hause. zu klara und zur arbeit und zu meinem kind, das da saß und ich wußte nicht, wer der vater ist. das hat die klara mir vorgeworfen jede nacht, wenn ich nach hause gekommen bin. und gestern hab ichs dann in den zuber gesteckt bis es ruhig war. und ich hab gesagt: wasch es

doch lebendig, klara, die du nicht glaubst, daß ich überhaupt ein kind hab, weil sie immer mein mann sein wollte und die mich zur anzeige gebracht hat. *öffnet die wäschekiste* sieh her, da liegt mein kind. tot. na los, klara. bist du nicht mein polizist. sieh doch her. bist du der vater von meinem toten kind. versteck dich nicht da hinter dem nassen laken. ach, ich liebe dich, klara, häng das laken auf. das leichentuch für mein totes kind. die weiße fahne kapitulation. die unbefleckte empfängnis. „ich kann keine motive nennen." die letzten worte müssen komisch klingen. „ich kann keine motive nennen" so ist es schon besser. und dann ganz leise: „toter mann höhe 307, verstehen sie, was ich meine, ganz still laufen die männer und sammeln alles ein, ganz ordentlich, das muß nämlich alles gewaschen werden. die uniformen und die zeltbahnen, das muß jetzt alles fein gewaschen werden, herr richter, und gemangelt und gebügelt, daß es wieder zur verfügung steht für den nächsten krieg. johannes wird es alles pünktlich liefern. er kommt mit dem auto. dann riechts auch wieder schön. ganz frisch. ich achte drauf, daß es auch pünktlich wieder da sein ..."
kopf hoch, mein kind, bei uns ist das recht.
es kennet der seinen herrgott schlecht,
der nicht mehr wagt drauf zu bauen.
kopf hoch. wo kommt der trübsinn denn her,
uns schützt die regierung, die flotte, das heer,
und wir müssen den dreien vertrauen.
es klopft hörst du, klara, jetzt sind sie da. jetzt verhaften sie mich. *es klopft wieder* jetzt mach ich die tür auf und wir werden sehen, wer hier recht hatte, du oder ich und die andern auch. wer wir sind und wann. jetzt geh ich zur tür und öffne und dann steht die wahrheit da. deine oder meine.

Vorhang

VI

Neben Mord strahlende Reime

1. Während Auschwitz hätte man keine Gedichte schreiben dürfen, schreibt Raddatz (40 Jahre nach Auschwitz). Ich weiß, daß dieser Satz falsch ist, aber ich weiß nicht: Wie soll ich erklären (und wem) warum.
2. Meine Mutter, eine Wiener Jüdin, wurde unter Schlägen gezwungen, mit einer Zahnbürste eine Wiener Hauptstraße zu säubern. Möglich: ein Wiener Dichter schrieb in der gleichen Stunde, die meine Mutter über die Straße kroch, ein Sonett über sein erstes Erschrecken vor den schwellenden Brüsten seiner (arischen) Freundin. Ich kann ihm nichts entgegnen.
3. Im Fernsehen sehe ich ein ehemaliges Mitglied der Partei, die meine Mutter auf die Wiener Hauptstraße hetzte, in der Rolle des Präsidenten jenes Landes, in dem ich wohne. Ich empfinde keine Wut gegen ihn, auch nicht in dem Moment, in dem ich an meine Mutter und die Zahnbürste denke. Sein Parteifreund, ein Mann, der eine Tötung anordnete und ihr beiwohnte, hat diese Tötung vergessen. Er wurde aus der christlichen Partei nicht ausgeschlossen (40 Jahre nach Auschwitz). Ich glaube ihm seine Vergeßlichkeit. Ich habe von diesem Land nichts anderes erwartet.
4. Raddatz hat unrecht. Neben den Mördern strahlen die Reime. Ein Vers über Bäume ist kein Verbrechen, weder auf einer Atombombe noch neben einer Gaskammer.
5. Mitleid ist gratis zu haben. Der wehleidige Blick in die Vergangenheit ist kein Ersatz für die Verweigerung einer Zukunft.
6. Die Moral wird zum Hobby in einer Welt, in der der Mensch entbehrlich ist.

Es ist alles still

Der sächsische Hofrat Clarus, nach dessen Aufzeichnungen Georg Büchner den *Woyzeck* schrieb, gibt die Äußerungen des Mörders über seine Tat wieder: „[...] daß er, als ihm die Woostin begegnet, sich zwar anfänglich gefreut habe, daß aber diese Freude bald vorbei gewesen sey, als er gemerkt, daß sie seine Begleitung nicht gern sehe, aus Furcht, sein Nebenbuhler möchte sie mit ihm gehen sehen, weshalb er auch mehr ihr zum Tort noch mitgegangen sey; endlich: daß ihm die Woostin, als sie miteinander ins Haus getreten, die Worte gesagt habe: Ich weiß gar nicht, was du willst! so geh doch nach Hause! Wenn nun mein Wirt rauskommt. Diese Worte hätten ihn geärgert, und da habe ihn der Gedanke an das Messer und an seinen Vorsatz plötzlich wieder mit aller Macht ergriffen, und ihn mit einem Male dergestalt überwältigt, daß er darauf zugestoßen habe, ohne zu wissen, was er tue."

Büchner verlegt diese Szene in seinem Stück aus der Stadt an den „Waldsaum am Teich". Diese Verlegung ist mehr als das Nachgeben gegenüber einer Theatertradition, die den Tod in der Natur stattfinden läßt, sie ist auch mehr als ein theatertechnischer Kniff. Das Vertauschen des alltäglichen Hausflures mit dem romantischen Teich als Tatort offenbart Büchners Erschrecken vor dem, was er in den Szenen vorher so genau zu sezieren versucht hat. Um in der Sprache des Arztes Büchner zu bleiben: dieser Tausch der Schauplätze ist ein Symptom für das Dilemma des jungen Theaterschriftstellers und hat seine Wirkung bis in die heutige Dramatik. Der kalte Blick des Naturwissenschaftlers, dem die eigene sinnliche Erfahrung fehlt, und das unschuldige Erschrecken vor der Geschichte, die ihn gleichzeitig empört, machen Büchner zu einem Modellfall für eine junge deutsche Literatur, deren Schwäche und Stärke zugleich in ihrem Betroffensein, ihrer Hast und ihrer präzisen Ungenauigkeit besteht.

In Büchners Stücken ist noch vereint, was in der gegenwärtigen Theaterschriftstellerei oft unglückselig auseinanderfällt: die soziale und die psychologische Analyse. (Heute: Rückzug in die Schädelnerven oder Aufbruch in die Werkhallen.) Ähnlich den Stücken von Lenz und denen des jungen Brecht bezeichnen Büchners Stücke das erschrockene Augenaufreißen ratlos behüteter Kinder mit großer Bildung vor dem hereinbrechenden Materialismus. Der Schock schlägt sich in den Stücken als Atemlosigkeit nieder und macht ihre Qualität gleichzeitig aus, wie sie sie beeinträchtigt. Büchner schrieb von der ersten Zeile auf sein Ende zu, auf das physische oder auf das seiner Existenz als Schriftsteller. (Sein Bruder vermutete, er hätte, wäre er nicht gestorben, eine ausschließlich wissenschaftliche Laufbahn eingeschlagen.) Anders als Goethe (aus dessen *Götz* er ganze Passagen übernahm) verweigerte er den Plan, anders als Shakespeare (von dem er schreibend und abschreibend lernen wollte) entzog er seine Stücke der herkömmlichen theatralischen Brauchbarkeit. (Auch dies ein beispielhafter Fall für das gegenwärtige Theater, das den Beruf des Theaterschriftstellers gern in eine Dienstleistung für Inszenierungen herunterkommen läßt und eine literarische Qualität meist als störend empfindet.) Ohne Rücksicht auf den (ohnehin falschen, weil verdrängenden) Begriff des Gegenwartsdramas suchte er sich seine Stoffe ausschließlich in Vorlagen (Thiers, Brentano, Clarus, Oberlin) und durchsetzte sie mit der eigenen Ungeduld und Diagnosesucht.

Für die heutige Theatersituation müßten eben diese Leistungen wiederentdeckt werden: der kräftige Umgang mit den Vorbildern bis in die Zitate (Kunst lebt auch von Kunst), das Behaupten einer literarischen Qualität des Textes für und gegen eine Aufführung, der poetische Begriff von Gegenwart (die zur Zeit in Wochen berechnet wird; schon ein Stück, das im Jahr 1968 spielt, wäre angeblich „historisch"). Das romantische Bild des frühvollendeten Sensibilisten oder Revolutionärs war zu keiner Zeit richtig und beschreibt nur das deutsche Bedürfnis nach einer solchen Figur.

Anders als der Pfarrer Weidig, mit dem zusammen er sich in der Gesellschaft der Menschenrechte verschworen hatte, ging Büchner vor seiner Verhaftung aus dem Land und wurde Doktor. Anders als der Pfarrer Weidig, stieg ihm der deutsche Gestank aus der Schweizer Entfernung in die Nase – Weidig konnte ihn in Deutschlands Bauch stärker riechen, nachdem er verschluckt war. Er nahm den Strick. „Wie es hier mit den Gefangenen geht, weiß Gott", schrieb Frau Büchner an ihren Sohn in die Emigration, „es ist alles still."

Robert Musil. Die Verwirrung des Zöglings Törless

Eine herrschende Klasse, an Erhaltung und Zementierung des von ihr geführten Staates arbeitend, entledigt sich ihrer Kinder und überantwortet deren Erziehung der von ihr bestellten und bezahlten Bürokratie. Indem sie die kleinste Zelle des eigenen Staates, die Familie nämlich, zerstört (in der Hoffnung auf perfekt geschliffenen Nachwuchs), schafft sie sich den zukünftigen Feind: Der eigene Sohn, im Internat zum blutig geräderten, melancholischen Ödipus heruntergekommen und aufgestiegen, wird im nächsten Krieg als Offizierswerkzeug ohne wirklichen Standesstolz zerbrechen oder er wird den väterlichen Staat – beschreiben. Letzteres tat Robert Musil, dessen kleiner Roman über die Kadettenanstalt ein Erfolg geworden ist für die Söhne des Jahres 1906, die den vermoderten Gestank des heraufziehenden Krieges schon in der Nase hatten, ihn aber vergessen konnten über der Schilderung ihrer vergeblichen Kindheit. Musil selbst hält den *Törless* (mit Recht, wie ich glaube) nicht für sein bestes Buch: „Abgesehen von dem Gewinn der Freundschaft einiger bedeutender Kritiker, schien dieser Erfolg aus einer Reihe von Mißverständnissen zu bestehen [...]. Die Wahrheit war, daß ich auf den vorgezeigten Stoff selbst gar keinen Wert legte. Natürlich hatte ich ähnliches gesehen, aber es bewegte mich persönlich so wenig, daß ich es, zwei Jahre bevor ich es selbst benutzte, einem anderen jungen Schriftsteller erzählte, dessen krasser Realismus mir für diesen Stoff viel geeigneter erschien, und ihm fest versicherte, daß dies ein Stoff für ihn wäre; aber nicht für mich [...]. Warum ich dann (1902/03) doch den Stoff selbst anpackte, weiß ich nicht mehr zu sagen; ich glaube es geschah in einer besonderen Lebenslage und weil ich mich, nachdem ich für meine Gedankenpoesie keinen Verleger gefunden hatte, etwas fester auf die Erde stellen wollte." Der Versuch gelang, der Erfolg verwandelte den Sohn in den Schriftsteller, der wiederum sich später aus diesem ‚Beruf' mit seinem *Mann ohne Eigenschaften* in eine andere Lebensform hinausschrieb, die eine Berufsbezeichnung wie die des ‚Schriftstellers' überflüssig machte. Im Gegensatz zum *Törless* ist der *Mann ohne Eigenschaften* die

Sprengung der Literatur, der Einbruch der Architektur in die Prosa. *Törless* ist noch die Harmonisierung des Zerstörungsprozesses Erziehung, die Struktur und die Sehnsüchte dieser Erzählung fallen hinter den Stoff noch zurück, indem sie ihn gestalten. Noch agieren Charaktere mit Anspruch auf Subjektivität, die sie eigentlich schon nicht mehr für sich beanspruchen können: Schon als Kinder sind sie nur noch Karikaturen auf dem Schoß, aus dem sie in die für sie vorbereitete Welt gepreßt worden sind. Die ständigen Rollenverteilungen einer Internatsklasse werden widerspruchslos übernommen, die Texte sind verteilt: der sensible, zurückgezogene Intellektuelle mit dem schlechten Gewissen dem vitalen Schläger gegenüber, der feige Kriecher an der Seite des zwei Köpfe Größeren: das ewige Dreigespann aller Schulklassen und dazu die begehrenswerte Hure mit dem süßen Geruch, der auch aus der „Hüfte der Mutter" aufsteigt, als Törless schließlich den Weg vom Gefängnis Internat ins Zucht-Haus Familie antritt. Dazwischen die sadomasochistischen Versuche der Kinder, sich auf das Leben im Staat vorzubereiten, indem sie es mit gegenseitigen Folterungen, Unterwerfungen und Züchtigungen abbilden. („Gegen Beineberg hatte er vor ein oder zwei Jahren einen *großen Krieg* geführt, der mit dessen Niederlage endete.") Ständig aber die Distanzierung von der eigenen Rolle, das Außersich-Sein des Törless, der lächerlich-tragische Kampf um die eigene Individualität: „Er fühlte, daß ihm alles, was er tat, nur ein Spiel war. Nur etwas, das ihm half, über die Zeit dieser Larvenexistenz im Institut hinwegzukommen." Auch dieses ins technische Zeitalter gefallene und in den Standard verdrehte Individualitätsbedürfnis eines Hamlet-Läuffer-Leonce ist Gegenstand der Erzählung und (mag sein) macht deren exemplarische Bedeutung aus. (Die russische Literatur kennt diesen Archetyp nach Lermontows *Held unserer Zeit* in dem Internat folgenden Rüpelalter als „lischni tschelowek" – den „überflüssigen Menschen"!) Vielleicht ist der *Törless* eben durch seine Un-entschiedenheit des Autors mit dem Helden und des Helden wie des Autors mit sich selbst ein Meisterwerk als Stufe: zum kälteren Blick und zum entschiedeneren Bau nämlich. Möglicherweise hat sich Musil dieser Belastung eines ersten Buches entzogen, wie die Eltern des Törless sich ihres Sohnes entledigten: Er hat es ins Internat der Geschichte verwiesen zum ewigen Aufstand gegen den Direktor, von dem er fürs Gegenteil überzeugt werden will. Musil selbst („Die Angst des Kindes vor den Russen und vor den Arbeitern ist ohne Einfluß geblieben") hat sich weggewandt von einer Kunstform Literatur in eine Existenzform Schreiben, in der die Larve sich entpuppt: „Warum haben meine Eltern nicht protestiert. Heute noch unverständlich. Mensch!"

Ich will nicht sterben, ist zu wenig

Ich glaube nicht – da bin ich pessimistischer als viele andere –, daß eine Friedensbewegung oder ein Gespräch von Schriftstellern in der Lage ist, Politik zu erzwingen. Die Friedenskongresse der Schriftsteller vor dem Zweiten Weltkrieg scheinen mir ein Beispiel dafür zu sein.
Ich habe zweimal in meinem Leben einen Brief an Politiker unterschrieben. Der erste handelte von der Ausweisung eines Schriftstellers aus der DDR, und der zweite handelte von der Entfachung einer Hysterie in der BRD nach dem Afghanistan-Einmarsch, der Hysterie von Boykott. Beide Briefe haben keine Antwort bekommen. Ich war nicht so naiv zu glauben, daß die Briefe etwas ändern werden, ich wurde nur in der Vermutung bestätigt, die im Grunde vorher bei mir schon Gewißheit war. Ich weiß, daß Politiker sich durch noch so vernünftige Argumente nicht vom Gegenteil dessen überzeugen lassen können, was sie für richtig halten. Das soll keine Verteufelung von Politikern sein, sondern ich glaube, daß alles, was von uns hier gesagt wird, auch von ihnen gedacht worden ist. Aber sie haben einen anderen Beruf, andere Interessen und eine andere Sprache.
Ich glaube, daß wir uns noch auf einem sehr naiven Punkt der Diskussion befinden in dem sehr ehrenwerten Bedürfnis, Übereinkunft zu erzielen. Ich halte dieses Bedürfnis nach Harmonisierung für schädlich. Ich halte das Bedürfnis, sich auf dem kleinstmöglichen Nenner zu einigen, für läppisch. Ich glaube, daß die Kriegsgefahr, über die hier geredet wird, als ob es sich um eine Naturkatastrophe handele, sehr wohl sehr reale Gründe hat. Und ich glaube, daß es irgendwann hier zu Ende sein muß mit dem Dummstellen.
Mir scheint in einem ganz entgegengesetzten Sinne als in dem, den Herr Haig gemeint hat, die Diskussion über den Frieden tatsächlich nicht das wichtigste zu sein. Ich habe keinen Krieg erlebt. Ich habe einen Frieden erlebt, und dieser Frieden war schrecklich. Dieser Frieden war kein Zustand, in dem Leute in eine produktive Auseinandersetzung miteinander gekommen sind, in dem sie Produktivität und Kreativität, Kennzeichen der menschlichen Rasse, aus-

probieren, die sozialen, psychologischen und politischen Widersprüche frei miteinander austragen konnten. Ich habe den Zustand einer Lähmung erlebt, und diese Lähmung verdient für mich nicht die Bezeichnung „Frieden".

Ich bin aufgewachsen in einem – und das mache ich niemandem zur Schuld – dauernden Zustand des Kaninchens und der Schlange, in dem sich Talent nicht entwickeln kann, sondern verkümmert. In diesem Zustand der Windstille habe ich mich gerade in Deutschland gefühlt wie ein Wesen in den zwei Magdeburger Halbkugeln, die aufeinandergestülpt werden und in denen ein Unterdruck, eine Leere entsteht.

Ich komme auf den Beruf des Schriftstellers, denn als der rede ich hier, nicht als ein allgemeiner Mensch, der den lieben Frieden will und den Tod fürchtet. Das ist selbstverständlich. Was mir wichtiger erscheint, ist, daß jene Lähmung, dieses ohnmächtige Hängen an den Lippen der Herrschenden, von uns, die wir Sprechende sind, aufgelöst wird, indem hart, ich glaube, sehr hart über die Widersprüche geredet werden muß, – über alle, über die sozialen, über die politischen; über den Widerspruch zwischen der weißen Rasse und ihrem Friedensbestreben, das sie haben auf Kosten und auf den Knochen anderer, denn der Krieg findet ja bereits statt. *Wir* befinden uns in dem Zustand von Frieden, nur wir hier, uns hat der Krieg nicht oder noch nicht erreicht.

Ich glaube, daß wir als Schriftsteller die Aufgabe haben, die Widersprüche, die wir empfinden, so laut und so wichtig zu formulieren, daß das Gespräch über den Frieden im Grunde überflüssig wird. Wir müssen diktieren, worüber gesprochen wird. Wir müssen die Lähmung unseres Lebens, die Kaninchen-Schlange-Situation, auflösen. Wir müssen den Widersprüchen eine Schärfe geben, daß sie aufeinanderprallen. Wir dürfen sie nicht unter den Teppich kehren.

Der Satz „Ich will nicht sterben" ist mir zu wenig.

Anmerkung: Vorgetragen zur „Berliner Begegnung zur Friedensförderung", des Schriftstellertreffens am 13./14. Dezember 1981 in Berlin, zu dem Stephan Hermlin eingeladen hatte.

Er drehte sich um und ging weg

In dem Film *Ich war neunzehn* gibt es eine Szene, in der russische Soldaten wenige Kilometer von Berlin und wenige Tage vor Kriegsende den bevorstehenden Frieden feiern wollen. Sie haben ein leerstehendes Schloß besetzt und beginnen auf langen Tischen im Saal des Schlosses Teig für Pelmeni auszurollen. Das Licht des beginnenden Sommers fällt durch die Fenster auf die jungen und alten Männer, die in ihren weißen Unterhemden mit heiteren Gesichtern eine Arbeit tun, die ihnen Spaß bereitet und über der sie zu vergessen scheinen, daß sie durch ihr riesiges Land und durch halb Europa gegangen sind und 20 Millionen Tote zurückgelassen haben, die im Kampf gegen die Deutschen gefallen sind. Die Soldaten wälzen den Teig über die blankgescheuerten Tische, sie lächeln und schweigen. Auf dem Platz vor dem Schloß stehen andere Soldaten und warten auf den Beginn des Festessens. Einer spielt auf einer Harmonika, die Soldaten beginnen miteinander zu tanzen. Es ist ein stiller früher Frieden. Später beginnt das Fest, und ein kleines Orchester, die Männer sehen aus wie Feuerwehrleute, marschiert vor dem Schloß auf, um den Siegern ihre Friedfertigkeit und Dienstbereitschaft zu beweisen. Sie beginnen zu spielen: einen Marsch. Die Soldaten stehen ratlos: nach dieser Musik können sie nicht tanzen. Die Gesichter der Feuerwehrleute haben einen unterwürfigen und ängstlichen Ausdruck. Sie wissen nicht, was tun, also spielen sie weiter. In diesem Augenblick übertönt der Gesang der Soldaten aus dem Schloß die deutsche Musik: ein Lied aus Schwermut und Pathos, vielstimmig und leise läßt das Feuerwehr-Orchester abbrechen. Die Musiker gehen mit ihren Instrumenten zur Seite und setzen sich ins Gras.
Diese Szene fällt mir ein, wenn ich an Konrad Wolf denke. *Ich war neunzehn* ist vielleicht sein am stärksten autobiographischer Film. Er erzählt die Geschichte eines jungen deutschen Juden, der mit seinem Vater vor den Nazis in die Sowjetunion emigriert ist und jetzt als Offizier und Dolmetscher der Roten Armee nach Deutschland zurückkehrt. Eigentlich weiß er nicht mehr, wohin er gehört: zu dem Land, dessen Uniform er trägt, oder zu der Kultur des Feuerwehrorchesters.

Mir schien immer, wenn ich seine Filme sah: der russische Gesang aus dem Schloß, das Pathos eines großen Volkes war Wolf näher als die deutschen Musiker. *Professor Mamlock, Sonnensucher, Lissy* und die anderen sind russische-deutsche Filme, nicht weil Wolf an der Moskauer Filmhochschule studiert hat oder Eisenstein ihm näher war als Murnau, sondern weil er nie aufgehört hat, das Land, in dem er lebte, mit den Augen eines Mannes anzusehen, der die Weite gegen die Enge eingetauscht hat. So sucht die Kamera in seinen Filmen die Gegend immer wieder mit einer weit ausholenden Bewegung ab, als gelte es die Steppe zu fotografieren, wo es doch um eine kleine Straße bei Königswusterhausen geht. Mit dieser Haltung auch war Wolf ein Kommunist, nicht bereit, den preußischen Untertanengeist und die deutsche Bürokratie in der DDR für ein sozialistisches Grundübel zu halten; all dies verschwand für ihn hinter dem großen Erlebnis des Krieges gegen den Faschismus und seiner romantischen Sicht auf den Versuch, in einem deutschen Teil eine neue Gesellschaft in Bewegung zu setzen. Dies war auch der Grund, warum ihn viele meiner Freunde, die sich als Oppositionelle verstanden, mit Skepsis betrachteten und ihn für einen Mann der Macht hielten. Sie verstanden dabei nicht, daß seine Haltung weder mit Anpassung noch mit Kalkül zu tun hatte, sondern mit der Sehnsucht und der Trauer eines Fremden, für den das Wort Kommunismus mit seiner Jugend, mit dem Krieg, mit dem Tod, mit der russischen Musik und mit dem Haß auf die Besitzergesellschaft zu tun hatte, aus deren Schoß die Konzentrationslager geboren waren.

Vielleicht war Wolf ein sehr trauriger Mann. Ich glaubte das jedenfalls immer; die wenigen Male, die ich ihn gesehen habe. Er hatte es in der DDR nicht mit den von ihm so geliebten weitherzigen Menschen zu tun, die Pelmeni ausrollen und schwermütige Lieder singen, sondern mit der Generation jenes Jungen, der in *Ich war neunzehn* noch kurz vor Kriegsende mit dem Eisernen Kreuz ausgezeichnet wird und mit hängenden Armen, fünfzehnjährig, vor dem Offizier steht, der ihn fragt: „Und was hast du gemacht, als du den Panzer gesehen hast?" – „Draufgehalten", sagt der Junge. „Einfach draufgehalten?" fragt der Offizier und meint die Panzerfaust. „Ja", sagt der Junge und zittert dabei; die Angst, die er hätte haben müssen, wird ihm erst jetzt bewußt, wo der Offizier ihn ungläubig und begeistert ansieht, „einfach draufgehalten".

„Ich hab's versucht", sagte er mir im Dezember 1981, als ich ihn zum letztenmal sah, in West-Berlin am Bahnhof Zoo, wo ich drehte und er mit Päckchen, die wie Weihnachtspakete aussahen, über die Straße kam. Ich hatte ihn gebeten, sich beim Kulturministerium der DDR dafür einzusetzen, daß ich eine Szene für *Domino* im Pergamonaltar drehen könne, obwohl ich nicht einreisen durfte. „Sie können sicher sein, daß ich es versucht habe. Aber es geht nicht." Ich glaubte es ihm, und mir schien, daß ich ihn darüber trösten müsse, nicht er mich – so traurig und unbeholfen stand dieser große Mann vor mir. Er hatte es wieder einmal mit den Leuten vom Feuerwehrorchester zu tun gehabt. „Auf Wiedersehen", sagte er, „vielleicht klappt es später einmal." Er drehte sich um und ging weg. Sechs Wochen später hörte ich, daß er gestorben ist. Über meine Trauer will ich nicht schreiben.

Sie hat Narben hinterlassen

Als sie 60 war, war ich 15. Ihre Bücher waren Pflichtlektüre in der Schule, deren Lehrer uns beibrachten, daß der Kampf, den sie in ihren Romanen und Erzählungen beschrieb, in unserem Land längst entschieden war. Die Herrschaft des Geldes war abgeschafft, lernte ich, und mit ihr die Voraussetzung für die jahrtausendealte Unterwerfung, Erniedrigung und Pervertierung der menschlichen Produktivität im Interesse weniger Herrschender gegen das der vielen Ausgeplünderten. Den wirtschaftlichen Voraussetzungen, die zur Ohnmacht der Unteren (der Schwachen, wie sie schrieb), zur Verdrehung ihrer eigenen Interessen gegen sie selbst und schließlich zu Faschismus und Krieg führen, war der Boden entzogen und die neue Gesellschaft mit neuen Widersprüchen auf dem Weg, eine gerechte zu werden. So las ich ihre Bücher, wie man Berichte aus einer vergangenen Welt liest, in der die Helden gegen ausgestorbene Monster kämpfen oder an Krankheiten sterben, die lange schon heilbar sind. Für die Widersprüche der neuen Gesellschaft, die den Versuch unternehmen wollte, Wunsch und Wirklichkeit der menschlichen Rasse miteinander zu versöhnen, und für meine Ungeduld gegen den schleppenden Fortgang dieses Versuches aber schienen mir ihre Erzählungen nicht brauchbar. Zwar verehrte ich ihre herbe schöne Sprache und den kunstvollen Bau ihrer Romane, aber gleichzeitig wurde sie mir ein lebendiges Denkmal für eine Literatur, die meine Dinge nicht verhandelte und mich also unberührt ließ. Ich sah ihr Bild in den Zeitungen und las ihre Reden, in denen sie für den Frieden sprach und vor dem Appetit warnte der alten Kräfte jenseits der Grenzen auf ein kriegerisches Gastmahl diesseits, und in denen sie um Verständnis warb für die neuen Schwierigkeiten eines Staates, der Zeit braucht für neue Verhältnisse und sich schwertun muß, wenn er bedroht ist beim Entfalten seiner Möglichkeiten. Ich dachte mir, daß sie gut reden hat, angekommen am Ziel ihrer Wünsche nach der Verjagung, dem schlimmen Exil und dem schwierigen Anfang nach dem Ende des Krieges; aber ich war nicht am Ziel, sondern am Anfang meiner Wünsche, die ihre Generation und ihre Literatur erst geweckt hatten und mit ihnen die Unnachgiebigkeit gegen jeden Rückfall in das alte Ritual der Macht, die Leute nicht mitreden zu lassen, wenn es um ihre Dinge ging, oder ihnen die Lust am Mitreden wegzukorrumpieren mit Brot und Spielen. Hatten nicht gerade die Helden ihrer Bücher mich gelehrt, daß, wer die Zustände nicht ändern will, sondern sie aushält, wer geduldig verharrt, solange Ungerechtigkeit am Werk ist, in den Abfall der Geschichte gehört. Sicher, die Ungerechtigkeiten waren jetzt andere, keine tragischen mehr, wie in der Geldzeit, keine mehr auf Leben und Tod, aber sie betrafen mich doch, und die Gefahren, auf die sie verwies, schienen mir eine Ausflucht, der Krieg, dessen Gründe und Folgen sie beschrieben hatte, schien mir jenseits aller Möglichkeiten und ihre ständige Warnung vor ihm nur angetan, mich einzuschüchtern und mich wehrlos zu machen gegen den Mief aus Bürokratie und Mittelmaß, inhaltslose Gesetze für Recht und Ordnung und Unterwürfigkeit, übernommen aus einer alten Gesellschaft. So legte ich ihre Bücher aus der Hand und nahm die ihrer Zeitgenossen, die mir meiner Lage angemessener schienen: Joyce und Kafka. Bei ihnen fand ich, was mir nach meinen fehlgeschlagenen Versuchen, teilzunehmen durch Widerspruch an den Belangen meines Landes, festzustehen schien: Alles Beschwören einer Hoffnung auf bessere Zeiten läßt die Kluft nur tiefer und schmerzhafter werden zwischen Tag und Traum, zwischen der verbrauchten Sehnsucht der Menschen und ihrer heillosen Verfassung. Bei ihnen gab es nicht, was es bei ihr gab (vielleicht weil sie eine Frau war): das Vertrauen auf die Natur unserer Gattung, Widerstand zu leisten gegen offene oder versteckte Gewalt, die ihr angetan wird, gegen das Verschlingen der Kreatur durch den Mechanismus, den sie selbst in Gang gesetzt hat. Ich hielt den Traum der Seghers vom Aufstand der Gerechten, vom Beginn der großen Vernunft, vom endgültigen Ende des blutigen Spiels Oben-Unten, gespielt in den Parlamenten, Werkhallen, Theatern und Betten einer toten Gesellschaft, für einen trügerischen Traum. So las ich nicht mehr, was sie schrieb, schrieb selbst, geriet mit meiner Arbeit in die alten Widersprüche der neuen Gesellschaft und ging schließlich aus dem Land, deren Bürger sie war und ich und das meine Arbeit nicht zu brauchen schien, aber ich brauche sie. Jetzt aber, in einem Land arbei-

tend, das regiert wurde von den Verhältnissen, die sie beschrieben hatte, und die mir längst vergangen schienen, verstand ich, was sie mir sagen wollte und was ich damals nicht verstanden hatte, als sie 60 war und ich 15. In den Ohren das Geschrei des Armeeministers nach mehr und schlimmeren Waffen für einen guten Gewinn, Arbeitsplatzbeschaffung und gegen jeden Versuch, die Welt vom Kopf auf die Füße zu stellen, vor Augen jeden Abend im Fernsehapparat die Verblödungsmaschine angeworfen, den Leuten Hören und Sehen vergehen zu lassen, in der Hand Zeitungen mit den Porträts der alten braunen Fratzen und der neuen Technologie des glatten Way of death, und wieder lese ich ihre Geschichte von der Kraft der Schwachen.
Jetzt bin ich 38 und sie ist tot.
In seiner Rede zum Nobelpreis, den sie hätte bekommen müssen, sagt Faulkner 1950, fünf Jahre nach dem Abwurf der ersten Atombombe: «Unsere Tragödie heute ist eine allgemeine und weltumfassende Furcht, die nun schon so lange auf uns lastet, daß wir sie zu ertragen gelernt haben. Alle geistigen Fragen sind verdrängt von der Frage: Wann werde ich in die Luft gesprengt? Deshalb hat der junge Mensch, der heute schreibt, das Problem vergessen, das allein für gutes Schreiben bürgt, das allein Schmerz und Mühsal des Schreibens wert ist: das menschliche Herz im Widerstreit mit sich selbst [...]. Solange er das nicht wieder kann, wird er schreiben als Mensch unter Menschen, deren Untergang er zusieht. Es ist einfach zu sagen, der Mensch sei unsterblich, einfach weil er überleben wird [...]. Er ist unsterblich, nicht weil er allein unter den Geschöpfen eine unermüdliche Stimme hat, sondern weil er eine Seele, einen Geist hat, fähig zu Mitleid und Opfer und Ausdauer. Es ist Aufgabe des Dichters, des Schriftstellers, über diese Dinge zu schreiben [...]. Und solange er das nicht tut, lastet ein Fluch auf seiner Arbeit. Er trifft nicht den Nerv der Welt, er hinterläßt keine Narben. Er schreibt nicht mit dem Herzen, sondern mit den Drüsen.»
Seghers hat Narben hinterlassen, sie hat dem Untergang des Menschen nicht zugesehen, sie hat über eine Hoffnung geschrieben, und noch heute weiß ich nicht, woher sie die hatte. Vor diesem möglichen neuen und letzten Krieg würde ich sie gern danach fragen. Aber das kann ich jetzt nicht mehr.

Warum spielen

Um diese Frage überflüssig zu machen / um eine Gegenwelt herzustellen / um die Träume von Angst und Hoffnung vorzuführen einer Gesellschaft, die traumlos an ihrem Untergang arbeitet / um die Toten nicht in Ruhe zu lassen / um die Lebendigen nicht in Ruhe zu lassen / um Wurzeln zu schlagen / um Wurzeln auszureißen / um Geld zu verdienen / um ein Lebenszeichen zu geben / um einen Tod anzuzeigen / um eine Erfindung zu machen / um nicht arbeiten gehen zu müssen / um Arbeit zu haben / um den tiefen Schlaf einer erschöpften Gesellschaft mit Fratzen zu erschrecken / um nicht einzuschlafen / um nicht aufzuwachen / um das Vergessen zu töten / um nicht allein zu sein / um eine Zeremonie aufzuführen in einer Zeit ohne Zeremonien / um keine Verantwortung zu haben / um allein zu sein / um auszulöschen, was ICH genannt wird / um zusehen zu können / um dem Pathos solcher Antworten zu entgehen / um die Rollen zu wechseln / um Lügen zu verbreiten / um vom Blick einer erfüllten Liebe gestreift zu werden und vom Blick der Wut / um den Kapitän wieder einmal endgültig an den Mastbaum zu nageln / um einer Frau unter einem Vorwand und ohne Folgen in die Wäsche greifen zu können / um herauszufinden, wer das Kind erschossen hat, das schrie: Der Kaiser ist nackt / um zu schrein: Der Kaiser ist ja nackt / um nicht reden zu müssen / um nicht schweigen zu dürfen / um die Regeln der Schwerkraft außer Kraft zu setzen / um aus der Welt ein Theater zu machen aus Stein, Holz und Gittern / um drinnen und draußen zu sein zu gleicher Zeit / um einen Umweg zu finden / um Täter und Opfer zu sein zu gleicher Zeit / um Mann und Frau zu sein zu gleicher Zeit / um in diesem endlosen Vorkrieg nicht zu ersticken / um über einen Sterbenden lachen zu können / um die Geister zu bannen, vor den Türen und unter dem Tisch: Hilfe, ich lebe / um diese krachende Stille nicht aushalten zu müssen / um herauszufinden, wie lange einer ausgehalten wird von Leuten, die sich genausowenig für ihn interessieren wie für sich selbst / um nicht angestellt zu sein / um vergessen zu werden / um die Frage überflüssig zu machen: Warum spielen / Um zu spielen /

Nachbemerkung zu dieser Auswahl

> „Dieses Wachhalten von Wunschtraum oder
> Angsttraum ist die Aufgabe der Kunst ..."
>
> *Thomas Brasch im Gespräch
> mit Heike Kühn 1988*

Thomas Braschs Arbeiten – Gedichte, Dialogstücke, prosaische dramatische und filmische Szenarien – sind aus einem Impuls heraus entstanden: der vital reagierenden Aktion eines Dichters auf die ihn umstellende Wirklichkeit, vorherrschend als gesellschaftliche Realitäten und Ordnungsgewalten, die er für sich, um sich ihnen zu stellen, um-zu-stellen trachtet, indem er sie, die er nicht ändern kann, beschreibt.

Man kann beliebige Verse, Sätze, Dispute aus diesen Arbeiten herausgreifen, sie markieren bündig diesen existentiellen Konflikt, dem wir alle ausgesetzt sind; er aber stellt sich ihm in seinen Gestalten und Vorstellungen waghalsig auf offener Szene, reizbar und gereizt bis aufs Blut, getroffen und zurückschlagend. Dieser allergische Reflex absoluter Vehemenz wurde ihm durch seine Biographie vorgezeichnet, in der extreme Positionen extrem aufeinandertrafen, auf die festgelegt und festgeschrieben zu werden er sich wiederum heftig zur Wehr setzt, die um und in ihm widerstreitenden Kräfte, die ihn – das Wort ist oft gefallen – zerreißen müßten, könnte er sie nicht in Sprache, Geste, Bild aus sich heraus-stellen, sich von ihnen zu befreien – schöpferischer Akt, wie ihn nur die Kunst vermag: seine Ästhetik des Widerstands.

Denn als ihre authentischen Zeugnisse stellen sich Braschs Arbeiten dar, eben als Gedicht, als Prosastück, als Drama alle bloß zufälligen privaten Anlässe, Behinderungen wie Begünstigungen unwirsch hinter sich zurücklassend, nicht aber die erklärte Absicht, Denken mitproduzieren, das nicht auf bestehende Ordnungsgesellschaften begrenzt ist, sie permanent in Frage stellt und den unhaltbaren Zustand dieser Welt angreift: „Wünsche ... nach einer Alternative zu der Art, wie wir leben".

Nicht maßlos sind diese Entwürfe, selbst wenn sie, Genregrenzen überschreitend, den widerspruchsvollen Prozeß demonstrieren, wie ihn Braschs Bücher bieten, die uns ungezügelt mit ungewöhnlichen Absagen und Vorschlägen kommen. Er kennt die von den Klassikern der Moderne geübten Sprechweisen, fügt ihnen aber eine schneidende Tonart hinzu, tradierte Topoi und Muster (Kassandra, Sindbad, Eulenspiegel) neu zur Disposition stellend mit dem radikalen Anspruch einer Generation nach Auschwitz unter den Bedingungen eines Planeten, der endgültig aus der Bahn zu geraten droht. Unangebrachtes Pathos? Es scheint mir diesen Arbeiten angemessen – Arbeiten, daß wir an ihnen Anstoß nehmen, uns, bei Strafe unserer Selbstvernichtung, an ihnen wund- oder gesundzustoßen, bequemere Konsequenzen sind hier nicht zu haben. „Wahrscheinlich übernimmt die Kunst die Funktion des Traums: Das durchzuträumen und durchzuspielen, was man sonst verdrängt. Es ist ein Privileg, ein öffentlicher Träumer zu sein."

Für diesen Band habe ich die mir wichtigsten Arbeiten Thomas Braschs ausgewählt, sieht man von den außerordentlichen Filmen „Engel aus Eisen", „Domino" und „Der Passagier" ab, die man über das dort gesprochene Wort in einem Buch nur unvollkommen wiedergeben kann, und von den Erzählungen „Vor den Vätern sterben die Söhne", die als geschlossener Komplex mit zwölfjähriger Verspätung im Hinstorff Verlag Rostock erscheinen werden. Auf die Publikation seiner Stücke „Lovely Rita", „Lieber Georg" und „Mercedes" in der Dialog-Reihe des Henschel Verlages sei hingewiesen, damit auf die gerechte Heimkehr eines bedeutenden Werkes deutscher Dichtung ins Land der Herkunft dieses Autors, die ihn einst zu dem Satz veranlaßt haben mag: „Es gibt in jeder Beschreibung etwas, das gleichzeitig der Stachel und die Aufforderung ist, die Verhältnisse zu ändern."

April 1989 *Gerhard Wolf*

Quellen- und Rechtsnachweis

Die Texte von Thomas Brasch wurden folgenden Ausgaben entnommen:

„Kargo. 32. Versuch auf einem untergehenden Schiff aus der eigenen Haut zu kommen"
© Suhrkamp Verlag Frankfurt am Main 1977

„Der schöne 27. September. Gedichte"
© Suhrkamp Verlag Frankfurt am Main 1980

„Arbeitsbuch Thomas Brasch"
© Suhrkamp Verlag Frankfurt am Main 1987

„Rotter"
© Suhrkamp Verlag Frankfurt am Main 1978

„Frauen. Krieg. Lustspiel"
© Suhrkamp Verlag Frankfur am Main 1988

Für Christa Wolf, „Kleist-Preis-Rede auf Thomas Brasch" erteilte uns freundlicherweise der Aufbau-Verlag, Berlin und Weimar, die Abdruckgenehmigung.

INHALT

Christa Wolf: Laudatio auf Thomas Brasch 5

I

Der Papiertiger 18
Hahnenkopf 29
Kassandra 36
Sindbad 41

II

Friede den Wächtern 50
Danton 50
Die Haltung der Weigel 51
Selbstkritik 6 52
Halb Schlaf 54
Schneewittchen, der Idiot 54

III

Der schöne 27. September

Der Morgen
Zwischen Widerstand und Wohlstand

Schlimmer Traum 56
Einsteins Ufer 57
Selbstkritik 3 58
Nachruf auf GG 58
Zum Beispiel Galilei 59
Meine Großmutter 60
Ratschlag 61
Im Garten Eden, Hollywood genannt 61
Drei Wünsche, sagte der Golem 62
Village Ghetto Land 63
Der schöne 27. September 63

Der Mittag
Berlin brennt

Ansturm der Windstille 64
Van der Lubbe, Terrorist 64
Die Motorradfahrer 67
Mitten am Tag eine Furcht 67
Der Nazi wischt den Hausflur 68
Das stille Verschwinden der Angestellten 68
Lied 69

Der Abend
Kleine Ästhetik

Und der Sänger Dylan in der Deutschlandhalle 70
Rimbaud in Marseille 70
Woyzecks Tanzlied 71
Dornröschen und Schweinefleisch 71
Hamlet gegen Shakespeare 72
Märchen von Ruth 72
Die freundlichen Gastgeber 73
Nachtrag zum Duden 1 + 2 73
Die unruhige Wüste 73
Am Rand eines Erdteils 74

Die Nacht
Das Tier mit den zwei Rücken

Vorkrieg 75
Liebeserklärung 75
Mörder Ratzek weißer Mond 76
Sechs Sätze über Sophie 79
Der Hurenmörder L. aus Köln 79
Die große Ruhe alter Morde 80
Widmung für ein Haus 80
Die Geheimnisse 81
Hoffnungslose Empfehlung 81
Selbstkritik 4 82
Ein gewöhnlicher Vorgang 82
Schlaflied für K. 83

IV

Eulenspiegel 86

V

Lovely Rita
  Die Schauspieler 114
  Lovely Rita 117
Rotter
  Tagebuch 134
  Praxis 134
  Beschreibung des Spiels 135
  Rotter 137
Frauen · Krieg · Lustspiel 195

VI

Neben Mord strahlende Reime 226
Es ist alles still 229
Robert Musil. Die Verwirrung des Zöglings Törless 231
Ich will nicht sterben, ist zu wenig 234
Er drehte sich um und ging weg 236
Sie hat Narben hinterlassen 239
Warum spielen 242

Nachbemerkung zu dieser Auswahl 243
Quellen- und Rechtsnachweis 245